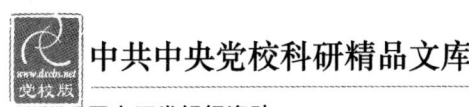

中共中央党校科研精品文库

国家开发银行资助
中共中央党校2011年度重点科研项目

中国资源战略的一场变革
——发展资源再生产业

主编 钱俊生　　副主编 刘向群 余谋昌 杨发庭

Zhongguo Ziyuan Zhanlue de Yichang Biange

Fazhan Ziyuan Zaishengchanye

中共中央党校出版社
The Central Party School Publishing House

图书在版编目（CIP）数据

中国资源战略的一场变革——发展资源再生产业/钱俊生主编．—北京：中共中央党校出版社，2013.11
ISBN 978-7-5035-5047-8

Ⅰ．中… Ⅱ．钱… Ⅲ．自然资源-资源战略-研究-中国 Ⅳ．F124.5

中国版本图书馆 CIP 数据核字（2013）第 058808 号

中国资源战略的一场变革——发展资源再生产业

责任编辑	王 琪 明 媚
版式设计	李 灵
责任校对	高 鹏
责任印制	王洪霞

出版发行	中共中央党校出版社
	（北京市海淀区大有庄 100 号）
邮 编	100091
网 址	www.dxcbs.net
电 话	（010）62805800（办公室） （010）62805824（发行部）
经 销	新华书店
印 刷	北京四季青印刷厂
字 数	226 千字
版 次	2013 年 11 月第 1 版 2013 年 11 月第 1 次印刷
开 本	700 毫米×1000 毫米 1/16
印 张	15
定 价	33.00 元

版权所有·侵权必究
如有印装质量问题，请与本社发行部联系

出版前言

中央党校作为党的最高学府，长期以来，为革命、建设和改革开放培养了一批又一批领导干部，同时，涌现了一批又一批学术名家和优秀学术成果。

近年来，中央党校教研人员深入开展科研课题研究，取得优异成绩。我们选择其中具有较高学术水平和社会价值的研究成果，经校内外专家评审，作为《中共中央党校科研精品文库》出版，以展示中央党校学术研究的整体实力，提升中央党校的整体学术形象，打造中央党校的学术品牌。

以《中共中央党校科研精品文库》出版为契机，我们将推出更多能够在国内外产生影响、在历史上流传下去的受读者欢迎的精品力作，为中央党校"一流学府"建设添砖加瓦，为全面建成小康社会、实现中华民族伟大复兴的中国梦提供智力支撑。

中共中央党校科研部
中共中央党校出版社

目 录

前 言 … 1

第一章 资源是强国之本 … 1
- 第一节 资源的概念与属性 … 2
- 第二节 自然资源是社会经济发展的物质基础 … 8
- 第三节 自然资源是实现可持续发展的前提条件 … 16
- 第四节 自然资源是国家安全的重要保证 … 25

第二章 资源利用方式的变革决定人类文明的兴衰 … 33
- 第一节 采摘与狩猎
  ——原始文明获取资源的方式 … 34
- 第二节 种植与饲养
  ——农业文明获取资源的方式 … 39
- 第三节 矿产资源的大规模发现和开采
  ——开创了工业文明 … 45
- 第四节 生态文明与资源利用方式的革命 … 48
- 第五节 资源是制约人类文明兴衰的决定因素 … 52

第三章 世界资源状况与资源战略 … 55
- 第一节 世界资源状况 … 56
- 第二节 世界各主要国家资源战略 … 62

第四章　自然价值论
　　——资源再生的基础理论 ···································· 77
第一节　工业文明的价值观
　　——人类中心主义与自然资源没有价值的观点 ············ 78
第二节　否认自然价值导致世界资源枯竭的严重后果 ············ 80
第三节　新的资源战略需要超越工业文明的矿产价值观 ·········· 83
第四节　"地球价值论"和"矿产价值论"是新的资源战略的
　　　　基本理论 ·· 87
第五节　从"矿产价值论"到"城市矿山论" ························ 99

第五章　生态思维
　　——资源再生的思维方式 ···································· 103
第一节　线性思维是现代资源产业的思维特征 ····················· 104
第二节　资源战略转变需要辩证思考 ································· 107
第三节　发展资源再生产业，实现资源开发利用模式转变 ······ 114
第四节　参与资源再生的国际大循环 ································· 120
第五节　"上天、入地、下海"，开发无限的地球资源 ············ 126

第六章　发展资源再生产业是循环经济的核心 ·················· 135
第一节　循环经济的科学内涵 ·· 136
第二节　循环经济的结合形式及技术支撑体系 ····················· 145
第三节　发展资源再生产业是循环经济的核心 ····················· 149

第七章　中国资源战略的一场革命 ································· 155
第一节　中国经济社会发展面临的主要资源问题 ·················· 156
第二节　发展资源再生产业是解决中国资源问题的重要出路 ··· 158
第三节　发展资源再生产业是发展低碳经济的重要举措 ········ 165
第四节　发展资源再生产业有利于创建和谐社会 ·················· 171

第八章　中国发展资源再生产业存在的主要问题及对策……… 179
　第一节　中国发展资源再生产业的优势 ……………………… 180
　第二节　中国发展资源再生产业存在的主要问题 …………… 183
　第三节　中国发展资源再生产业的对策和建议 ……………… 187

附录一　中国物资再生协会进口工作委员会调研报告摘录……… 204

附录二　进口再生资源是弥补我国资源短缺的一项战略措施……… 213

主要参考文献 ……………………………………………………… 222

前　言

十八大报告把生态文明单列一章，提出全面落实经济建设、政治建设、文化建设、社会建设、生态文明建设五位一体的总体布局。着力推进绿色发展、循环发展、低碳发展，形成节约资源和保护环境的空间格局、产业结构、生产方式、生活方式，从源头上扭转生态环境恶化趋势，为人民创造良好生产生活环境，为全球生态安全做出贡献。

绿色发展、循环发展、低碳发展的核心内容，就是从传统发展模式向科学发展模式转变，由人与自然相背离，以及经济、社会、生态相分割的发展形态，向人与自然和谐共生，以及经济、社会、生态协调发展形态的转变。因此，发展循环经济是实现绿色发展、循环发展的重要标志。

循环经济取代了以"掠夺式开采"为特征的"线性经济"，它要求以对环境友好的方式利用自然资源和环境容量，实现经济活动的生态化转向。循环经济思想的早期萌芽可追溯到20世纪60年代，当时美国经济学家K.鲍尔丁提出了"宇宙飞船理论"。该理论认为，地球就像一艘在太空中飞行的宇宙飞船，要靠不断消耗和再生自身有限的资源而生存，如果人类不合理地开发资源，肆意破坏环境，地球就会走向毁灭。美国另一位著名的经济学家来斯特·R.布朗的思想在世界范围内有较大的影响。他于2001年5月创办了地球政策研究所并担任所长。同年11月，他出版了《生态经济：有利于地球的构想》一书，该书提出了环境上可持续发展的经济——生态经济的构想，提出从目前工业经济模式转向生态经济的途径。从国外学者研究状况来看，无论是循环经济还是生态经济，主要是指在人、自然资源和科学技术的大系统内，在资源投入、企业生产、产品消费及其废弃物排放的全过程中，把传统的依赖资源消耗的线形增长的经济，转变为依靠生态型资源循环发展的经济。

从物质流动的方向看，传统工业社会的经济是一种单向流动的线性经济，即"资源—产品—废弃物"，线性经济的增长依靠的是高强度地开采和消耗资源，同时大肆破坏生态环境。循环经济遵循"资源—产品—废弃物—再生资源"的生产过程，这一过程实现了资源的多层次利用，以及输出产品的多样化和废弃物的最少化。发展循环经济是推进产业结构调整，转变经济发展方式，建设资源节约型、环境友好型社会，走新型工业化道路的重要手段和途径，既降低了资源消耗和环境污染，又节约了生产成本，可实现经济效益、社会效益和生态效益的多赢。

资源是一切劳动资料和劳动对象的第一源泉。其中，矿产资源对于工业化社会的影响大大超过其他资源，它是支撑一国社会经济发展的物质基础，为整个社会生产建设提供能源、原材料等生产资料，是国家、社会存在和发展的主要载体。从全世界看，70%的工业原料和90%的能源都来自矿产资源。我国正处于工业化加速发展时期，来源比重会更高。以矿产品和矿产品的深加工品为原料的工业占全部工业的80%，而矿物能源在能源总量中的比重达到94%，均高于世界平均水平。由此可见，我国社会经济发展对矿产资源的依赖程度比较高。其他工业产品大多是在矿产资源的深加工基础上的增值，矿业支撑着国民经济的发展。

经过工业革命近300年的掠夺式开采，全球80%以上可工业化利用的矿产资源，已从地下转移到地上，并以"垃圾"形态堆积在我们周围，总量高达数千亿吨，并还在以每年100亿吨的数量增加。其中85%"富积"在资源消耗是我们30倍的发达国家，成为一座座永不枯竭的"城市矿山"。日本、德国正是针对这一"物质存在"的改变，率先将传统的"开采→产品→废弃"的开采型资源战略，转变为"产品→废弃→再生产品"新兴的再生型资源战略，成功地用循环经济替代了不可持续的线性经济。

实践证明，处于线性状态的工业文明越发达，向循环经济转型就越困难。形成鲜明对照的是，当中国由农业大国向工业化迈进时，运转了近300年的线性经济产生的资源枯竭和环境恶化已暴露无遗。这一恶果又随着制造业的转移而转移到了中国。加之早期工业化国家对中国资源的长期掠夺和侵略战争造成的严重破坏，使中国不仅没有享受到工业革命的成果，反而成为早期工业革命的最大受害国。

如今，与工业革命初期相比，石油已经由每桶1美元涨到了80美元。工业革命以来所产生的二氧化碳，使全球的环境容量已近饱和。调查显示，正在取代欧、美成为"世界工厂"的中国，已经承受着全球最大的资源、环境和就业压力。在中国，含铁量不到10%的铁矿、含铜量不到0.5%的铜矿、含金量不到2克/吨的金矿，都正在被"开采"。当今世界上还没有哪个国家像中国一样，对经济的可持续发展和对资源的需求有着如此深重的危机感。而这些压力和危机感，必然会转化成向循环经济转型的强大动力。面对暴涨的原料价格、面对"全球资源战略"的四处碰壁、面对照搬发达国家的传统经济发展模式的屡试屡败，具有丰富人力资源和巨大市场需求的中国，具备了将全球日益增加的可再生资源转化成原料的巨大优势，这一优势必将使中国成为推动全球经济向循环经济转型的发动机。而发展资源再生产业的丰富实践则必将催生与之相适应的生态文明。

本书是在中央党校校级课题的研究报告《发展资源再生产业是我国资源战略的一场革命》的基础上撰写的。课题组的主要成员都参加了撰写工作，书中第一章、第二章的初稿由钱俊生撰写；第三章、第六章的初稿由杨发庭撰写；第四章、第五章的初稿由余谋昌撰写；第七章、第八章的初稿由刘向群、陈悦才撰写，全书的统稿工作由钱俊生负责。课题主持人钱俊生担任主编，课题组成员刘向群、余谋昌、杨发庭担任副主编。

该书的内容涉及面较宽，在撰写过程中，参考并吸纳了不少学者的观点和思想，在此谨向本书已列出及未列全的参考文献的作者们深表谢意。此外，本书的出版还得到了国家开发银行的资助，得到中央党校科研部和出版社的大力支持，在此一并致谢。尽管我们付出了很大的精力，但由于时间和学识的限制，读者对于本书的一些观点，可能会产生不同的意见。为此，我们热诚地希望广大读者予以批评指正，促使本书的完善并在推动中国再生产业的发展方面起到作用。

钱俊生
于中共中央党校

2013.1.16

第一章

资源是强国之本

　　资源是创造社会财富的源泉,它为社会和经济发展提供了必不可少的物质条件,是人类生存和发展的重要物质基础。同时,资源也为社会生产力发展提供了劳动资料,是人类自身再生产的营养库和能量的来源。社会的持续发展、国家的兴旺发达离不开资源。

第一节 资源的概念与属性

一、资源的含义与分类

　　资源的概念源于经济科学,是作为生产实践的物质基础提出来的。通俗地说,资源就是资财的来源,或者说,资源是创造人类社会财富的源泉。马克思认为创造社会财富的源泉是自然资源与劳动力。他在《资本论》中引用威廉·配第的话说:"劳动是财富之父,土地是财富之母"[①]。恩格斯在《自然辩证法》中也明确指出:"劳动与自然界一起才是财富的源泉。自然界为劳动提供材料,劳动把材料变为财富"[②]。由此可见,资源体现了人与自然界之间的物质转换关系。人类作为自然界异化的产物,在其发生发展的同时,自然界也异化出作为二者中介的资源。自然条件与自然物质是自然界的客观存在,只是在社会发展过程中人类才逐步认识到其价值,并创造出利用其价值的技术,从而使之成为创造人类社会财富的源泉。从这种意义上说,资源是自然界、人类和文化相互结合的产物。可以说,先有自然界,后有人类;人类为满足生存与发展的需要通过与自然界抗争,创造了人类文化;借助于文化,人类"发现"了资源。毋庸置疑,大部分资源都是人类在漫长的社会发展中利用已获得技术、知识和经验所取得的智慧的结晶。资源是动态的,它依赖于人类的智慧和行为相应地扩大或缩小,不能同人类需要和人类能力相分离。资源既包括作为人类生存与发展物质基础的自然资源,又包括与其开发利用密切相关的人力、资本、科技与教育等社会资源。本书所论述的资源,主要指的是自然资源。

　　在当代,关于自然资源的定义有许多,最具有权威性和学术意义的有三个:一个是联合国环境规划署对"自然资源"的定义;一个是《大英百科全书》中对"自然资源"的定义;一个是中国的《辞海》中对"自然资源"的定义。

　　20世纪70年代,联合国环境规划署出版的有关文献中提出:"人在其自然环境中发现的各种成分,只要它能以某种方式为人类提供效益,都属于自然资源。从广义来说,自然资源包括全球范围内的一切要素,它既包括过去进化阶段中的无生命的物理成分,如矿物,又包括其他要素,如

---

　　① 《马克思恩格斯全集》第23卷,人民出版社1972年版,第57页。
　　② 《自然辩证法》,人民出版社1971年版,第149页。

植物、动物、景观要素、地形、水、空气、土壤和化石资源，后者是我们这个星球的进化的产物。"这种观点认为，"自然资源"是指在一定的时间、地点条件下能够产生经济价值、提高人类当前和将来福利的自然环境因素的总称。

《大英百科全书》提出的"自然资源"的定义为："人类可以利用的自然生成物及生成这些成分的源泉环境的功能，前者如土地、水、大气、岩石、矿物、生物及其群集的森林、草场、矿产、陆地、海洋等，后者如太阳能、地球物理的环境机能（气象、海洋现象、水文地理现象）、生态学的环境机能（植物的光合作用、生物的食物链、微生物的腐蚀分解作用等）、地球科学的循环机能（地热现象、化石燃料、非金属矿物生成作用等）。"

我国的《辞海》也对"自然资源"的概念进行了如下的概括："泛指天然存在的并有利用价值的自然物，如土地、矿藏、气候、水利、生物、海洋等资源。生产的原料来源和布局场所。"[①]

因此，从上述各种对自然资源的科学概括中可以看出，"自然资源"的科学概念具备四方面特征：其一，自然资源指一切能为人类提供生存、发展、享受的自然物质与自然条件，及其相互作用形成的自然生态环境和人工环境；其二，自然资源是社会经济发展的物质基础，是人类生产、生活资料的基本来源，是在现代生产发展水平下，为了满足人类的生活和生产需要而被利用的一切自然物质和能量；其三，自然资源不是脱离生产应用、对客观物质进行抽象研究的对象，而是在不同时间和空间范围内有可能为人类提供福利的物质；其四，自然资源的概念和范畴不是一成不变的，随着社会和科学技术的发展，人类对自然资源的理解不断加深，自然资源包括的范围不断扩大，过去被视为不能利用的自然环境因素，也变为有一定经济利用价值的自然资源。

总之，自然资源是一个互相联系、互相制约的复杂大系统。比如在干旱气候条件下，水资源就会贫乏，生物资源就会缺少，土地资源肥力减弱，就会有特殊的受气候条件制约的矿产资源，比如岩盐与钾盐矿产。矿产资源中能源的开发，尤其是煤炭资源与石油资源的开发和应用，造成大气中二氧化碳含量增加，形成温室效应，对气候产生很大影响。非金属矿产资源中的钾盐、磷块岩、石灰岩的开发利用，对土地资源和生物资源都

[①]《辞海》，上海辞书出版社1999年版，第2286页。

产生作用，可以改良土壤，增加土壤肥力，使作物增产。水资源中的河流、湖泊与海洋潮汐，可以用来发电，也是能源中的一种；矿产资源的开发离不开水，同时会对水资源产生反作用，即造成水质污染。

根据能否再生，自然资源分为"可更新资源"和"可耗竭资源"两大类。

（一）可更新资源

可更新资源又称原生性自然资源或可再生资源、续发性资源、非耗竭性资源、无限资源等。可更新资源是能够通过自然力以某一增长率保持或增加蕴藏量的自然资源，例如太阳能、大气、风、降水、气候等，随着地球形成及其运动而存在，基本上是持续稳定产生的。有一部分可更新资源的可持续性受人类利用方式的影响，即在合理开发利用的条件下，资源可以恢复、更新、再生产甚至不断增长；在开发利用不合理的情况下，其可更新过程就会受阻，使蕴藏量不断减少以至耗竭。例如，水土流失导致土壤肥力下降；过度捕捞使鱼类资源枯竭，并且进一步降低鱼群的自然增长率。而有些可更新资源的蕴藏量和可持续性则不受人类活动影响，例如太阳能。

根据财产权是否明确，可更新资源又可以进一步细分为可更新商品性资源和可更新公共物品资源。

可更新商品性资源是指财产权可以确定，能够被私人所有和享用，并能在市场上进行交易的可更新资源。例如私人土地上的农作物、林木等。

可更新公共物品资源是指不为任何特定的个人所拥有，但是却能为任何人所享用的可更新资源。如空气、公海鱼类资源等。

（二）可耗竭资源

可耗竭资源又称次生性自然资源或非续发性自然资源、耗竭性资源、有限资源等。可耗竭资源按其能否被重复使用，又分为可回收的可耗竭资源和不可回收的可耗竭资源。

可回收的可耗竭资源是指资源产品的效用丧失后，大部分物质还能够被回收利用的可耗竭资源。这主要是指金属等矿产品，如汽车报废后汽车上的废钢铁可以回收利用。不过资源的可回收利用程度是由经济条件所决定的，只有当资源的回收利用成本低于新资源的开发成本时，回收利用才有可能。

不可回收的可耗竭资源是指使用过程不可逆，且使用之后不能恢复原状的可耗竭资源。主要指煤、石油、天然气等能源资源。这类资源被使用后就被耗尽了。

二、自然资源属性及特点

自然资源固有的性质、特点，包括状态、关系等，是自然资源内部矛盾性质所决定的。自然资源属性包括自然属性与社会属性。前者指资源的组成、结构、功能和边界的自然资源系统，具有整体性、层位性和时空性等特点；后者指作为人类社会不可缺少的劳动资料与劳动对象的性质，都有其可用性，即具有使用价值，这是区别于自然界中非资源成分的根本所在。至于那些通过人类生产劳动过程而形成的物质，则不属于或不完全属于自然资源范畴，如各种农产品资源等。

任何一种自然资源都具有质与量的规定性。质是指资源的成分、含量、性质与用途，如某种矿产资源的品位，某种土地资源的适宜性与限制性，通常用高低、优劣、好坏来表示某一种资源的质量。量是指资源的数量，表示规模、程度、速度，如某一种矿产资源的储量，水能资源的蕴藏量，河川径流量等，通常用多少、大小来表示资源的数量。质与量是资源的两个规定性，它们是相互依存的，资源的质以一定的量为存在条件，资源的量又受到资源的质所制约。质与量是资源评价的主要依据。任何一种资源在一定技术与经济条件下都是有限的，即使太阳辐射也由于人类利用能力的限制，其利用程度也是有限的。但是，随着人类利用自然的能力不断提高，资源的可用成分与利用程度将不断扩大和提高，物质资源化及资源潜力的发挥将是无限的。

1. 自然资源整体性

即各类自然资源不是孤立存在的，而是相互联系、相互影响、相互制约、相互依存的，以构成一个完整的自然资源耦合系统。人类在利用、改变一种资源时，不可能不影响系统内的结构状况和系统外的环境状况。如森林的过度砍伐，失去水分的涵养；植被的破坏，引起水土流失；上游的过量引水，引起下游干旱；矿产资源的开发，引起表土的破坏、环境的污染等。自然资源的整体性告诉我们在开发利用资源时，必须持有全局观点、整体观点和协调观点，使资源系统结构稳定地朝着有利于人类生产和生存的方向发展。

2. 自然资源层位性

自然资源系统的结构排列和各类资源内部的组成，都具有一定的序列，表现为明显的层位性。如果我们把自然资源看成一个垂直的剖面，则矿产资源主要存在于土地的下层，岩石圈内部；土壤、生物与陆地水资源则位处土地的表层，即通常称之为生物圈；气候资源则处于垂直系统的最上层，即通常称之为大气圈。从资源组成成分看，由单个资源逐步组成综合资源。如由各种植物、动物、微生物资源组成生物资源；由光、温、降水、大气组成气候资源；由降水、地表水、地下水组成水资源；由各种金属矿产、非金属矿产组成矿产资源；而由土壤、生物、水、气候、岩石—矿产资源组成更高层次的土（陆）地与海洋资源，土（陆）地与海洋是各类资源的载体，是综合的自然资源。

3. 自然资源时空性

自然资源的生成与分布具有明显的时空性。所谓时间性，即自然资源有其过去、现在和未来的演化历史。对于气候、生物、土地、水等生物圈与大气圈的资源，它的变化还具有明显的时间节律，突出表现为季节性。所谓空间性，即自然资源分布具有严格的区域性，这是由于地球与太阳的位置，地球本身的运动，地质构造过程和海陆分布等因素所决定的。地表的各类资源受水热条件支配，它的分布按自然地带规律——纬度地带性、经度地带性、垂直地带性，以及局部地形地质条件干扰而表现为"非地带性"规律。地下矿产资源的分布则更多受地质构造规律所支配。自然资源的时间的变化与空间的位置紧密联系，时空是统一的。这使得人们在开发利用自然资源时特别要注意到因地制宜的原则。

自然资源系统中的各类资源可以彼此独立存在，每一种资源都以它特有的本质性的属性——个性，区别于其他资源。生物资源属于可再生资源，它的个体可以生长、发育、死亡，周而复始，新陈代谢；水资源在常态条件下可以液态、气态、固态，降水—地表水—地下水，相互转化，属可循环、可流动的资源；矿产资源形成于漫长的地质历史，开一点，少一点，属不可更新的耗竭性资源，同时大多分布于地面下岩石圈内，因此它又以隐含性而区别于其他资源；光、热——太阳辐射、降水、风通常是恒定不变，"取之不尽"的非耗竭性资源；至于土地资源，一是固定不变的空间位置，二是对农业生产而言具有其生物生产能力，它介于可更新与不可更新资源之间。

4. 自然资源可用性

自然资源的可用性是指在一定时间和一定技术、经济条件下，自然资源可以满足人类利用的功效和性能。这是区别自然资源和自然条件的根本标志。自然资源可用性是随科学技术进步而变化的。目前不可利用的自然要素，随着科技发展将来会被人类利用，因而也就获得了可用性，成为自然资源。一定时期和一定条件下，只有一种或几种用途的自然资源，如煤炭资源在产业革命时期只作为燃料使用，而目前煤炭除作为燃料外，还作为化工原料，可生产出许多化工产品。一般而言，自然资源的可用性具有多宜性特点。如耕地资源既可种粮食，也可种经济作物；既可作为农业用地，也可作为建设用地。一种资源的不同用途其效果相差很大。在特定地区、特定历史阶段，一种自然资源一般只能选择一个最优利用方案。自然资源可用性的多宜性特点决定了合理利用自然资源问题的复杂性。只追求经济效益而忽视社会效益和环境效益的利用方案，只能导致生态恶化，资源的破坏，经济发展也难以持久。而符合自然规律和生态原则，在经济上合理的最佳方案才能保证对资源的高效利用，资源、环境和社会、经济才可能持续发展。

5. 自然资源区域性

各类自然资源在空间分布上的差异性。不同的自然资源遵循不同的分布规律。气候、水、土地和生物资源的分布主要受地带性规律作用，在宏观尺度上表现出明显的地带性特点，也受"非地带性"规律影响；矿产资源的分布主要受地质构造规律所支配。由于自然资源分布的区域性，自然资源开发利用的社会经济条件和技术工艺传统也具有地区差异。自然资源的区域性特点是形成各地比较优势的客观基础，也是区域经济形成与发展的基本原因。因此，在资源开发时，一定要深入研究其独特的区域性特点，根据各地自然资源的组合、数量、质量及地区间的资源互补关系制定科学的开发方案。因地制宜地开发自然资源，建立专业化分工明确、彼此密切联系的区域经济系统。

6. 自然资源有限性

在一定的时空范围内，所有自然资源的数量都不可能是无限的，无论再生资源还是非再生资源都不例外。矿产资源是非再生资源，是在数以百万年计的地质年代里形成的，与人类开发利用的历史相比是不能重复和再生的，其变化趋势是越用越少。空气、水、生物等再生资源尽管可以周而复始、循环再生，但是每一时期的循环量也是有限的，如果不合理利用或管理，不仅会造成污染，如其利用强度超过其再生和自净能力，就会使资源质量下降，可利用的资源数量会越来越少，良性循环将变为恶性循环。

对于自然资源有限性，世界上有"悲观学派"和"乐观学派"两种对立的观点,他们的代表人物和代表作有 D.L. 米都斯等 1972 年提出的研究报告《增长的极限》和 J.L. 西蒙 1981 年发表的《最后的资源》(中国 1984 年节译为《没有极限的增长》)。《增长的极限》是世界上有影响的学术团体罗马俱乐部成立后提出的第一个研究报告,报告从人口、资本、粮食、不可再生资源、环境污染等重大全球性因素出发,建立了全球分析模型,按照模型分析得出,20 世纪末到 21 世纪初将达到全球增长的极限的结论。《最后的资源》的作者西蒙以《增长的极限》为对立面批判了罗马俱乐部研究问题的方法,并根据他所收集的资料和他的方法分析,得出人类资源没有尽头,人类生态环境日益好转,人类将在未来与自然达到平衡。

从人类开发利用自然资源历史的长河看,宇宙空间的自然资源是没有极限的,但在一定历史时期,在生产力和科学技术一定水平条件下,自然资源是有限的,人类利用资源必须按照自然规律和经济规律办事,否则将受到客观规律的制裁,出现资源短缺。

第二节 自然资源是社会经济发展的物质基础

人类为了生存和发展,就必须进行物质资料的生产,就必须发展经济。生产力水平的提高是推动经济发展的决定性因素。我们知道,生产力是人们在生产过程中影响和作用自然界、获得物质资料的力量,它表示的是生产中人对自然界的关系。构成生产力的基本要素是:具有一定生产经验、技能和知识的劳动者,以生产工具为主的劳动资料,引入生产过程的劳动对象。生产力三个要素都与自然资源密切相关,劳动者是生产力系统中的主体性要素,它的存在与繁衍离不开自然资源。劳动资料是人们在生产过程中用以改变和影响劳动对象的一切物质资料和物质条件,它包括生产工具、土地、生产建筑物、道路、河流,以及充当劳动对象的容器的物体等。现代化生产中的劳动资料,还包括动力系统、能源系统、运输系统、自动控制系统,以及与此相联系的信息传递系统等。在劳动资料中,生产工具是最主要的。生产工具是社会生产力发展水平的客观尺度,也是区分社会经济发展阶段的物质标志。生产工具的发展历程,就是人类利用自然资源水平由低到高的历程。劳动对象是人们在生产过程运用劳动资料进行加工改造的一切物质对象。它分为两类:一类是进入生产过程的部分自然界,即未经过人们加工过的自然物,如采掘中的地下矿藏等;另一类是经过人类加工过的物质资料，如织布用的棉纱，制造机器用的钢材，以及人工合成的各种原材料。随着生产的发展和科学技术的进步，劳动对象的范围不断扩大，各种人工制造的新材料不断增多。

在人类社会演进过程中，从 18 世纪蒸汽机的发明与应用在英国开始了第一次产业革命，到 20 世纪随着电的发现，实现了第二次产业革命，紧跟着在二次世界大战之后，短短的几十年中又开始了以微电子技术、原子能技术、光学技术、新兴材料为基础的第三次产业革命，在这短短不到 300 年的时间内，尤其是 20 世纪以来这 100 多年中，许多矿产品的产量增长了几十甚至几百倍，一大批新的矿产成为重要的工业原料。人类社会的经济与文明发生了天翻地覆的变化，而且变化的速度越来越快，是 300 年前的人类社会所不能比拟的。这些社会经济的发展，都是以资源的发现与开发为其物质基础的。下面仅以矿物资源[①]为例，简要地说明这种基础作用。

矿产资源可分为金属矿物、非金属矿物和能源矿物三大类。

一、金属矿物及其用途

金属矿物可分为：①黑色金属矿产，包括铁、锰、铬、钒、钛；②有色金属，包括铜、铅、锌、铝、镍、钨、镁、钴、锡、铋、钼、汞和锑；③贵重金属，包括金、银和铂族金属（铂、钯、铱、铑、钌、锇）；④稀有金属，包括铌、钽、铍、锂、锆、锶、铯；⑤稀土金属，包括钪、轻稀土金属（镧、铈、镨、钕、钷、钐、铕）、重稀土金属（钆、铽、镝、钬、铒、铥、镱、镥、钇）；⑥分散元素，包括锗、镓、铟、铊、铪、铼、镉、硒等。

主要金属矿物的用途：

铁。铁是世界上发现最早、应用最广的矿物。铁在人类的文明中发挥着重要的作用，铁制工具的普及大大提高了农业的生产力，农业文明得以发展起来，而到了近代，钢铁工业的诞生又使铁成为工业社会的一大支柱，可以说钢铁构成了强大的工业社会的主要肌体，在工业经济中，主要的支柱产业都以钢铁为材料，因此，作为钢铁原材料的铁矿石成了现代社会中最重要的基础资源。

---

① 张镜湖：《世界的资源与环境》，科学出版社 2004 年版。

中国资源战略的一场变革

铁矿主要用于钢铁工业，铁矿投入鼓风炉后生产生铁，生铁投入氧气炉中制成钢。生铁含碳量高于2％，而钢则低于2％，为了改进钢的性能，可以加入各种合金。其中以锰、铬、锡最为重要，镍、钼、钨、锌次之，钛、钒又次之。加合金的钢称为合成钢或精密钢，其性能各有不同。主要为增加其韧性、硬度、耐磨性及耐酸性等。虽然在汽车工业、容器制造等方面，部分钢铁已被较轻的铝和塑胶逐渐替代，但比例不高。

根据2010年世界钢产量的数字，中国排在第一位，已超过6亿吨，日本第二，美国第三。中国虽然居世界第一位，但精密钢比例偏低。

钢铁在所有矿物材料中循环利用的比例最高，美国68.5％的废铁被再利用，2004年中国向美国进口价值10亿美元的废铁。

铝。铝是仅次于钢铁第二重要的金属矿，金属铝的比重低，导电、导热性能优异，因此广泛用于包装、飞机及其他交通运输工具、机械、建筑及电器等工业。铝矾土的非金属用途是耐火材料、研磨材料、化学制品及高铝水泥。美国铝的回收再利用为40％。

铜。人类在1万年前就已开始使用铜。因其导电率和导热率高，抗腐蚀和抗拉性强，因此广泛应用于电气工业、机械工业、交通、建筑和国防工业，为仅次于钢铁和铝的第三重要金属。铜和锡的合金即为青铜，用以制造花瓶和铜像等艺术品。

铜的替代物甚多，其中最重要的是用光纤替代铜丝、汽车的水箱和冷却管线，用钛替代热交换器，用铅替代炮弹弹壳，用塑胶替代铅铜水管。

铅。铅是最软的重金属，展性良好，有非常强的抗腐蚀力，主要用于蓄电池，其他用途包括汽油添加剂、电缆外套、焊料、建材、水管、油漆、铝罐、弹药等。但铅含有毒性，可能导致贫血、肾、脑疾病，并影响孕妇健康及儿童智力发展，许多国家已禁止在汽油中加铅，并且用锡替代铅制造水管。铅装的建材、电缆外壳、罐头都有多种物质可以替代。近年来"无铅焊料"也减少铅的用量。

锡。锡主要用于食品和饮料的容器、各种包装材料、干电池外壳、镀锡板（马口铁）、活字合金、货币等。锡的化合物可用为木材防腐剂、农药、陶瓷工业的乳化剂等。因为锡没有毒性，因此近年锡已用以替代铅和镉的多种用途。但锡罐及容器都被铝、玻璃、塑胶及钢铁所代替，铝合金、铜合金及塑胶物可替代青铜。铅和钠的化合物可替代某些锡的化学品。

锰。锰的主要用途为冶炼钢铁的脱氧剂和脱硫剂以及制造合成钢。因此，锰矿消费量与钢产量的比例维持在3%左右。锰没有被再利用也没有替代品。

锌。锌从铅锌矿中提炼出来。锌不易被腐蚀，且与铁有极强的反应，其主要用途即为镀锌、制干电池及氧化锌（锌白）。约有3/4的锌以金属形态使用，其余1/4乃以含锌的化学品用于塑胶、油漆及农业工程。在健康工业用于防晒油膏及治疗伤害的药品。锌也是人类健康所需的微量元素，但锌在合金、化学、电子、颜料许多用途都有替代品。

镍。镍具有良好的机械强度和延展性，且能耐高温，在空气中不氧化。因此被用来制造不锈钢，用于飞机、雷达、导弹、太空飞船等制造业。在民用工业中常制成耐酸钢、耐热钢。镍钛合金是一种永磁材料和电子遥控材料。镍虽有许多代替品，但价格较高。

钨。钨的熔点是3400℃，为金属中最高者，并具有高硬度，因此制钢时常加入钨以增加其硬度。用于切割工具、弹簧、锉刀等家庭用具，及轮机刀片、火箭、导弹、反坦克和反潜艇的穿甲弹头等工业。

镁。镁质量轻，但其强度与重量之比极高，镁为地壳中第8位最多元素，约占地壳2%。地壳共有60种含镁矿物，海水约含0.13%的镁，咸湖亦含镁。

第二次世界大战时，镁用以制造飞机，现在最大的用途为与铝制成合金，以增加其硬度与抗腐性用以制铝罐。镁及其合金亦可用以铸造印模、照相机及计算机零件、汽车装饰以及地下导管及水槽等。

在钢铁工业中，镁可用以去硫磺，在某些有机化学品用为触媒剂，在生产某些非金属用为还原剂。

锑。锑在合金中主要作用是增加硬度，常用于铅字合金及军火工业，现已广泛用于搪瓷、玻璃、橡胶、陶瓷、塑料及半导体元件。

汞。汞亦称水银，因其颜色与流动性似水。汞是唯一在室温下呈液态的金属，而且极易挥发。汞与许多金属形成合金，称为"汞齐"。除了用于化学、电气、军事工业、原子炉的冷却剂和原子辐射材料外，也可用于医药、杀菌剂及补牙齿。在采矿工程中，汞注入金矿脉可使金易于提取。火山爆发时，可能喷出汞，飘扬空气中。汞有剧毒，呼吸汞可伤害肺及中央神经系统，使人发疯；亦可能伤及肠胃和肾。因此近年汞的使用量逐渐减少，例如用锂、镍—镉及锌代替汞—锌电池，用铟代替汞制造碱性电池，用陶瓷代替汞齐补牙，用不含汞化学品代替含汞杀菌剂及胶乳涂料。

金刚石。金刚石是最坚硬的物质，在室温下有最快的导电率。优质的金刚石用为宝石,较差者工业钻石用为钻具、刀具、研磨、锯片、光学精密仪器,但近年合成金刚石,例如氮化硼、熔凝磨土及碳化硅等合成金刚石已占90%的工业用途。

金。黄金是贵重金属。在电子工业中因其导电、导热性能良好,因此用于真空管的涂料,转动用途的电力接头,精密电子仪器中的拉丝导线,电镀盒的高频导体。在化工方面用于核化工厂,人造纤维的合金喷丝头等,在照相和制笔工业亦有少量用途。

铂。铂族金属包括铂、钯、锇、铱、钌和铑六种金属。铂族金属和金、银同为贵重金属,在物理上其共同点为熔点高、强度大、电热性稳定、抗电火蚀性高、抗腐蚀性优良、高温抗氧化性能强。铂族金属早期主要用于首饰,但20世纪中叶以后,用于生产高质量的航空汽油、电器与电子工业上的接触,玻璃工业上用作坩埚,国防工业上可制导弹发射燃料,环保方面用为脱臭用催化剂,医疗方面用为牙科材料,汽车工业上用为触媒转化器。在上述用途中,最大的用途是汽车制造和石化工业。

银。在所有金属中银的导电性、导热性最强,延展性和可塑性也好。银不易腐蚀,有抗酸和抗碱的能力。除可用于货币、饰品和器皿外,银可以用为镜子或反射面、外科所用的薄金属板和缝合线、餐具、照相软片、电池等,但上述用途几乎没有代替品。

钴。钴是高熔点和稳定性良好的磁性硬金属。可用以制耐热合金、硬质合金、防腐合金和磁性合金的重要原料,因此可用于燃汽轮机、喷气发动机、火箭、导弹的零件,在化工及原子能工业都用作重要金属材料。钴粉末加入冶金中可保证合金的韧性,钴也是永久磁性的重要成分。在化学工业中,钴用于有色玻璃、颜料、珐琅、干燥剂。

铬。铬具有质硬、耐高温、抗腐蚀的特性。铬铁合金可用于航空、太空、汽车、造船、火箭、潜艇、导弹的制造。此外铬可用于制耐火材料、颜料、电镀等工业。在制造不锈钢的功能上,铬并无替代品。

钼。钼多为开采铜矿的副产品,钼亦可能与钨、锡伴生,或形成硫化钼。在冶金工业中,钼添加于铜中以提高其耐高温、耐磨性和抗腐性。含4%~5%的钼可用为精密化工仪表,含4%~9%可制高速切削工具。钼、铬、钒的合金加入铜中可制坦克、军舰、火箭及卫星,还可以作核反应堆的结构,在化学工业中可用为滑润剂、催化剂和颜料。

镓。镓在铝矾土中和锌矿中的含量均约为50ppm。砷化镓和氮化镓用于光电器材,例如雷射管、光电探测器、太阳能电池、积体电路,因此在国防、高速电脑及通讯系统中都有重要用途。

钽。钽能抵抗多种酸的侵蚀，主要用于电容器及硬质合金，少量用于高温合金、发热材料、光学材料、个人电脑及行动电话。

铼。铼的熔点高达 3180℃，且加热时结晶结构稳定，因此为一种绝佳的耐火物质，可代用为火箭推动器。因其温度高达 2230℃也可用于摄谱仪及镁光灯的丝线、X 光机的阳极。20 世纪 80 年代以后主要用途为与镍结合用作喷射机涡轮的叶片。

钛。钛是地表上分布最广，占地壳组成元素的 0.9%，居第 9 位，在金属中仅次于铁、铝、镁。钛呈银白色，具有熔点高、比重轻、机械强度高、耐低温、耐磨蚀、不易氧化等特性。钛合金是重要的涂料、结构材料、防腐材料，广泛应用于航空、舰艇、冶金、化工、电力、海水淡化及医疗器材。

铟。铟发现于 1934 年第二次世界大战时，多用为与金形成补牙的合金，及核能控制棒。20 世纪中叶用于晶体管收音机。将铟涂在飞机上可以消除雾水的沉积，铟也是液晶显示器所必需的元素。氧化铟加 10% 的氧化锡可使电子资料变成平板展示器上能见的讯息，现在世界 70% 的铟用于此薄膜产物。近年铟也用于发光的二极管。大多数的铟为锌矿及锡矿中的副产品。

铀。铀原子核受中子冲击，分裂成两个裂变块，同时释放出大量的能量和两三个快中子，这些中子再引起其他原子裂变，如此连续分裂，形成链式反应。核可成为核能发电和核爆炸的原料。

稀土。稀土金属是钪、钇、镧系 17 种元素的总称，其他 14 种为铈 (Ce)、镨 (Pr)、钕 (Nd)、钷 (Pm)、钐 (Sm)、铕 (Eu)、钆 (Gd)、铽 (Tb)、镝 (Dy)、钬 (Ho)、铒 (Er)、铥 (Tm)、镱 (Yb)、镥 (Lu)。上述 17 种元素可划分为轻稀土组、中稀土组及重稀土组。稀土金属可生产荧光材料、电池材料、电光源材料、永磁材料、储氢材料、催化材料、精密陶瓷材料、激光材料、超导体材料、磁致冷材料、磁光存储材料及光导纤维材料。近年稀土金属的用量快速增加，施用的领域也日渐扩张，大多数稀土用途都有替代品，但功能都较差。

二、非金属矿物及其用途

地壳组成中的非金属元素含量为金属元素一倍以上。耐火黏土、石墨、滑石、云母、硅藻土、高岭土、膨润土等工业岩石矿物中都含硅，硅元素在地壳中占27.2%，石膏、水泥、花岗石都含钙。钾、磷都是非金属矿物，非金属工业矿物约有250种。在19世纪与20世纪初工业矿物以金属为主。50年代后科技发展使非金属矿物的用途日新月异，使用总量已超过金属矿物。

主要非金属矿产的用途：

硅。硅的主要用途为制造铝及其合金，及供化学工业之用。半导体工业制造电镀的薄片，用量不到10%，但需要纯质的硅。硅的来源为自然界各种石英岩。在半导体工业中，砷化镓和锗为主要替代品。

硫磺。硫在自然界中分布极广，在10余种矿石中都有硫，其中最重要的为自然硫、硫化氢、黄铁矿、白铁矿、辉钼矿、石膏和磁黄铁矿，含量都超过38%，约有90%以硫酸方式消耗，用于农业肥料最多，石油精炼次之。硫磺没有替代品，仅有少数的酸化合物可以替代硫酸有少数的用途。

石棉。石棉是天然纤维状矿物，尤其温石棉分布极广，产量最多，占98%。温石棉广泛用于建筑、机械、石油、化工、冶金、交通及国防诸领域，但石棉会损害健康，因此近年许多国家对石棉应用有强力的管制。石棉有许多替代品，包括硅酸钙、碳纤维、磁纤维、玻璃纤维、硅灰石等，但上述替代品只能替代石棉部分的功能。

盐。盐是氯化钠的简称，其原料来源包括海盐、湖盐、井盐和矿盐。除供食用外，也是重要的化工原料。盐是人类利用最多的非金属矿物。在工业上盐用以生产碱、氯气、盐酸及金属钠，碱和盐酸广泛用于化工、纺织、造纸、肥皂、染料、冶金、陶瓷、医药等部门。在化学工业上，虽有某些化学品可以替代盐，但通常较为昂贵。

石膏。石膏是硫酸钙矿物，主要用于建筑，在农业上可用以改良土壤，用为肥料；在工业上用于造纸、油漆、橡胶、陶瓷、塑料、纺织，也可用在艺术及医药，但石膏的主要用途为作为水泥缓凝剂。水泥中加石膏可使其凝结得更好，建筑物更为坚固。石膏在造纸、油漆、橡胶、化工、纺织工业中可用作填料。近年已有合成石膏的制造，比天然石膏更适合用为建筑中的墙板。

长石。长石是硅铝矿物，含有不同比例的钙、钾和钠。通常出现在火成岩中，长石约占地壳的60%。长石主要用于制造玻璃，长石中所含的铝增加玻璃的硬度、耐用性和抵抗化学腐蚀的能力。玻璃约含8%的长石，绝缘的光纤约含18％。另一用途为制造陶瓷的过程中，长石中的碱性物质（包括氧化钙、氧化钾和氧化钠），降低其熔点，不同的陶瓷需要不同的熔点。长石在不同磁产品的含量约为：地板及墙砖10％～55％，陶瓷5％～30％，卫浴设备25％～35％。

黏土。黏土的种类甚多，兹举三种说明：①高岭土，②膨润土，③耐火黏土。高岭土源自江西景德镇高岭村，是一种可以制瓷器的白色黏土。高岭土可用于造纸、陶瓷、橡胶、化工、医药、石油、国防等部门，在国防方面，原子能、喷气机、火箭、人造卫星、雷达、半导体都需要陶瓷产品。世界上有60个国家有高岭土。膨润土是指由蒙脱石类矿物组成的。膨润土颜色不一，但油脂光泽膨润土有吸水性、膨胀性、阳离子交换、黏结性、润滑性等性能，被广泛用于各种工业，其中最主要者为铁精矿球团、钻井泥浆、动植物油脱色净化等。耐火黏土是指能耐1580℃，可做耐火材料的铝土矿，耐火黏土主要用于冶金工业，制造耐火的炼铁炉，亦常用于生产各种铝化物，如硫酸铝、氯化铝等化工产品。耐火黏土也可用于机械、电子、玻璃、陶瓷等工业。

硼。硼的用途包括微量肥料、去垢剂、鞣皮革及制造玻璃。尤以玻璃用量最大。

硼酸乃硼砂加酸而成，可用于玻璃及纤维素绝缘体。氮化硼可形成立方体的结晶，其硬度与金刚钻相似。碳化硼不仅耐高温而极为坚硬可用为磨磋料及防止原子线穿透的保护物质。

磷。磷除可用于制造肥料外，也可以用于医疗、火柴、农药、染料、陶瓷、金属防腐剂、动物饲料添加剂等，但在所有应用中，磷肥最重要而且用量甚大，至今仍无替代品。

石墨。石墨是碳元素结晶矿物，具有耐高温、导电、润滑性和可塑性。在冶金工业中作为耐火材料，在电气工业中用于生产碳素电极、电极碳棒、电视机显像管涂料；在机械工业中为飞机、轮船、火车等高速运行机械的润滑剂；在核能工业中为原子反应堆中的中子减速机，也可用于火箭、导弹的耐热材料，及人造卫星上的无线电连接信号材料；在轻工业中可制铅笔、墨汁、黑漆、油墨的原料。大多数石墨的应用有替代品。

三、能源矿物

能源是工业发展和经济增长的生命线。能源可分为一次能源、二次能源。一次能源是指从自然界直接取得而不改变其基本形态的能源，也称初级能源。二次能源是一次能源经处理加工，转换而得，又称次级能源。一次能源又分再生能源和非再生能源，非再生能源须经过亿万年才能形成。再生能源包括水力、太阳能、风能、生物质能、潮汐能。非再生能源包括煤、石油、天然气、核能。二次能源包括电力、汽油、煤油、重油、焦炭、沼气、丙烷等。煤和石油类能源是污染型能源，水力、电能、太阳能和沼气等是清洁能源。

据学者研究，原始人类每天只消耗 8MJ（百万焦耳）的能量，全部来自采集。农业时代增至 100MJ，以农产品及木材为主。18 世纪工业革命发明蒸汽机，开始利用煤炭，20 世纪初，煤炭占人类使用能源的 80% 以上，其余小部分为水力和次级能源，内燃机发明后，石油的重要性在提高，但 40 年代前，石油产量仍然很低。60 年代中期后，石油用量超过了煤炭。2000 年，世界一次能源生产总量为 91.7 亿 t 油当量，约为 1950 年的 5.2 倍，为 1850 年的 20 余倍。

现代人类社会经济与文明的发展越来越离不开资源，特别是我国作为发展中国家，当人均国民生产总值达到 2000～4000 美元时，对资源的需求，特别是矿产资源的需求将达到高峰，我国正处于这个时期。矿产资源的开发利用已成为我国社会经济发展的重要支柱（如表1所示）。因此，我国 21 世纪的经济与社会发展在很大程度上决定于矿产资源这个社会物质基础的保证程度。

表 1　我国 50 年主要矿产品产量对比

品 种	单 位	1949 年产量	2000 年产量	增长倍数
原煤	万吨	3243	99800	30
原油	万吨	12	16300	1357
铁矿石	万吨	59	22800	385
钢	万吨	15	12850	856
十种有色金属	万吨	1.3	775	595
黄金	吨	4.07	170	42
原盐	万吨	298.5	3126	9
水泥	万吨	66	59700	903

第三节　自然资源是实现可持续发展的前提条件

人类为寻求一种建立在环境与自然资源可承受基础上的长期发展模

式，进行了不懈的探索，先后提出过"有机增长"、"全面发展"、"同步发展"和"协调发展"等各种构想。1980年3月5日，联合国向全世界发出呼吁："必须研究自然的、社会的、生态的、经济的以及利用自然资源过程中的基本关系，确保全球持续发展。"1983年11月，联合国成立了世界环境与发展委员会（WCED），挪威首相布伦特兰夫人任主席。成员有教育、科学、经济、社会及政治方面的22位代表，其中14人来自发展中国家。联合国要求该组织以"持续发展"为基本纲领，制定"全球变革日程"。1987年，该委员会把经过长达4年研究、充分论证的报告《我们共同的未来》提交给联合国大会，正式提出了可持续发展的模式。因此，可持续发展思想的提出，与环境和自然资源的关系十分密切。

从世界各国发展历程来看，资源是保障经济社会可持续发展不可缺少的物质基础，也是社会财富的来源，其本身就是国家的重要财富。资源是可持续发展的起点和条件。自然资源的重要性正引起人们越来越多的重视。1995年世界银行在评估世界各国的财富时，改变了以往单纯以国民生产总值来衡量的做法，代之以从四个方面来综合计算国家的财富，即自然资本、产出资本、人力资本和社会资本。所谓自然资本，就是指土地、矿产、水、森林等自然资源。按照这样的计算方法，排名第一、二位的不是美国、日本或者北欧国家，而是自然资源比较丰富、人口相对较少的澳大利亚和加拿大。

一、资源与人口的可持续发展

资源是人类生存的基本物质条件。资源是地球上一切生命赖以生存的重要物质基础。土地、矿产、水、森林、草原等自然资源不仅是一切生命赖以存在的物质载体，而且为人类带来了越来越多的宝贵物质财富，是人类长期生存和发展所必不可少的基本物质条件。

在众多自然资源中，水是生命之源。河流是人类古代文明的摇篮，世界四大文明古国——古代中国、古代印度、古代埃及和古代巴比伦最初都是以大河为基础发展起来的。据考证，北美洲霍霍卡姆文化、拉丁美洲玛雅文明、中国的楼兰古国等，则都是由于严重的干旱缺水而消失的。地球上所有生物的生存和发展，均离不开水资源。人的身体体重的70%～80%是水，血液中水占79%，淋巴液中水占96%。水是人们日常生活中必需的物质资料之一。水资源是基础性自然资源，又是战略性经济资源，

中国资源战略的一场变革

是一个国家综合国力的重要组成部分。水的重要性，使人们称之为国民经济的"蓝色血液"。人类除了直接饮用水外，在农业、工业和生活领域同样需要消耗大量的水。土地是粮食生产的基础，而水资源则是粮食生产的命脉。

矿产资源是人类生产和生活资料的基本源泉之一。矿产资源的开发利用是人类社会发展的前提和动力。人类历史上每一次社会生产力的巨大进步都伴随着矿产资源利用水平的巨大飞跃。在现代社会经济发展中，矿产资源起着重要的基础性作用，在国民经济各部门中有着广泛的产业关联和波及效应。中国正处于工业化中期阶段，今后几十年将是中国经济对矿产资源需求增长最快的时期。中国人口增长和经济增长对资源的需求将持续增大，资源供需的矛盾将日益尖锐。因此，矿产资源在国民经济中的基础地位和支柱作用将日益明显。

当前，资源与人口增长的矛盾十分突出。首先表现在人均可利用资源持续下降。现代文明在世界范围的扩展，打破了人口系统的出生与死亡两大平衡，人口的增长成为必然的趋势。随着人类社会文明的进步，社会经济与技术的发展，物质资料生产能力的增强，人类的生存物质保障水平不断提高，社会总体医疗水平也不断提高与普及，造成近些年来人口的自然增长率持续偏高，人一生所消费的资源量也在不断增加。全球人口的增长已经逐渐失去自然的制约，而社会的制约机制又未能在世界范围内普遍发挥作用。任其发展，必将导致自然资源的大量消耗，极有可能在新科技尚未给人类带来新的资源之前，就已耗尽地球亿万年所积累起来的宝贵自然财富。人类对赖以获取食物的水土资源开发利用的高速增长，将受到全球水土资源数量与国际分布的制约。全球耕地总量有限，仅占全球总面积的10%，且又在不断减少，每年大约有800万公顷的耕地被占用；人均淡水资源的数量更在迅速减少，而且在地域分布与季节分配上严重不均，淡水资源的不足严重影响人类的生存和发展。此外，全球森林锐减，人类发展的生态环境面临严重威胁。

其次，人均资源消费不断提高。伴随着人类社会经济的发展，一方面是人均资源占有的急剧减少，而另一方面是人均资源消费的急剧增加。出于对富裕生活的期望，所有的人都愿意消费更多的食物、能源等资源。据测算，古代每人每天需消费12升淡水，中世纪增加到20~40升，18世纪增加到60升，现在欧洲一些国家的城市居民人均每天消费淡水资源高达500升。世界上的矿产资源目前已经面临一种危机状态，据估计，如果世界各国的工业都快速发展，把全世界的生活水平提高到目前发达国家的标准，大部分矿石的产量至少要达到目前产量的 5 倍。

再次，人口与资源关系的国际差异与国际矛盾在加深。我们知道，人类的资源消费与自然资源的国际分布是不协调的，随着人口的增长，越来越多国家的资源无法满足自身经济社会发展的需要，甚至无法满足本国国民对食物的需要，因此就越来越需要国际间的资源交流与合作。但随着人类消费资源量的迅猛扩张，拥有较高人均资源量的国家越来越集中在非常有限的地理范围内。

由于世界各国的资源禀赋不同，经济发展水平不同，对资源的消耗数量也大不相同，造成了明显的人与资源之间的国际差异与国际矛盾。例如，世界人均年能源消费约为 1.96 吨标准煤，而美国则高达 10.41 吨，德国为 5.73 吨，英国为 4.84 吨，日本为 3.69 吨，而广大的发展中国家多在 1 吨以下，中国仅为 0.62 吨，印度仅为 0.19 吨。人口仅占世界约 1/20 的美国，消费着世界 40% 的能源和原材料。世界人口的 2/3 生活在发展中国家，其人均能源消费仅相当于发达国家的 1/8。如果广大发展中国家随着经济的崛起，人均资源消费向发达国家的现有水平看齐，则目前传统的资源体系将被打破。

发达国家由于资本与技术基础雄厚，获得资源的能力远高于发展中国家。因此，发达国家在优先占用并使用这些资源的时候，造成了大量经济资源的浪费。例如，世界范围内捕获的鱼类，至少有一半加工成了鱼粉，用作发达国家的牲畜饲料，如果用于食用，将成为贫困国家国民重要的食物蛋白质来源。发达国家占用了世界大部分的资源，而发展中国家又不得不与发达国家共同承担未来资源短缺的全球性问题。

二、资源与环境的可持续发展

资源本身就是地球生态环境的重要组成部分，资源对维护地球环境具有不可替代的作用。生态系统本身就是在一定空间内，由生物群落与周围环境组成的自然体，它们通过物质循环和能量流动相互作用、相互依赖，共同组成整个地球生态系统的功能单位。

自然资源是组成地球生态系统的重要物质基础，是人类生态网络节点的实体和载体，确定了人类生态的物质构成，对维持地球生态平衡起着重要的基础性作用。对自然资源的过度利用、不合理开发和浪费都意味着资源蕴藏量的减少，都可能造成整个生态系统失去平衡。例如，森林是陆地生态系统的主体，过度的砍伐不仅降低森林覆盖率，而且可能引发水土流失、土地荒漠化、生物多样性减少等问题，使整个地球的生态系统遭到破坏，生态环境恶化。

水资源也是一种极为重要的生态环境因素，是许多其他生态环境要素赖以生存和发展的基础。水资源和生态环境是一种互相依存的关系：生态环境建设要消耗一定的水，反过来说，生态环境建设对水资源也将起良好的保护作用。包括森林、草地等在内的植被，能够调节气候、涵养水源。

全球环境问题是人类面临的最严峻的挑战之一。而资源的开发利用对生态环境的影响极为巨大。进入 20 世纪 80 年代，地球生态环境持续恶化，尤其是全球气候变化和臭氧层破坏等重大问题的出现，使人类认识到自己赖以生存和发展的环境正在急剧变化，威胁到人类经济和社会的持续稳定发展。环境问题越来越受到世界各国的关注。

环境问题的产生归根结底是对自然资源不合理利用的结果，因此，环境问题与自然资源的不合理开发利用密切相关。在工业革命之前，人类主要从事的是农业和手工业劳动，相对来说，对资源的需求和对自然的干预还相当有限。工业革命开始以后，机械化程度越来越高，人类改造自然、利用自然的能力和规模逐渐增大，不仅直接消耗大量自然资源，同时还把大量的废弃物直接抛弃回自然界，对环境形成了双重压力。随着工业化的进展，特别是现代工业的高速发展、人口的不断增加和城市的急剧膨胀，环境问题越来越严重，并逐渐从一国或几个国家的问题发展到全球性问题。

三、资源与经济的可持续发展

资源是经济发展的物质基础，人类对资源的需求，很大程度上表现为经济发展的需求。自然资源促进人类社会发展，首先表现为促进经济发展。一个国家或地区，不论社会制度如何，处于哪个发展阶段，经济发展都是以经济增长作为首要的物质基础和中心内容的。经济发展对自然资源的需求，可以通过经济增长对自然资源的需求来表示；资源促进经济发展，最终也是通过经济增长来实现的。另一方面，自然资源供给或者说资源自身的发展，通常也是以经济增长为前提的。

目前，自然资源是经济增长的重要因素和物质基础的观点，已经得到社会各界的普遍认同。除自然资源外，影响经济增长的因素还包括投资的增加、资源的有效配置、技术进步、科学和教育的发展、环境质量的改善和社会进步等。但是应该看到，经济增长是建立在自然资源的数量、质量及其丰度基础上的，没有自然资源就没有经济的存在，更谈不上经济发展。经济增长对资源的需求首先或最终体现为对资源总量需求的增长，即经济增长与资源总量需求是按相同方向变化的，并且在大多数时期基本上存在一定的比例关系。其次，经济增长对自然资源的需求，也日益体现为其对资源种类或结构的需求。对资源种类的需求在某些方面也包含着对质量的需求。从历史发展及其趋势看，经济增长与对资源种类、质量的需求也是按相同方向变化的。

从经济发展速度来看，是受资源丰度制约的。自然资源的丰度包含数量和质量两个方面的内容。丰富的、优质的自然资源，能保障经济持续、快速、稳定增长，从而也就使得整个社会经济发展有一个稳定的物质基础；反之，自然资源短缺，开发利用难度大，质量差，经济发展就会受到严重限制，整个社会经济系统也会受到较大的影响。

自然资源开发利用包括广度和深度两个方面。在开发与发展初期，即人类社会进入工业化阶段之前的漫长历史时期中，农业经济始终占主导地位。该时期的主导产业门类均属自然资源密集型产业部门，自然资源在该阶段的作用强度是最大的。其经济发展速度严格受制于自然资源的丰度及结构等。当经济社会发展到一定程度以后，如在工业化阶段，人们对地下矿产资源的开发利用，大大推进了经济发展的进程。那些具有丰富矿产资源且关键矿种占据重要地位的地区，最有利于完整地实现产业结构的演进过程。这些地区产业结构的具体形式和发展重点，直接受制于矿产资源开发规模及在全国和地区中的比重、资源就地利用率的高低以及进一步深加工的程度等。而那些缺乏矿产资源的地区，其工业经济高度发展往往借助于区位优势、资金优势或技术优势等优越条件。由此可见，这一时期的经济发展速度主要受制于自然资源的深度开发，同时也受区位、社会经济、技术水平等其他因素的影响。特别是工业化后期，生产力水平的提高、科学技术的进步以及产业结构的多层次化，使得自然资源在本身不断复杂化和利用多样化的同时，对整个经济、产业结构的作用更趋于间接化。技术知识密集型工业和以商业服务业为主体的第三产业占主导地位的部门，其发展与布局摆脱了直接受自然资源约束的状态。高科技开发区、出口加工区、中心城市等的形成与发展，更多地受到非自然资源因素的影响。此时的经济发展速度不完全决定于自然资源的丰度和结构等。但这时，具有公用自然资源属性的某些自然要素，又成为产业发展和人类生存的自然环境要素，这些自然环境要素的不断恶化，会制约经济的可持续发展。人们此时重视自然环境的保护和治理，并以此为前提来制定产业政策和区域经济发展策略。这说明，维护自然资源的平衡性和存在性依然是人类日常工作、生活中的重要内容。

由此可见，自然资源对经济发展速度具有制约作用是毋庸置疑的，但在不同的发展时期，这种制约作用不尽相同。发展初期的制约作用最强，中期的制约作用最复杂，后期的制约作用相对较小，经济发展更多地受到非自然资源因素的影响。

再者，经济的发展格局也是受资源分布制约的。经济的发展格局包括经济体系中产业的构成及其相互关系，即产业结构以及生产力的时空布局。影响产业结构的因素很多，除社会需求、科技水平、交通通信状况以及各产业和各部门的协同关系外，自然资源的状况，特别是它的分布状况和开发利用程度，也是重要因素之一。

自然资源结构对产业结构的制约作用，在时间上，主要表现为对经济发展速度的影响；在空间上，则表现为对产业结构的形成与分布的制约作用。就一个地区内部而言，自然资源空间分布的差异对产业结构的影响主要表现在以下几个方面：

第一，地区资源结构优势在空间分布上的集聚，有利于产业集聚区的形成。在工业化起始阶段，因受技术、交通或经济因素的限制，产业配置一般为近水或矿产资源指向型的。在以后的发展过程中，资源结构优势在空间分布上的集聚成为产业集聚区形成的重要基础，矿产资源是其中的活跃成分。如中国最大的钢铁基地鞍山钢铁基地及以此为基础扩展的辽宁中部工业与城镇集聚区形成的条件，就是这里集聚了全国1/5的铁矿储量并且邻近有丰富的煤炭资源。

第二，自然资源的区域组合结构的差异，直接决定着各区域产业结构性质和特点的不同。

第三，随着产业经济的发展，以地区原有自然资源结构为主构成的地区经济发展条件也会发生变化，特别是当自然资源结构出现很大的薄弱环节，而且又突出地反映到产业集聚区时，就会客观地要求对地区条件进行再认识，对地区重点产业区进行再选择，以此调整地区的产业结构和产业布局，协调资源与产业之间的关系。如水资源、矿产资源、土地资源分配利用矛盾加剧、资源总量短缺的地区，应尽量避免新建和扩建耗水大、矿产资源少、占地多的产业项目。

事实上，无论一个地区的区域范围大小如何划定，其内部的自然资源在种类、质量和数量等方面均不可能形成一个最佳的匹配或组合关系，根据某项或若干项资源优势所确定的产业结构的发展，必然会因某种自然资源的短缺而受阻。这就要求在地区间自然资源结构存在差异和互补的基础上，寻求弥补地区自然资源结构缺陷的途径。

所有这些，都表明自然资源的结构制约着产业结构的形成与发展，最终制约着经济发展的总体格局。此外，自然资源不仅对产业结构的形成和发展有明显的制约作用，而且对生产力的时空布局也有同样明显的制约作用。

四、资源与社会的可持续发展

自然资源的状况对社会发展的影响越来越大，需要的社会投入越来越多，对社会分工进一步深化的要求也越来越迫切。为此，人们提出了一个新的产业即"资源产业"，并将其排在各产业之首，成为社会生产各部门的基础产业。有人又称之为"零次产业"或"前一次产业"，其目的是强调，面对十分严峻的资源供需矛盾，应不断增加对自然资源的社会投入，保护、恢复、再生、更新和积累自然资源，保持并扩大自然资源总量和供给能力，以满足当代与后世国民经济和社会发展对自然资源日益增长的需要，保证社会经济长期持续稳定协调地发展。因此，必须强化资源产业的基础地位，把资源产业的发展作为重要的基础产业来抓，制定相关的政策，增加资金和科技投入。

目前，人们对资源产业的认识还不一致，在许多人看来，资源产业等同于资源的开发业即采掘业，这还是线性经济的理念。如果从循环经济角度来看，资源再生产业则是重要的资源产业。不过，无论哪种观点，都认为资源产业需要投入大量的劳动力，同时还需要其他产业的支持和服务。于是，围绕某一项资源产业，常常会形成庞大的区域产业群，可以带动区域经济的繁荣。这样，不仅资源产业本身能提供大量的就业机会，而且与之相关的产业群也必然会间接地提供工作岗位，为剩余劳动力就业开辟了一条重要途径。

此外，资源产业对吸引外资和稳定就业有着重大的贡献。在经济社会

中国资源战略的一场变革

发展过程中,工业落后国家由于缺乏雄厚的资金和先进的科学技术,凭借自然资源优势、地理优势积极利用外资,已成为促进本国经济发展的一条重要途径。国际资本在国际间的垂直移动(即相对发达国家对相对落后国家的直接对外投资)的动力在于实现资本、技术与资本移入国的原材料、劳动力等优势资源的有效结合。作为后发工业化国家,自然资源优势、地理优势是吸引外资流入的一个重要因素。

资源产业对于缓解就业压力,保持社会稳定也有一定的贡献。例如,我国是一个人口众多、经济上欠发达的国家,城市化水平还比较低。在现阶段,丰富的劳动力资源已形成很大的就业压力。虽然随着我国经济的发展和产业结构的改变,第三产业吸纳的就业人数有了较快的增长,但我国人口多、经济不发达的国情决定了农业、矿业等资源型产业仍是我国就业的重要领域。现阶段农业、矿业等资源型产业吸纳的就业人员占总就业人口的50%以上。因此,合理发展资源型产业对于缓解就业压力、保持社会稳定具有一定的积极意义。

资源也是科学技术产生和形成的物质基础。人类社会发展史,就是人类依靠和借助科学技术,不断开拓、发现、利用自然资源的历史。科学技术的进步和发展,使自然资源的概念具有显著的时间和空间特征。

工业革命以来,科学技术与自然资源开发利用的关系,已经进入到相互密不可分的共同成长阶段。在现代社会经济运动过程中,这种关系的建立与发展,是以经济可行性和环境可行性为主要前提的,其基本理念可以用可持续发展的思想加以表述。同时,由于人类社会经济发展已经逐步向知识经济时代迈进,自然资源在人类社会活动中的基础性地位和作用也变得更加显著。

资源合理开发利用有利于带动落后国家和地区社会的全面进步。从发达国家几百年繁荣发展的历史来看,他们的发展很大程度上是建立在侵略、掠夺以及利用先进技术开采本国以外的自然资源基础之上的,一些发达的资本主义国家正是依靠大量开发甚至掠夺其他国家的资源完成了本国的工业化。"从地理上来说,它并不是自给的,而是依赖于开采全世界的资源为一小部分人的利益服务的。"[1] 这在很大程度上决定了发达国家几百年的繁荣发展。据有关资料统计,主要发达国家的矿产资源消费量占世界消费总量的2/3左右,美国、日本及西欧国家消费了世界主要矿物原料的

---

[1] 阿兰·兰德尔:《资源经济学》,商务印书馆1989年版。

50%~95%。一个国家或地区的自然资源,尤其是非再生资源无疑是这个国家或地区在经济发展中得天独厚的优势。

对于发展中国家和落后地区来说,自然资源是促进经济快速发展的十分珍贵而重要的因素,因为拥有丰富的自然资源能给经济发展提供更多的机会。自然资源作为社会生产过程中的重要要素,其直接产出效益表现为:人类通过合理开发利用自然资源,可以获得物质生产资料和生活资料,创造更多的财富。一方面,开发利用自然资源是一个国家或地区积累社会财富的最根本的途径,是经济起飞和发展的基础。尤其是在经济发展初期,拥有丰富自然资源的国家和地区可以通过原料出口获得较高的收入。从另一个方面说,作为自然资本的自然资源越容易获得,物质资本和人力资本的积累就越容易。对于大多数发展中国家和经济落后地区来说,资本积累是一个艰难而缓慢的过程,但是优越的自然资源条件通常可为工业化的发展提供基础。有关研究表明,无论是发展中国家还是发达国家,如要维持一种持续、稳定、综合的经济发展,自然资源的限制是决定性的。

新中国成立初期,我国通过大量艰苦的资源调查工作,在摸清资源家底的前提下,大力发展农业、矿业,在粮食、钢铁、能源等关系国计民生的生产领域迅速建立了自主供给体系,从而使我国摆脱了对外的依赖,为我国社会经济的发展打下了一个坚实的基础。

目前,我国经济依然是典型的二元经济,东西部的地区差别以及城乡差别仍然十分明显。利用自然资源开发缩小东西部的地区差别,带动贫困地区发展是现阶段到今后一段时期中国区域发展政策的重要内容。我国西部地区由于自然条件、历史条件、基础设施差等因素的制约,经济发展相对缓慢,积累与扩大再生产能力低。支持这些不发达地区发展的关键在于促进其发展能力和竞争能力的提高。西部地区是我国能源和矿产资源富集区,西部的主要优势就在于资源优势,其发展的重点就在于利用资源优势培育优势产业和打牢经济发展基础,吸引外部投资。合理开发利用西部地区丰富的自然资源对于加速西部地区经济发展、促进社会全面进步具有重大的现实意义。

第四节　自然资源是国家安全的重要保证

国家安全是国家生存的保障,它涉及众多领域,随着经济、社会和科

中国资源战略的一场变革

技的发展,以及国际政治斗争形势的变化,它的内涵也发生了很大的变化,国家安全的概念已从传统的一般意义上的国防军事安全上升为更广泛的经济安全、生态安全、资源安全、信息安全、文化安全等诸多方面。

一、自然资源安全的内涵及目标

自国家形成以来,古今中外列强为了自身的发展夺取资源,特别是其中的矿产资源、土地资源、粮食资源、水资源,不时地发动战争。在世界格局中,资源战争远远要比货币战争和武力战争的杀伤力更大、更广泛。早在春秋战国时期,齐国曾颁布这样一条政令:从国君到士民都必须穿丝质衣服。接着又下了另一道政令:齐国的国民不准种植桑树,如果种植桑树必将受到重罚。齐国颁布的这两条政令非常矛盾,非要让人穿丝质衣裳却又不让种植养蚕抽丝的桑树,这让齐国人怎么穿丝绸衣服?办法其实很简单,到旁边的鲁国、梁国等小国去购买丝质衣服。由于齐国人大量去邻近的鲁国、梁国等小国购买丝质衣服,因而鲁国、梁国等小国的丝绸价格大幅度上涨。由于丝绸的价格上涨得很快,鲁国、梁国等小国家的人民便不再种植粮食作物而改种桑树,养蚕抽丝制作丝绸衣服卖给齐国人。几年之后,齐国政府又突然颁布了这样一项政令:上至大臣下到士民都只能穿布衣,穿丝绸衣服的人将会遭到重罚,而且齐国人不准将粮食卖给别的国家,私自出售粮食给别的国家的人将会遭到重罚。结果是,田地里都种满桑树的鲁国、梁国等小国立刻发生了严重的饥荒,均不战而亡,齐国不用一兵一卒就占领了鲁国、梁国等小国,使自己的国土面积进一步扩张。从这段历史中我们可以看到,资源战争比武力战争的威力大得多[①]。

资本主义世界在发展的初期为掠夺非洲、美洲的资源,对土著居民进行了残酷的烧杀,并武装占领;为重新瓜分世界及争夺殖民地而发生了第一次、第二次世界大战;一直到现在,各国政府为争夺中东的石油,仍战争不断;为争取当前与未来的海洋及极地的矿产资源,各国政府亦竞相争夺先机。

在当今国际经济竞争激烈、局部战争不断的世界里,我国作为发展中的大国,维护国家安全、保持和平建设的环境是理所当然的。足够的矿产资源是保证经济及国防建设重要的前提。当然要我国提供所有必需的自然

---

① 柳润墨:《资源阴谋》,科学出版社 2011 年版。

资源是不现实的，但应力争自给主要的自然资源，靠进口来补充短缺的自然资源，才可能有实力保卫国家的安全，以防备突发的战争。

资源安全无异于国家这座大房子的房基，房子的高度和耐用度取决于房基的牢固度。所以，国家资源安全战略也成为了国家安全战略之基础。国家资源安全战略是位于国家发展战略与国家安全战略结合部的战略。

国家的资源安全是指在一国的国民经济运行过程中，国家、企业和个人在生产、生活和消费的各个领域都能够得到足量、及时和经济合理的自然资源供应，同时又最大限度地维持本国的自然资源基础和生态环境处于良好或可以恢复的状态。资源安全以战略性资源安全为核心，基本出发点是保障国家政治制度和经济秩序的稳定，以及维护国家对外关系和军事利益的平等，主要包括耕地安全、水资源安全、能源安全、战略性矿产资源安全以及生物资源安全等。

二、我国自然资源安全面临的主要问题

1. 土地资源的数量和质量呈下降趋势

土地是人类生存和从事劳动生产的基础性物质条件，与劳动一起形成财富的两个原始要素。"民以食为天，食以地为本。"由于我国仍有50%以上的人口在农村，土地资源对我国农业、农村和农民，乃至对于国家的可持续发展都具有特别重要的意义。

我国在几千年的农业发展进程中过度地使用了土地资源，造成了土地资源的退化，表现为可耕地面积减少、水土流失等。新中国成立以来，一方面我国人口数量翻了一番，由1952年的约5亿增加到2000年的近13亿；另一方面，由于自然资源使用的不合理和浪费，土地资源总量减少，而新增土地的生产力明显不足，中低产田居多。主要表现在以下三个方面：

一是耕地减少，草场退化。60多年来，我国耕地面积大量损失，人均占有量较1957年减少了近3/5。耕地质量退化问题也十分突出。如原来土地肥沃的北大荒黑土带，土壤的有机质已从原来的5%～8%下降到1%～2%（理想值应当不小于3%）。同时，由于农业生态系统的严重失调，全国每年因灾害损毁的耕地约有13.3万公顷。近年来，每年损失的土地均在30万公顷以上，1999年达到80多万公顷。

据统计，中国90%的草地已经或正在退化，其中中度退化程度以上

的草地达 1.3 亿公顷，并且每年以 200 万公顷的速度递增。退化速度每年约为 0.5％，而人工草地和改良草地的建设速度每年仅为 0.3％，即建设速度赶不上退化速度。草原面积逐年缩小，草原植被覆盖率不断降低。由于地表植被的覆盖率降低，草原涵养水源、保护水土的能力减弱，造成水土流失加重。

二是水土流失。我国是世界上水土流失最严重的国家之一，新中国成立初期水土流失面积约为 153 万平方千米，现在水土流失面积为 367 万平方千米，约占国土面积的 38％，且以每年 100 万公顷的面积增加。西南和西北地区是我国水土流失最为严重的地区，黄土高原区（山西、陕西、甘肃）和西南区（四川、云南、贵州）的耕地水土流失面积分别占全国耕地水土流失面积的 24.85％和 22.39％。在水土流失严重的地区，分布着大量的贫困人口，这些贫困人口为了生存而过度开发土地资源，形成"贫困—过度开发—生态环境退化"的恶性循环。

三是土地荒漠化。我国是世界上土地荒漠化严重的国家之一。目前，全国的荒漠化土地有 262 万平方千米，占国土面积的 27.3％，其中沙化土地 168 万平方千米。从总体看，我国土地荒漠化的速度在加快，面积在扩大。据研究，20 世纪 50—60 年代年均沙化面积为 1560 平方千米，70—80 年代扩大到 2100 平方千米，90 年代则达到 2460 平方千米。虽然我国不断治理沙化土地，但由于人为活动的强度过大，实际上是治理 1 公顷退化 1.3 公顷，沙漠化土地在增加。荒漠化土地扩大的结果是全国范围内沙尘暴发生频率明显加快。2000 年北方发生 12 次沙尘暴，影响的范围几乎覆盖全国，2001 年元旦北方就出现沙尘暴，反映了这一问题的严重性。受荒漠化的影响，我国干旱半干旱地区 40％的耕地在不同程度地退化，生物多样性受到破坏。

2. 水资源危机显露

无论是对农业经济、工业经济还是知识经济，水资源都是不可或缺的重要资源。由于使用不合理，水资源紧缺问题在我国日趋严重。我国水资源紧缺主要表现在河流断流、泉水干涸、地下水位下降等，而水质污染更加剧了水资源的危机。多年来我国每年平均的淡水资源总量为 28000 亿立方米（1986 年的数据），排在世界的第 6 位，但人均占有量仅 2170 立方米，仅占世界人均水平的 27％。20 世纪 80 年代，我国实际用水量每年已达 5000 亿立方米，约占可利用水资源的 46％，水资源的利用率在世界上处于前列，已经达到水资源开发利用的临界值，说明我国水资源的开发潜力已相当有限。主要的水资源危机有：

其一，河流断流。我国已经有许多河流出现断流，如黄河、淮河，内陆河流的断流现象更为普遍，妨碍了生态环境的正常功能，并对流域地区的社会经济发展产生巨大影响。以黄河断流为例，1972 年黄河出现历史上的第一次断流，1997 年断流达 226 天，山东全境河床无水。

其二，地下水水位下降。平原地区凡是有开采地下水的地方，都出现地下水水位的明显下降，并导致地面沉降等一系列环境问题的发生。苏锡常地区由于地表水的污染，大量抽取地下水作为生产和生活用水，导致大面积的地面沉降。在苏州、无锡和常州，至 1995 年，地面平均沉降量超过 0.8 米的分别达到 50 多平方千米，造成直接和间接经济损失达数百亿元。地面沉降又使得该地区的防洪能力下降，需要加大对防洪的投入。

其三，水资源紧缺和水质污染。在我国近 700 个大中城市中，有 300 多个城市缺水，100 多个严重缺水。农业每年缺水 300 亿立方米，受旱面积 20 万平方千米，旱灾成为农业灾害中的重要灾害。此外，还有几千万农村人口饮水困难。水资源对我国社会经济发展的制约作用将日益凸现。

3. 矿产资源短缺的危机出现

我国矿产资源的人均占有量不到世界人均水平的一半，居世界第 80 位，而且后备探明储量不足，矿产资源短缺的形势将日趋严峻。

我国煤炭资源丰富，但煤炭储量的地域分布极不平衡，煤炭运距不断增加，这成为煤炭供给的一大限制因素。石油、天然气资源探明储量有限，且近期还看不出大量增加探明储量的可能性。水电、核电成本昂贵，很难大量开发。我国主要矿产品已经供不应求，铁矿、锰矿、铬矿的进口量逐年上升，铜、铝、铅、锌、锡等有色金属也早就开始进口，可以说，我国已成为矿产资源进口大国，是世界上最大的钢材、有色金属和矿物化肥进口国之一。近年来，我国铬、钴、铂、钾盐和金刚石等 5 种矿产严重短缺，石油、天然气、富铁、富锰、铜、镍、金、银、硫、硼等 10 种矿产不能完全自给。到 2020 年，已探明的 45 种主要矿产中可以保证需求的仅有 6 种，特别是绝对需求量大的石油、铁、铜、铝、硫、磷等重要矿产缺口扩大，进口量将达到 2.5 亿～3 亿吨。我国矿产资源将出现全面紧张的局面。

中国是一个能源消费大国。中国的能源消耗虽然仅占全球需求总量的 8% 左右，仅次于美国，居世界第二位，但需求正在迅猛扩张之中。上个世纪 90 年代以来，中国经济的持续高速发展带动了能源消费量的急剧上升。煤炭、电力、石油和天然气等能源在中国都存在缺口，能源需求的对外依存度迅速增大。因此，能源安全日益成为国家生活乃至全社会关注的焦点，成为中国国家发展战略安全的隐患和制约经济社会可持续发展的瓶颈。

矿产资源的紧缺导致能源、钢铁、有色金属、化工等原材料供给紧张，许多工厂开工不足，其1/4的生产能力得不到发挥，损失的潜在工业产值达4000亿元。我国创造1美元产值所消耗的能源是印度的2.3倍，韩国的2.1倍，日本的5倍，法国的4.74倍；每创造1美元产值所消耗的钢材是韩国的3.4倍，日本的2.32倍，法国的3.71倍，美国的2.5倍。我国能源和矿产资源消耗率高，加剧了矿产资源的危机。

4. 矿产资源储采比下降

工业经济的发展是建立在自然资源大量投入的基础之上的。无论是重工业还是轻工业，没有能源和原材料等矿产资源的投入，企业就难以发展。然而，由于矿产资源分布的自然条件较差，以及国家在勘探方面投入下降等原因，我国的矿产资源储采比一直呈下降趋势。以石油为例，储采比已由1984年的19.5下降到1997年的14。虽然近年来的储采比有所回升，但石油资源储量并不乐观。

在找矿难度加大的情况下，每万元投资的探明储量大幅度下降，加上地质矿产勘查的投资比重下降，致使主要矿产的后备储量增长十分缓慢，一些矿产增加的储量甚至不足以弥补开采量，并出现储量的负增长。据统计，全国冶金工业矿山建设投资占行业总投资的比例正逐年下降，这导致新建矿山资金不足，老矿山面临矿产资源采光需闭坑的形势。此外，投资分散、低水平重复建设、小型矿山过度发展等问题的存在，进一步加大了矿山结构调整和资源优化配置的难度。

5. 粮食安全问题显现

人口数量的增长是粮食需求增加的重要因素。我国人口基数已经很大，今后20～30年内还将保持较高的增长速度，对粮食的需求将持续增长。但增加粮食供给的前景并不乐观，这是由于增加粮食生产受到严重限制。第一，随着社会经济的发展，耕地不可避免地还要继续被占用，而我国后备耕地资源不足，因此耕地面积逐年下降。再加上人口增加的因素，人均耕地减少的趋势更加明显。第二，水资源不足，尤其是土地增产潜力较大的北方地区水资源紧缺，成为粮食增产的严重限制因素。第三，化肥投入的报酬递减趋势已经出现，今后靠化肥提高粮食生产的潜力有限。因此我国将长期面临粮食安全的挑战。

6. 生物多样性减少

我国生态系统多样性受破坏主要表现为森林减少、草原退化、土地退化、水域缩小、自然灾害加剧等，这里主要阐述我国物种和遗传多样性所受的威胁。

虽然我国具有高度丰富的物种多样性，但人口的快速增长和经济的高速发展，增大了对资源及环境的需求，这种极大的压力致使许多动物和植物濒临灭绝。据近年来的初步统计，大约有398种脊椎动物濒危，占我国脊椎动物总数的7.7%；有1009种高等植物濒危，占全国高等植物种数的3.4%。

导致我国物种濒危的原因主要有森林砍伐、荒地开垦、草原过牧、捕猎及捕捞过度等。此外，兴修大型水利工程破坏水生生物的栖息生态环境和洄游通道，过度采挖野生经济植物，环境污染等，也是造成生物多样性受威胁的重要原因。

从国家安全角度考虑，资源安全应以国家利益为最高准则，其根本目标是保障国家人口、资源、环境和社会经济的协调发展。根据资源安全的定义和内涵，资源安全的目标主要包括两个方面：一是要提供资源保障；二是要促进可持续发展。许多自然资源，如矿产资源、水资源和耕地资源，是人类生存和发展所必需的最基本的物质资料，而且大部分自然资源没有替代品，再加上资源的稀缺性特点，使得提供资源保障成为国家资源安全的首要目标。此外，工业化、城市化的飞速发展以及世界范围内的人口膨胀，对生态环境的压力越来越大，在一定程度上已经危及到了人类的生存和发展，最突出的例子莫过于矿物燃料大量使用所导致的全球气候变暖，这已成为一个需要国际社会共同协调解决的严峻问题。在资源的开发使用过程中加强对环境的建设和保护，实现社会、经济、环境的协调发展，也是国家资源安全的重要目标。所以，国家资源安全目标有四个突出特征：一是积极营造良好的国际和国内政治、经济环境，最大限度地提高境外资源，包括再生资源的可获得性；二是遵守成本—效益原则，尽可能以低的成本获得资源，维持获得资源的经济可行性；三是减缓国内不可更新资源的耗竭速度，实现国内资源开发利用的代际公平；四是注重生态安全，努力维护资源生态功能的可恢复性。

处于快速工业化、城市化过程中的中国，基本国情是人口众多、底子薄、资源相对不足和人均国民生产总值仍居世界后列，单纯消耗资源追求

中国资源战略的一场变革

经济数量增长的传统发展模式,正在严重地威胁着自然资源的可持续利用。当中国成为"世界工厂",当国际社会质疑"谁来供应中国",并炮制"中国威胁论",当中国面对资源困境时,我们需要重新审视和定义"废物"、"垃圾"、"电子垃圾"、"洋垃圾"等概念。从资源获取的途径看,除了开采原生资源、进口国外资源外,还有一个重要途径,那就是资源再生。这正是以较低的资源代价、经济代价和社会代价,获取可持续增长条件的有效途径。

第二章

资源利用方式的变革决定人类文明的兴衰

纵观人类历史的发展，可以发现，资源的利用方式是人类文明兴衰的决定性因素。原始文明（渔猎文明）的人类获取资源的方式是以采摘植物果实和猎杀动物为特征；农业文明的人类获取资源的方式是以栽培植物和饲养动物为特征；工业文明的人类获取资源的方式是以开采矿山、挖掘地下资源为特征。在资源短缺已经威胁到人类生存的今天，发展以资源再生产业为主要特征的循环经济，将使人类进入一个生态文明的新时代。

第一节 采摘与狩猎
——原始文明获取资源的方式

一、"工具革命"促成了"渔猎文明"

　　古人类学研究发现，在距今约 2300 万年前至 1000 万年前，森林古猿分布在非、亚、欧三洲，它们很可能是现代类人猿和人类的共同祖先。森林古猿成群生活在热带或亚热带森林的树上，靠摘取树上果实和林中可食植物为生，还没有直立行走的习惯。随着地球上气候的变化，有些地区的林间出现空地和稀树草原，一部分古猿来到地上寻找食物，它们也许是觉得用后肢站立时视野更为开阔，便逐渐采用了这种姿势，而且由于采集的食物需要携带，前肢便有了专门的任务。于是，古猿学会了直立行走。

　　学会直立行走的一部分猿群最初用天然石块和木棒来延长肢体。有了石块和木棒，他们便可砸碎坚硬的植物果壳，并省力地挖出地下植物的块根。如果当时他们已有食肉的习惯，石块和木棒便可用来击杀其他动物。在防卫敌害和与同类在偶然情况下争夺食物或争夺异性的情况下，石块和木棒也是重要的武器。

　　走出森林到林中空地或稀树草原上寻求新生活的猿群主要靠采集为生。石块和木棒提高了采集效率，但收获物大概已不如森林中那么丰富和易于取得。很可能只是在走出森林之后，猿群才开始捡食池水溪流中的蚌蛤，并学会捕食小动物，养成了食肉的习性。猿群在采集中对可食植物及其果实的熟悉，在肉食生活中对水生和陆生小动物的了解，是以后培育植物和狩猎、捕鱼活动的经验基础。

　　根据目前的考古发现判断，猿群约在 380 万年前学会了用打制方法加工石英石、黑曜石、燧石或其他坚硬石块。这种打制的产品是粗糙的、不规则的砍砸器、尖状器、石片和多功能手斧。这对猿来说是一次工具革命，对人类来说是历史的开始。这些经过制作的石器能更有效地砍砸，而且能切割植物块茎和肉类。于是，人类就拿着它们进入了旧石器时代。

　　在使用旧石器的同时，早期猿人也使用木棒。生活在东非的早期猿人在这种技术基础上大约生活了 200 万年（从 380 万年前至 180 万年前），终于实现了体质上向晚期猿人的进化。此后，猿人制作石器的工艺依然没有发生变化，以至一直延续到公元前 1 万年左右。但是，在这以百万年计的漫长时期，其他方面的技术进步却发生了，并推动人类由晚期猿人向早期智人、晚期智人转化。

猿人在获取食物手段上取得的一项决定性进步是学会了用火。现有材料还无法断定人类用火的确切时期。有的人类学家认为 380 万年前生活在东非肯尼亚的早期猿人已经开始用火。但根据现有考古材料认为，170 万年前生活在中国境内的元谋人肯定已开始用火了。这是人类第一次对自然力的利用，此举改变了猿人的生活。

雷击电闪、火山、森林中草木的自燃等，对古猿来说是恐怖的。但已开始用石工具采集和进行小规模狩猎的早期猿人，肯定会偶然发现被火烧过的某些植物种子和兽肉特别好吃。这一发现足以导致他们自觉地利用火。

用火给猿人带来极多的好处，其中最大的好处是熟食。熟食使食物中的营养更易吸收，缩短了消化过程，而且也使以前不宜食用的植物和动物可以食用了，例如鱼类。这样便扩大了食物的来源，对人类肢体和大脑的发育产生了极为有益的影响。

用火给猿人带来的其他好处也很重要。由于猿人多居洞穴，用火可驱散洞穴中的潮湿，因而减少了疾病，降低了死亡率。用火照明给黑暗的洞穴带来光明，也给晚间的烤肉、分配食物、准备第二天的活动等带来方便。另外，洞外的火堆还可以驱走夜晚来袭的猛兽。

守护火种是猿人生死攸关的大事。远古的人类祖先肯定会对其进行悉心的照料，不让火种蔓延到洞外的山林，提防意外的火灾把生存的区间化为灰烬。但他们在有些情况下也会用火来烧猎林中的野兽。

用火改善了猿人的生活质量，带给猿人更多的安全感，也大大扩展了猿人的生活空间，造成了热带和亚热带猿人向温带和寒带的缓慢迁徙，从而使他们摆脱了人口增长和原居住区食物来源减少之间的危机。可能正是火的利用才使猿人成为非、亚、欧三洲的旅行者。这一推测是有根据的，因为早期猿人的化石目前只在东非发现，而晚期猿人生活的区域扩大到了全部非洲、亚洲和欧洲。当然，生活于亚洲和欧洲的晚期猿人是不是由目前仅在东非发现的早期猿人迁徙而来，还仍是一个谜。古生物学和考古学的新发现，对人类基因的研究，也许会不断改写这段十分模糊的历史。

对猿人来说，火是难以携带的。他们在举着火种向新的生活地带不断迁徙的途中大概造成过火种的熄灭，而在新的生活环境下，火又越来越成为关乎生死存亡的条件。这便使他们产生了人工取火的强烈愿望。

在旧石器时代中期生活的晚期猿人的后辈——早期智人，可能发明了人工取火的方法。最早的人工取火方法可能是用燧石相击引燃易燃物，或以木木相摩擦而生火。这种方法对现代人来说是困难的，但对天天同石器、木器打交道，并长期使用和依赖火的古人来说，反而能比较容易地实现。

也许可把能否用人工方法取火看成从晚期猿人进化到早期智人的一个历史界碑。显然，能用人工方法取火的古人有了在更广阔的地域活动的自由。

二、采集和狩猎改变了古人的生活条件

对早期猿人来说，最主要的生产活动是采集，捕鱼和狩猎是辅助性的。由于植物性的食物在各个季节的丰富程度不同，单靠采集显然无法摆脱饥荒的威胁。

在有了火之后，水中动物的可食性增加了，捕鱼便日益成为晚期猿人的一种重要产业。但晚期猿人还没有发明网，他们可能是用石块或木棒打鱼，或到水中捉鱼，甚至竭泽而渔。

石器和木棒自然可作为狩猎工具，火带来的熟肉的美味更会激起猿人狩猎的兴趣，而且用火烧烤硬化过尖端的木矛成了狩猎的新武器。这样，晚期猿人的狩猎活动就有了相当的规模。随着晚期猿人活动区域向北方的推进，他们冬季便需要用兽皮来挡风御寒，这同样推动了狩猎活动的开展。正是狩猎活动规模的扩大和御寒的需要，晚期猿人在后来发明了骨针，越来越多的骨器逐步加入到石器的行列中。

狩猎活动给人类带来的不光是兽肉、兽皮和胜利时的欢乐，还带来了不时发生的自身的牺牲和更多的对死亡的感受。这一定深刻地影响了人类精神的发展，图腾崇拜无疑也与此有关。此外，在更多地以肉为食后，不少猿人也在饥饿的威胁下染上了同类相食的习气。由于猿人在生存方式改变过程中逐渐排除了杂乱的性关系，形成了所谓血缘家族，所以，同类相食自然主要以袭击血缘家族之外的人类为目标。同类相食的风气在某些原始人中残留到很晚的时期，甚至在体质上已进化为早期智人的尼安德特人居住的山洞外，还发现了烧过的人骨和显然是像兽骨一样被凌乱地抛弃了的人骨。

采集、捕鱼和狩猎对猿人来说是兼而行之的，在血缘家族内部可能有

分工，并且随着活动区域和季节而转移。例如，夏季和初秋可能有较多的捕捞活动，秋天则是采集的忙碌期，冬季和春季可能是狩猎的高潮期。

长期的狩猎活动使古人改进了攻击野兽的武器。在早期智人那里，骨器和角器大量流行，有的骨器和角器还装上了木柄，投矛也出现了。显然，这是猎人的标志。如果说狩猎在以前还不是人类的主要活动，那么此时的情况已发生变化：人工取火技术扩展了生存的地域，他们在捕尽一个地方的猎物后，会很方便地迁徙到另外一个地方，继续从事狩猎活动。

在晚期智人那里，情况就更明显了。他们的石器、骨器和角器都已制作得相当精美，狩猎活动更为频繁和规模巨大。从法国境内奥瑞纳文化层中发现的5万匹以上的野马遗骸和乌克兰阿甫洛西耶夫卡发现的1000头左右的野牛残骸看，人类大规模的狩猎活动已达到使大批哺乳动物绝种的程度。当然，采集仍是人类一个重要的生活来源，狩猎的收获再丰盛也是不稳定的。人类要是仅以狩猎为生，可能要造成不断的远距离迁徙。考古学家在西伯利亚和北美发现的石器说明，在旧石器时代晚期（距今5万多年前），西伯利亚的一部分狩猎人类可能通过白令海峡进入了北美。显而易见，只有掌握人工取火技术和专以狩猎为生的人才会去做这样的远游。

旧石器晚期的早期智人在技术、生产和生活条件进步的同时，自身的生产也悄悄地发生着相应的革命。过去的血缘婚开始向群婚转变。可以肯定，没有家庭形式的改变和社会组织规模的扩大，从事大规模的狩猎是不可能的。

在从旧石器向新石器时代过渡的中石器时代（约15000年前），人们已学会把石器镶嵌在木棒或骨棒上制成镶嵌工具，但最重要的一项技术发明是弓箭。弓箭标志着人类第一次把以往的简单工具改革成了复合工具，并且利用了弹性物质的张力。弓箭比旧式的投掷武器射程远，命中率高，而且携带方便，它首先提高了狩猎的效率，后来也一直是战争的重要武器之一。

这个高效率的狩猎工具的出现，使人类在中石器时代猎获了大量动物。人们在食物充分的条件下不会把猎物立即杀死，而让它们在附近地域生活，等需要的时候再轻易地捕杀，甚至让幼小的食草动物长大后再猎取，这样便积累了更多动物方面的知识。

高效率的狩猎活动显然也会助长无计划、无节制的盲目捕杀，造成食物来源更大的不稳定和危机。而在氏族和部落形成的情况下，自然界肯定

中国资源战略的一场变革

不能满足大群落人类日益增长的肉食需求。这样，当人类在约1万年前进入新石器时代之后，便开始创造新的生产方式——原始的农业和畜牧业。这时的人在体质上也就基本和现代人一样了。

古人类作为"循环生物链"中的一环与大自然和谐相处。那时候的类人猿，与其他灵长类动物处在同一水平的食物链上，既捕杀弱小动物为食，又是更凶猛野兽的食物；既制约了某些物种，又被某些物种所制约。

在千百万年里，类人猿的数量基本上没有多大变化，平均寿命也很短，消耗的资源、对生态造成的影响，靠大自然自身的循环再生能力，完全可以得到补充和修复，因而基本保持了物种和生态的平衡。

随着地质、气候的变化，一部分从南方"伊甸园"迁徙到北方的类人猿，为了适应严酷的自然环境和猎取北方体形巨大的猛兽，率先掌握了木器、石器和取火技术，捕杀和防范野兽的能力大大增强，因而很快打破了进化速度上的均衡，在优胜劣汰的生存竞争中遥遥领先。于是，他们很快登上了食物链的顶端并战胜了其他同类，成为几乎没有天敌可以制约的"万物之灵"——人类。然而，人类一旦不受制约，必然会因为数量激增而使生态失去平衡。由于人类消耗的资源、对生态造成的破坏远远地超过了大自然的修复和再生能力，因此人类进入了一个入不敷出的线性状态。由于个体和家庭都无法应对体形巨大的猛兽和争夺狩猎采摘领地，于是群婚群居的部落经济应运而生。

那些装备了木器、石器和火等"先进"武器的人类，猎杀的野兽、采摘的果实成倍地增加，导致许多地区的大象、犀牛、剑齿虎等大型动物纷纷绝迹，许多原始森林由于过量采摘和砍伐而荒漠化。

如原来每平方公里的森林、草原，每年只能为人类提供一头野牛和一吨野果，但人类却轻易地捕杀了两头野牛和采摘了两吨野果。于是，野牛和野果因为得不到休养生息而数量锐减甚至灭绝，人类只能靠不断扩大狩猎和采摘的范围来维持生存。为了争夺生存空间，各部落展开了你死我活的领地争夺战。这场延续了几百万年的战争虽然没有文字记载，但从许多人种就此灭绝以及岩画上的战争场面来看，是非常频繁、激烈和残酷的。在这场弱肉强食的生存竞争中，一些强悍的人种在几万年的时间里横行几大洲，几乎消灭了其他所有人种。

然而，由于动植物资源的总量不足，地盘争夺战实际上已经没有最后的胜利者。显然，无论人类多么强大，都不可能最终战胜自然。

第二章 资源利用方式的变革决定人类文明的兴衰

第二节　种植与饲养
——农业文明获取资源的方式

　　长期的生产实践终于使人类明白：无论人类自身多么强悍，无论狩猎、采摘的手段如何高明，无论地盘争夺战取得多大的胜利，都无法改变动植物资源迅速枯竭的局面。人类每次对大自然的过度索取，必然受到大自然加倍的报复。

　　因此，要解决资源危机，与其与大自然为敌去征服大自然，不如与大自然为友去爱护大自然，甚至以大自然为"神"去崇拜大自然。只有这样，大自然才能提供更多的动物资源和植物资源。

　　就在地球上可利用的动植物资源濒临枯竭，人类再也没有新的"伊甸园"可以开拓而处于生死存亡的关键时刻，提高土地资源的利用率成为人类唯一的选择。于是，我们的祖先发起了一场能够使动植物资源在同一块土地上不断再生的"农业革命"——由"杀鸡取卵"的猎杀、采摘，转变为"养鸡下蛋"的饲养、种植。

　　从此，人类对动物由斩尽杀绝，改变为留下母兽和幼兽；对植物由采尽烧光，改变为留下种子和幼苗。一时间，以太阳、火，以及一些大型动物为代表的大自然，成为人类崇拜的"图腾"和"神"。而另一些动物则被人类化敌为友，驯化成为重要的生产工具和运输工具。于是，人类逐水而居，追随着动植物的迁徙进行狩猎、采摘，从此在熟化了的耕地和牧场上"画地为牢"定居下来，为国家的形成奠定了基础。

　　原始农业是直接从采集业演化来的。人们把采集来的早就赖以为生的野生植物果实用掘杖或石锄播种在用火烧掉树木荆棘的土地上，到成熟后再来收获。晚一些时候还发明木犁和利用牛、马、驴来耕种。原始农业是对采集生活中积累起来的生物知识的自觉应用。播种了就能收获，也是人类生活对因果性的一个有力证明。由于自然条件的差异，世界各地耕种的农作物是不同的。西南亚的人最早开始种植小麦和大麦，中国人最早开始种植谷子和稻子，玉米、马铃薯和南瓜的故乡则在中美洲和秘鲁。

　　原始畜牧业是从狩猎活动中发展而来的。这是将猎获的一些易于驯服的动物饲养起来，并让其在驯养条件下生殖繁衍。人类最早驯养的家畜可能是绵羊，接着是狗，然后是山羊、猪、牛、驴、马、象、骆驼等。

　　与采集和渔猎相比，原始农业和畜牧业的出现是一场产业革命，它表

中国资源战略的一场变革

明人类已由单纯依靠自然界现成的赐予跃向通过自己的活动来增加天然物的生产。这一革命是在新石器时代发生的。它使人类有了比较稳定的食物来源，故而有了相对固定的居住地点——原始村落。同时，由于畜牧业为农业提供了畜力，就为农业的进一步发展创造了新的条件。

在中国，无论是黄河流域以狩猎为主的黄帝"嫘母驯百兽"——发展畜牧业（图腾为各部落崇拜的多种动物的组合体——食肉的"龙"）；还是长江流域以采摘为主的炎帝"神农尝百草"——发展种植业（图腾为各部落崇拜的多种鸟类的组合体——吃果实的"凤"），都是一种试图使动、植物资源加速"再生"的尝试。

这些有益的尝试，使人们逐渐把兴趣由狩猎、采摘，转移到收益更高的放牧与种植上。结果，每平方公里土地所能提供的动、植物资源成倍地增加。最终使食物链又逐渐恢复为收支平衡的循环状态。而率先掌握了耕种和放牧技术的炎、黄部落，则迅速强大起来。

由于受世界上最高的山——喜马拉雅山脉和世界上最深的海——太平洋的环绕阻隔，炎、黄两支文明只能向最适合农耕的中原地区发展。于是，经过数百年的"中原逐鹿"，炎、黄两支代表了先进生产力的部落，最终打败了其他部落并融合成人类一枝独秀的"中华民族"。

以"凤"为图腾的炎帝与以"龙"为图腾的黄帝两支文明的融合，使长江流域的农业民族得到了黄河流域游牧民族提供的牛、马等生产资料、动物优良品种；使黄河流域的游牧民族得到了长江流域农业民族提供的粮、棉、茶、盐等生活资料、农耕技术，从而实现了两种文明的优势互补，营造出"龙凤呈祥"的大好局面，极大地促进了经济、科技、文化的发展。

之后的 6000 年里，每一次太平盛世的出现，几乎都与北方（长城以外）的游牧民族和中原地区的农业民族两种文化相融合有关。实际上，整个人类的进步史、文明史，几乎都与游牧民族和农业民族两种文明的相互斗争、相互融合、优势互补有关。

农牧业的兴起、金属工具的使用，大大提高了工作效率，随之产生的剩余价值，使劳动力成为重要的资源，成为各部落争夺的对象。经过长期的弱肉强食和两极分化，一些破产的部落成员和弱小的部落，最终沦为了奴隶。于是，平均分配的原始共产主义、部落经济，最终被生产规模更大、分工更细、效率更高的奴隶制社会所取代。

农业革命初期，在土地资源相对丰富的情况下，适合狩猎、采摘的组织形式——群婚、群居的原始共产主义、部落经济以及"剩余价值"产生后形成的奴隶制社会，尚能适应这一生产方式的转变。

然而，随着人口的增加，人均土地面积大为减少，无论是大锅饭式的部落经济，还是粗放型的奴隶制社会，已经满足不了人们的需求，因而逐渐被精耕细作、男耕女织式的家庭经济所取代；弱肉强食、以邻为壑的狩猎文化、奴隶制社会，逐渐被夫唱妇随、"鸡犬之声相闻，老死不相往来"的农耕文化所取代；集体所有制的"禅让"，逐渐被家庭所有制的"嫡传"所取代。"共天下"随之变成了"家天下"。

由于家庭所有制的自耕农对土地的关爱和工作效率，都显然高于吃大锅饭的部落成员和失去自由的奴隶，于是奴隶主阶级逐渐让位于出租土地给农民的地主阶级。入不敷出的渔猎文明、部落经济、奴隶制社会，最终被自给自足的农耕文明、家庭经济、农业社会所取代。

从此，一个能够大大提高土地利用率、可持续发展的家庭经济、农业文明宣告诞生，人类才随之真正由"蛮荒"步入文明。而农业经济的循环圈，由于受落后的运输工具和生产力的影响，也仅局限于"两亩地一头牛，老婆孩子热炕头"的家庭范畴。

随着经济基础的转变，上层建筑也发生了巨变。在中国，经过春秋时代的百家争鸣，产生于经济最发达、家庭经济最早取代奴隶制社会的齐国和社会最稳定的鲁国的"儒家思想"，被证明为最有利于农业经济、最有利于国家与家庭的和谐与稳定。

纵观中国5000年的历史，中原地区农业民族抵抗北方游牧民族南下这一民族矛盾，一直是高于阶级矛盾的主要矛盾。而要解决这一矛盾，只有调动全国的资源由中央统一支配实行"中央集权制"，才可能建立强大的军队、才可能修筑万里长城、才可能保证相对孱弱的农业民族不受北方强悍游牧民族的侵扰、才可能维护家庭的安居乐业，避免群雄割据造成的内乱和贵族兼并土地、复辟奴隶社会的企图。另外，在山多地少、土地资源相对匮乏、必须充分利用每一寸土地的中国，以男性为主要劳动力的家庭经济，较之大锅饭的部落经济、奴隶制社会，更有利于提高单位面积的产量。

因此可以说，家庭是农业社会最基本、最科学、最合理、最人性化的生产单位。巩固家庭经济，防止豪强兼并土地、复辟"大锅饭"式的奴隶制社会，也是农业文明需要解决的主要矛盾之一。

正因为儒家思想能够从中华民族的根本利益和长远利益出发，在当时的历史条件下提出了"君命天授"、"普天之下莫非王土"、"君君臣臣，父父子子"、"三纲五常"、"三从四德"等一系列保证君权、夫权至上的伦理和道德规范，抓住了解决中国问题的主要矛盾、维护了代表先进生产力的"中央集权制"和"家庭所有制"。

正是儒家的"大一统"思想（国家）和"小一统"思想（家庭），有效地保障了国家的强大和家庭的稳定。儒家创造出的一整套以国家为骨干的上层建筑和以家庭为细胞的经济基础，代表了当时世界上最为先进的生产力和生产关系，成就了辉煌的中华文明。而国内各民族和各政治势力之间的改朝换代（合久必分，分久必合）、家庭与家庭之间的资产重组（分家与联姻），使中华民族这棵参天大树能够不断浴火重生，历经3000年风雨仍然根深叶茂，仍然独秀于世界之林。

另一方面，儒家关于君权、夫权至上的专制思想，也不可避免地牺牲了某些局部和某些群体的利益，客观上起到了压制民主、禁锢人们思想和贬低妇女地位等负面作用，以至于延缓了后来的工业革命。

到了空前强盛的汉武帝时代，经过"文景之治"的成功实践，儒家思想脱颖而出。其倡导的"中央集权制"和"家庭所有制"，极大地促进了生产力的发展和社会的文明进步，避免了封建割据和外族侵略造成的战乱，最大限度地遏制了大奴隶主的复辟活动。因此创造出了当时世界上最为先进的农耕技术和"四海无闲田"的土地资源最高利用率，因而成就了人类最为辉煌的农业文明。

从此，儒家思想经董仲舒大力提倡，被汉武帝正式定为国学而"罢黜百家独尊儒术"。孔子也因此成为中华文明乃至东方文明的象征。

在2000多年前，分散在世界各地的部落和民族在与天灾人祸的斗争中，开始认识到联合起来形成国家的重要性和"有国才有家"的道理；认识到土地面积越大、人口越多越有利于资源的统筹和专业化分工；认识到在世界上达到百万人口的国家都属于极为罕见的情况；认识到世界各地的文化、宗教尚处于探索与初创的萌芽阶段。正是这代表了当时人类最高智慧的儒家思想，在几百万平方公里的土地上凝聚了几千万人的智慧和力量，形成了当时世界上人口最多、标准化程度最高、资源配置最合理、国力最为强盛的多民族国家，使中华民族这艘超级艨艟经受住了无数的惊涛骇浪，在历史的长河中安然行驶了2000年。

正是这条历史的长河，曾经湮灭了多少优秀的民族和先进文化。而这些被淹没的民族和文化，大多数是由于没有足够的人力和土地资源以抵御外族的入侵和自然灾害，没有机会通过国内各政治力量、各民族之间的改朝换代来进行资源的再分配、缓和阶级矛盾，结果反而被相对落后的游牧民族所灭。

实践证明，避免战乱、抗拒自然灾害和外族侵略最有效的办法，莫过于实行儒家"天下一统"的思想。这一思想，曾经战胜、包容和"同化"了无数侵略者和异族文明，克服了无数次对一个小国家来说可能是灭顶之灾的自然灾害，使中华民族的大部分时间都生活在国家统一、民族团结、"一方有难，八方支援"的太平盛世之中。直到16世纪，中国还是世界上最强大的国家，GDP接近全球总量的40%。

在中国历史上，每当儒家思想及其倡导的中央集权制和家庭所有制被削弱或遭到破坏，必然出现军阀混战、外族入侵、百姓涂炭的局面。在中国，一直有着"国家兴亡，匹夫有责"和"家和万事兴"的古训。也就是说，国家的兴亡，涉及到每个人的利益。而家庭的和谐，则是百业兴旺、国家强盛的基本保证。

在人类走向全球化的今天，在资源危机、环境危机以及恐怖活动、海盗行径全球化的情况下，儒家天下一统的思想，依然闪耀着光辉。

因此，我们评价儒家思想，必须坚持马克思主义的历史唯物主义和辩证唯物主义，必须结合当时的经济基础及生产力、生产关系，必须考虑民族的整体利益和长远利益，而不能拘泥于局部和少数人利益。任何脱离生产实践和社会实践的评价，都只能是无源之水、无本之木。

几乎在同一时期（世界史上称之为轴心时代），随着铁器的使用，最适合于农耕、放牧的欧、亚北纬30度左右的温带地区、江河流域，几乎都发生了农牧业革命。尽管这些地区互不相通，但相似的资源状况和生产实践，造就了近似的宗教文化和思想家，如孔子、苏格拉底、柏拉图、释迦牟尼以及犹太教、伊斯兰教的先知们。

而所有的宗教几乎都是建立在对大自然的代表——"神"的崇拜之上，都是对资源掠夺的反思——禁欲与忏悔，都反对杀戮和暴殄天物；都是为农业文明服务的精神食粮和行为准则，都是农业革命的产物。

如今，世界上"四大文明"的发源地中，唯独中华文明还在完整地延续，也证明了儒家思想对于维护自给自足、循环型的农业经济，建设强大国家、保障社会和谐稳定所起的重要作用。

人类由资源掠夺型、与自然相对立的工具革命、渔猎文明，到自给自足、与自然和谐相处的土地革命、农耕文明，是一次线性经济向循环经济

中国资源战略的一场变革

转型的大革命，是一次通过改变生产、生活方式来适应资源变化、解决资源危机的成功尝试。

这场能够大大提高资源利用率的农牧业革命，使人类由狩猎采摘→消费→加大狩猎采摘力度，完全依赖原生资源的线性状态，进入饲养种植→消费→加大单位面积产量，基本依赖再生资源的循环状态。

这场革命，使人类由过量消耗原生资源的资源"透支"，改变为基本保持了资源的收支平衡。因此可以说，农业文明是一种早期的可持续的生态文明。在同一块土地上，中华民族自给自足地生活了7000年而基本保持了生态的平衡，就足以说明此观点。

然而，农业文明尽管可以称早期生态文明，在物质流动方式和资源利用上也基本保持了收支平衡的循环状态，但这种循环还十分脆弱、资源利用率也十分低下。随着人口的繁衍和物质需求的增加，迫使人类必须利用更多的土地来种植和放牧，这样就不可避免地出现了毁林开荒和大规模移民的现象。根据《全球通史》记载，农业革命爆发前，世界人口数达到532万，比旧石器时代的12.5万增长了42倍。农业革命持续了8000年后，人口数上升到13300万，又增长了约25倍。与人口增长同时进行的，是人口的迁移、扩散。人类开始越过白令海峡进入美洲，越过印度尼西亚进入澳洲。与此同时，土地荒漠化以及水、旱、蝗等自然灾害则不断惩罚着人类。

高度的中央集权，必然造成分配的不公和巨大的贫富差距。因此，农民的生活也并不像田园诗般的美好，而是一种"四海无闲田，农夫犹饿死"、"朱门酒肉臭，路有冻死骨"的不公平、不发达，阶级矛盾十分尖锐、农民起义此起彼伏，需要靠游牧民族入侵、改朝换代以及法家的"乱世重典"来缓和矛盾及进行财产的再分配。如果说儒家思想是维持社会和谐稳定的"粮食"，那么道家文化则是改革弊政的"良药"，刚柔相济、一张一弛地维护着中华文明的延续。

中华文明源远流长，中国文化博大精深，在研究中国古代文明时，必须充分估量地理环境对文明特征、社会特征的影响。与其他大河流域古代文明相比，中国的大河流域地理环境更为封闭。历史上虽然也出现过民族大迁移，但都不足以打破大河流域社会的凝固性。宗法制和中央集权制度已渗透到社会的各个层面，尤其是渗透到村社各个细胞。同时，村社的相对稳定性、凝固性又为宗法伦理的政治功能提供了适宜的土壤。马克思曾对东方的村社与专制制度的关系做出论断，"这些田园风光的农村公社不管初看起来怎样和善，却始终一直是东方专制制度的牢固基础；它们把人的头脑局限在最狭窄的范围内，使其成为驯服的迷信工具，使其备受传统规则约束，使其失去任何伟大精神，失去任何历史首创精神。"① 与其他大河流域的文明相比，中国的村社是宗法制度下的社会基层单位。所以，自给自足的家庭经济，把中国人的思想束缚在二亩三分地的狭窄范围内，使我们的民族在开拓创新、吸收外来文化方面存在缺陷；将人际关系限制于家庭内部，使我们在团队精神和社会责任感方面存在缺陷。

农业文明的发展始终在各区域文明的相互交往中演进。到了西方人所说的中世纪末期，一系列重大事件打破了原来相对狭窄的区域文明联系，文明进入新的发展阶段。

第三节 矿产资源的大规模发现和开采
——开创了工业文明

工业文明的重要特征是财富增长的形式和观念发生了根本变化。创造利润成为人们生产活动的唯一目的，而这一目的的酝酿又与几个条件有关：首先是财富创造的手段是开采矿物资源；其次是货币资本的职能越来越充分；再次是人的思想和创造性潜能获得巨大的解放。

16世纪，随着交通工具的改善和人口的增加，西方一些保留着浓厚游牧民族习性的国家和民族，在开辟和寻找新牧场、新"殖民地"的领土扩张中，不断发现黄金、石油、煤炭和其他矿藏，随即掀起了一股淘金热、找矿热和探寻新大陆热。不断被"发现"的丰富、廉价的矿产资源以及"新大陆"带来的巨大市场需求，引发了一场由农牧业向制造业转型的"工业革命"。

由于新发现的矿产资源储量集中、成分相对单一，适合于产业化、规模化开采和利用，而且收益远远高于利用土地资源的农牧业经济。于是，大而专的矿冶、制造托拉斯，取代了小而全的家庭经济；利用矿产资源的工业文明，取代了地里刨食的农业文明。目光短浅、因循守旧的土地主，显然不是雄心勃勃、不择手段的资本家的对手。而以家庭为单位的手工作坊无论怎样努力，也赶不上大工厂里的流水线。

正是因为西方列强竞相围绕地球的领土扩张和资源掠夺，才极大地开

---

① 《马克思恩格斯文选（两卷集）》，人民出版社1958年版，第327页。

中国资源战略的一场变革

阔了人们的眼界,使人们得以重新审视这个世界。哥白尼的"日心说"、达尔文的"进化论"随之产生,并极大地动摇了政教合一的根基——"地心说"和"上帝造物说",为西方政体的改革铺平了道路。

而巨大的市场需求产生的高额利润,又极大地激发了人们的灵感,创造发明层出不穷,科学技术日新月异,很快就把几个停滞不前的东方文明古国远远地甩在了后面。

由于船坚炮利的"炮舰政策"是获取矿产资源、人力资源(贩卖黑奴)、开辟市场、完成资本原始积累的最佳手段,因而衍生出工业文明所特有的弱肉强食、极端个人主义和"谁占有资源谁就占有世界"的霸权主义以及列强为瓜分世界而展开的血腥的殖民战争。

正如马克思所说:"资本来到世间,从头到脚每个毛孔都滴着血和肮脏的东西"[①]。显然,建立在资源掠夺与强权政治基础上的工业文明,尽管在短时间内使西方国家取得了巨大的成功,并带动了人类的文明与进步,但从长远来看,此举不利于地球的生态平衡,不符合人类追求公平、正义与和谐的根本目标,因此注定是短命的、阶段性的、不可持续的。一旦资源枯竭,人类觉醒,工业文明注定会被一个新的文明所取代。

在这场农牧业向制造业转型的工业革命中,流动性强、富于冒险精神、具有浓厚游牧民族"牛仔"习性和"决斗"文化的西方国家,具有明显的优势。而中国、印度等自给自足、闭关自守的"纯"农业民族,则有很大的局限性,因而落在了后面。

这场工业革命,彻底改变了相对温和的东方农业民族唱主角的世界经济、政治格局,人类社会从此进入了一个以西方列强瓜分资源、市场、殖民地和势力范围的"战国时期"。

工业革命尽管使人类进入了一个新的文明时代,并使地下的矿产资源能够工业化、被开发利用,大大提高了人类的科技和生活水平,但与此同时,人类对矿产资源的依赖却日趋严重,以至于达到离开了各种资源就彻底瘫痪的地步。

由于地下的矿产资源无法自行再生,不到 300 年的工业革命消耗的矿产资源却超过了 5000 年农耕时代的总和。据统计,1900 年全世界的钢产量只有 2830 万吨,1995 年达到 7.5 亿吨,增长了 26 倍,而到 2010 年全球粗钢产量达到 14 亿吨,比 1900 年增长了 49 倍;1900—

---

① 马克思:《资本论》第 1 卷,人民出版社 2004 年版,第 829 页。

第二章 资源利用方式的变革决定人类文明的兴衰

1910年10年间只生产了14万吨铝，开采了180万吨铝土矿，而1995年一年就生产了1972万吨，开采铝土矿1.1亿吨；1900年全世界石油产量不到3000万桶，1995年达到224亿桶，到2010年达到273亿桶；铜是人类最早使用的金属，已有几千年的历史，但据统计在20世纪之前一共产铜3200吨，而20世纪100年来产铜2.38亿吨，1995年产铜达965万吨，2010年大约是1700万吨。过去没有发现及利用的铀、钍、镓、锗及稀土元素等，目前都已成为重要的高技术产业原料及战略物资。因此，自给自足的循环经济被打破，矿产资源被严重透支，人类再次进入寅吃卯粮的线性状态。

随着制造业的高速发展以及人口的工业化、城市化，人类对矿产资源的需求成倍地增加，矿产资源一时间成为国家与民族生存、发展的决定因素。于是，争夺资源的战争更加频繁，甚至引发了两次世界大战。而消耗了大量资源的世界大战，更加重了资源危机。人类只能依赖不断加大勘探开采力度、提高资源利用率来缓解这一危机。

然而，面对矿产资源的不可再生性，处于线性状态的工业文明，只能使这一危机愈演愈烈。显然，以掠夺式开采为主要特征的工业文明，将人类的生存与地球上有限的矿产资源"捆绑"在一起，使人类处于一种与矿产资源共存亡的线性状态。

近年来，面对"人类对资源的无限消耗"与"地球有限的资源储藏"这一不可调和的矛盾，就如何解决经济的可持续发展问题，一时间成为全世界研究的头号课题。无论是中国建设节约型社会的长远规划，还是美国开发外星资源和深海矿藏的宏伟目标，抑或是绿色和平组织回归大自然的不懈努力，都是试图解决人类的可持续发展问题。

然而，经济的可持续发展取决于资源的可持续供应。无论人类如何节约，外星矿藏和深海资源如何丰富，都无法避免大部分可工业化开采的矿产资源在50年内基本告罄。而人类即便按照绿色和平组织的倡导回归了自然，仅靠地球自身的循环再生能力，也只能养活3亿人。显然，工业文明的线性生产及生活方式导致无论怎样进行节约和改良，都无法解决目前的资源危机。因此可以说，以掠夺式开采为主要特征的工业文明已经走到尽头。所以"罗马俱乐部"才得出"发展的极限"这一悲观论调。

人类真的如邪教头目所预言的那样，已经面临与资源"同归于尽"的"世界末日"了吗？回答是否定的。

第四节　生态文明与资源利用方式的革命

　　科学证明，物质是不灭的。世界上有多少新，就会留下多少旧。经过5000年的开采和积累，全球绝大部分可工业化利用的矿产资源已经不在地下，而是以"垃圾"的形态堆积在我们周围，并还在以每年100亿吨的数量增加。这座与消费同步增长、纯度极高、永不枯竭的"绿色矿山"，足以取代大部分矿藏，可以被工业化利用。

　　实际上，善于反传统、逆向思维的犹太人早就意识到："再好的铁矿也不如废钢"。他们趁两次世界大战列强为争夺矿产资源打得头破血流之际，把美国大部分"垃圾"这一潜在的"富矿"控制在手里，从而获得了极大利益。

　　受东、西方两种文明的影响，资源极端匮乏的日本形成了具有东方农业民族珍惜资源和西方列强掠夺资源双重性的"岛国文化"。第二次世界大战被解除武装后，日本掠夺资源的属性已经行不通，而珍惜资源的东方属性则被发挥到极致。无论是原生资源还是再生资源，在日本都会被反复利用到极限，因而成为最先发起"垃圾"革命，向循环经济转型的国家。而此时美国的工业和生活"垃圾"已经有了相当的积存，但处于线性状态的工业机器又不具备将其再生的功能，这为已经成为美国战略附庸和加工车间的日本发起"垃圾"革命，创造了物质条件。

　　20世纪50年代末的"三年困难"时期，为解决资源短缺，周恩来总理发出了："抓紧废物利用这一环节，实行收购废品，变无用为有用"的号召。并陆续建立了16万个遍及各个角落的回收点，制定了严格的以旧换新、"牙膏皮换牙膏"的政策，形成了当时世界上最完善的回收系统，有效地缓解了中国的资源短缺状况。

　　但由于当时老百姓尚处于计划经济的物资紧缺状态，以及刚经过"大跃进"的洗劫，民间废旧物资的存量十分有限，而发达国家的废旧物资又不可能进入"反帝"、"反修"状况下的中国，中国的资源再生产业才没有形成一个能够与采矿业相抗衡的独立产业。

　　近50年来，全球的资源状况发生了根本性的变化，即矿产资源濒临枯竭，开采成本、环境代价不断加大。日渐紧缺的石油资源，已由20世纪初的每桶5美元涨到了今天的100多美元，铁矿也上涨了近10倍。与此同时，全球的工业和生活"垃圾"却在大量"富积"，发达国家仅钢铁蓄积量就近200亿吨。而且回收利用的技术也在不断成熟。

面对这一变化，处于线性状态、习惯于高消费的发达国家，由于不具备"勤俭持家"和"修旧利废"的传统和功能，只能以提高资源利用率和向低消耗的"高科技"转型来缓解这一矛盾，只能继续以加大开采力度和提高消费水平这一传统手段来刺激经济。而人工工资的大幅提高、人口的老龄化、享乐主义的盛行以及高福利，也都不利于工作条件极其艰苦、劳动最为密集的资源再生产业的发展。

与此相反，这一物质存在和资源形势的改变非常有利于日本、韩国以及中国的台湾、香港、长三角、珠三角等长期处于资源匮乏状态、具有东方文明特有的"勤俭持家"传统的国家和地区。

这些受工业文明、线性经济影响较小或时间较短的国家和地区，对矿产资源的依赖程度相对较低，人力资源丰富、修旧利废的能力极强。大批具有"新三年、旧三年，缝缝补补又三年"传统的家庭企业，非常适合对成分复杂、高度分散的废旧物资进行回收和"再制造"。

于是，"时势造英雄"，随着资源再生产业崛起提供的大量廉价原料和装备，全球制造业迅速向这些国家和地区转移，其发展速度大大超过了资源丰富的前苏联，以及资源相对丰富的中国东北、西北地区，甚至超过了欧、美等发达国家。

近50年来出现的制造业紧随再生产业转移，哪里再生资源产业发达，哪里制造业就繁荣的现象证明，人类已经完全可以用非战争手段，用比开采原生资源更经济、更环保的循环经济来获得资源。而能够变废为宝的"垃圾"革命——资源再生，则是解决资源危机的关键环节，是循环经济的"发动机"。

调查显示，大量消耗原生资源的线性经济、工业文明，随着原生资源的枯竭，正在被一个能够使资源不断再生利用的循环经济、生态文明所取代。而专为矿产资源设计的大型矿冶业、制造业，正在被有利于物资回收、有利于经济全球化的"小而专"的家庭经济所取代。

而要将运转了300年的线性经济改造为循环经济，是一次脱胎换骨的产业革命。这场革命，不仅涉及到几乎所有的传统企业，而且涉及到由线性经济衍生出来并为之服务的整个管理体系，以及思想、文化、政治等整个上层建筑。是继"工具革命"、农业革命、工业革命之后的又一次更深刻、更广泛的"划时代"的大革命。

这场革命，宣告了资源掠夺的时代即将结束，一个资源再生的时代正在到来；宣告了处于线性状态的工业文明，由于无法适应目前的资源状况而行将就木；一个以循环经济为基础的生态文明，由于能够适应目前的资源状况而正在喷薄欲出。正如当年不可持续的渔猎、采摘文明被可持续的农牧业文明所取代一样。

随着这场资源革命由经济领域扩大到森林资源、土地资源、水资源、动植物资源等自然领域，则必将催生出一个循环型社会、循环型世界。这场革命，使人与自然再一次由对立走向和谐、由必然王国走向自由王国，使生态环境和资源重新恢复为收支平衡的循环状态。

既然我们承认资源是人类赖以生存的客观存在，那么人类只有不断调整自己的生产、生活方式以适应资源的变化，成为能够生存的适者，地球有限的资源才能满足人类无限的需求。反之，如果我们一味要求资源要无止境地满足人类的需求，而又不愿意去改变工业文明固有的掠夺式生产方式和浪费型生活方式，以适应已经变化了的资源状况，其结局必然是恐龙式的悲剧。

纵观人类的发展史，依赖大自然提供的动、植物资源的"渔猎文明"，维持了300年，"大而全"的部落经济是与之相适应的生产方式；依赖土地资源的"农业文明"，维持了7000年，"小而全"的家庭经济是与之相适应的生产方式；依赖矿产资源的"工业文明"，维持了300年，"大而专"的托拉斯是与之相适应的生产方式。

目前，日本、韩国以及中国的台湾、香港、长三角、珠三角等地区，充分发挥东方文明勤俭持家、修旧利废的传统优势，发展以利用再生资源为主要特征的循环经济，形成了由"小而专"的家庭经济、中小企业组成的产业链这一最能适应资源新状况的生产方式。

而制约这一文明和生产方式的，正是那只"上帝之手"——人类赖以生存的资源。在资源面前，人类乃至万物总是适者生存不适者衰亡。

研究证明，东方农业民族的主要特征是：同一个家族世代耕耘同一块土地，并以勤俭持家、提高土地利用率来维持人口的繁衍。这种闭锁循环、因循守旧的生产与生活方式，虽然可持续生存并保持了生态的平衡，但由于"故土难移"、"厚古薄今"的民族习性不利于发展与创新，因而妨碍了资源开拓型、资源掠夺型的工业革命的发生。

而极富竞争性的游牧民族的主要特征是：不断开拓和夺取新的牧场。这种"管前不顾后"的线性生存方式和"决斗"精神、"马背"文化，保留着渔猎文明弱肉强食的特征，虽然具有明显的资源掠夺性，不利于保持资源和生态的平衡，但却具有开拓和竞争精神，有利于工业革命的发生。而游牧民族的部落组织，较之农业民族的家庭经济，更容易适应工业文明大规模利用矿产资源的产业化、规模化。

因此，中国、印度、埃及等农业文明高度发达的农业民族，工业革命都落后于欧洲那些性格更强悍、思想更自由、眼界更开阔、生产规模比家庭经济大得多、游牧民族习性更为明显的农牧业民族。

追根溯源，东、西方文明的差异，正是由"循环型"的农耕与"线性"的农牧两种不同的生存方式造成的。这也解释了郑和的和平船队与英国皇家海盗船、西班牙无敌舰队的区别；解释了东方文明修筑长城，以保家卫国为目的的战争观，与西方列强组织远征军，以征服世界、掠夺资源和奴隶为目的的战争观的区别。

如今，随着工业文明赖以生存的矿产资源的枯竭，线性经济必然会被循环经济所取代。这一转变，循环型的东方文明、家庭经济则具有明显的优势。因此，近 50 年来，具有东方色彩、受儒家思想影响较深的日本、韩国以及中国的台湾、香港、长三角、珠三角等地区，正在成为经济发展最快的国家和地区。而随着金融危机引起的全球产业结构的资产重组，一个"大中华经济圈"和"4 块金砖"正在迅速崛起，并将从此改变西方工业大国唱主角的世界政治、经济格局。

300 年工业文明及其"资本主义"的上层建筑、意识形态，使发达国家对原生资源的利用达到了炉火纯青的地步，因而成为线性经济的"先进代表"。至今还没有哪一种新的线性生产方式能够取而代之。

而工业文明以透支资源、破坏环境和牺牲发展中国家利益为代价所创造的巨额财富，又使其大部分社会矛盾、种族矛盾、阶级矛盾通过"高福利"得以化解，甚至把曾经被马克思确定为资本主义"掘墓人"的无产阶级，变成了"温和"的中产阶级，使"科学社会主义"的阶级斗争，或者"民主社会主义"的议会选举，都无法动摇其根基。

时至今日，工业文明唯一无法化解的，便只剩下"有限的资源储藏"与"无限的资源消耗"这一不可调和的矛盾。

如今，随着线性经济赖以生存的矿产资源的枯竭，一个辉煌的工业文明时代，正随着这一"物质存在"的改变而"无可奈何花落去"。

显然，罗马俱乐部所谓发展的极限，只不过是线性经济、工业文明发展的极限。而对于利用再生资源的循环经济、生态文明，却正如日东升，风光无限。因此可以说，最终埋葬工业文明的，一定是最能适应资源新状况、最符合经济规律、对于砸碎传统的经济秩序和脱贫致富有着最为强烈的要求、具有东方文明勤俭持家和修旧利废传统、以农民工为主体的千千万万个中国的新兴企业。

一个人与人、人与自然和谐相处，以循环经济为基础、崭新的生态文明正应运而生。

第五节 资源是制约人类文明兴衰的决定因素

从宏观上讲，宇宙的能源和资源都是无穷无尽的。据报道，仅海底的可燃冰就可供人类使用数千年。人类目前消耗的能量与太阳每天释放的能量相比，只不过是沧海一粟。而宇宙所拥有的矿藏，更是我们现在所能开采的千百万倍。

但是，要利用和开采这些资源，就目前人类的技术水平而言，可能要等到现有的矿产、石油资源枯竭后的很长时间才能实现。所以说，相对于人类目前的技术水平而言，资源还是有限的。

因此，当人类对许多资源可望而不可即的时候，将现有的资源节约使用或循环利用，无疑是维持人类生存和保持社会稳定的明智选择。否则，因资源短缺而出现的资源争夺战将不可避免。

那么，与其无休止的为争夺资源而互相残杀，不如携起手来，将现有的资源循环利用和节约使用。同时，利用"战争红利"（省下的军费）集中人类的智慧和力量，去争取能源和资源的新突破。

实际上，人类发展史上的农业文明，就是在渔猎文明的后期动、植物资源即将枯竭，而人类还没有能力利用矿产、石油等其他资源的情况下，将尚存的动、植物资源循环利用的一种生产方式。正是这种生产方式，满足了人类几千年的资源需求，直到人类在勘探和开采矿产资源方面取得重大突破，从而进入一个高速发展的工业文明时代。

同样的道理，当我们在短时间内还不可能找到矿产、石油的替代品的时候，把仅存的矿产、石油资源或者已经变成"垃圾"的资源节约使用和循环利用，无疑是保持经济可持续发展和社会稳定的根本出路，同时还可为人类开发新资源、新能源赢得宝贵的时间。

远古时代，当我们的祖先刚刚取得重大的技术突破——发明了弓箭、石斧和掌握了取火技术的时候，那些相对变弱的动物似乎是随手拈来，取之不尽。人类只需将箭射得更远、斧磨得更利，就可以满足所有的资源需求，完全没必要费时、费力地去饲养动物和发展种植业。在大自然中的动植物资源十分丰富的情况下，以猎杀、采摘为主的线性经济，比以饲养、种植为主的循环经济，更符合人类的利益。

而300万年后，当大型动物、原始森林已所剩无几，人类面临严重的资源危机的时候，以饲养、种植为主的农业文明、循环经济，又成为人类的必然选择。此时崇拜甚至迷信大自然，反对暴殄天物（天物即自然资源）的农耕文化，则充分肯定了自然资源的价值。

航海技术取得突破，使哥伦布得以发现新大陆。当我国刚刚发现大庆并向世界宣布："从此摘掉贫油国帽子"的时候，地球上的土地资源和石油资源似乎都是无限的。在人们只需加大开采力度就可使经济飞速发展的年代，谁还会放着5美元一桶的石油不用而去用废塑料炼油和再生呢？显然，此时以掠夺式开采为特征、处于线性状态的工业文明，最有利于人类的发展。面对似乎取之不尽的自然资源，工业文明的价值观只承认劳动创造价值、资本产生价值，而否认自然资源的价值，这为工业文明的资源掠夺，奠定了理论基础。

今天，当每桶石油已经涨到100美元，谁还会舍得把1000美元一吨的废塑料填埋、焚烧呢？而利用废塑料等再生资源产生的高额利润，必然促使具有东方属性的循环经济迅速崛起。此时，我们不仅感到石油、矿产、木材等自然资源具有极高的价值，甚至连空气、水乃至"垃圾"都是有价值的，都必须节约使用和循环利用。

科学证明，正是由于地球上的水、气、矿物质处于一种生生不息的循环状态，因而保证了生命得以延续。而人类的发展史，也是一个对这一循环状态的不断适应过程。一个随着资源由丰富—短缺—丰富，而出现由线性—循环—线性这样周而复始的变化过程。

在这一过程中，资源丰富与线性经济以及与之相适应的"掠夺型"的渔猎文明、工业文明；资源短缺与循环经济，以及与之相适应的"再生型"的农业文明、生态文明，如同如影随形的孪生兄弟。这种经济形态、文明形态随着资源变化而变化，但万变不离其宗的现象，反映了物质的第一性，反映了存在决定意识，是事物发展的基本规律。

因此，无论是保守、循环型的农业文明——东方文明，还是开拓、掠夺型的工业文明——西方文明，都是人类为了适应当时、当地的自然环境、满足资源需求而创造出来的一种最有利于人类生存和发展的生产、生活方式，都是人类不可或缺的宝贵财富。

中国资源战略的一场变革

在资源短缺的今天,我们应当充分发挥东、西方文明各自的优势。一方面,依靠具有东方色彩的循环经济来维持生存、保持社会的和谐稳定;另一方面,充分发挥具有西方色彩的开拓创新精神去发现新的资源和能源。只有实现东西方文明的优势互补,才可能兼顾人类的生存与发展、兼顾人类的短期利益和长远利益。

总结人类 7000 年的文明史,推动社会发展与进步的,正是各种不同文明的融会贯通所产生的"杂交"优势。毛泽东把西方文明的重要成果——马列主义与中国的具体实践相结合、邓小平把西方文明的市场经济与中华文明的优良传统相结合,都引发了规模空前的大革命。

在资源短缺已经威胁到人类生存的今天,发展以资源再生为主要特征的循环经济,改变全球落后的产业结构,是目前需要解决的主要矛盾。而根据长三角、珠三角的成功经验,引进西方文明的市场经济,发挥党的领导即"中央集权制"和家庭经济的巨大优势,是解决这一矛盾的成功经验,也是符合历史唯物主义、符合科学发展观的必然趋势。这一趋势,正在使人类进入一个生态文明的新时代。

第三章

世界资源状况与资源战略

目前，世界矿产资源储量虽然丰富，可以保障21世纪上半叶的发展需求，但矿产资源分布不均，跨国矿业公司不断膨胀，矿产品价格波动加剧，全球资源前景堪忧。经济全球化所带来的益处是能够实现资源在世界范围内优化配置，但同时也使得国际社会对资源的争夺更加激烈。进入21世纪，全球石油价格大幅度攀升，铁、钨、铜、铝、铅、锌、镍、金等重要矿产品价格一路走高，使资源问题成为举世关注的焦点，各国也积极实施资源战略，掀起了争夺资源的浪潮。

中国资源战略的一场变革

第一节 世界资源状况

一、全球资源的总体状况

第一,矿产资源储量比较丰富,但大部分矿产资源的静态保障能力只能维持在 20—40 年,部分矿产如煤炭、铁矿、铝土矿、钾盐等,它们的静态保障能力大于 60 年。根据相关统计材料显示,全球各国累计使用的能源总和的 90%取自化石燃料(即煤炭、石油和天然气),80%以上的工业原料取自金属和非金属矿产资源。依照目前人类所能达到的探测水平来看,地球上已经探明的可采石油储量乐观估计仅可使用45—50 年;天然气储量总计为 180 亿立方米,仅可使用 50—60 年;煤炭储量可使用100—150 年;主要金属和非金属矿产可使用几十年至百余年。

第二,矿产资源分布不均。矿产资源是由于不同的地质作用形成的,化石能源和其他重要矿产资源在地理分布上的不均衡,进而造成了国家之间资源分布的不均衡,以及不同国家在资源拥有量上的巨大差异,而大多数重要矿产只是集中在少数国家。根据统计资料显示,在世界石油剩余可采储量中,63.3%分布在中东,我国只占 2.1%;在天然气剩余可采储量中,中东占 40.8%,俄罗斯占 26.7%,我国仅占 1%。比如,石油的分布从总体上来看极端不平衡。从东西半球来看,约 3/4 的石油资源集中于东半球,西半球占 1/4;从南北半球看,石油资源主要集中于北半球;从纬度分布看,主要集中在北纬 20°～40°和 50°～70°两个纬度带内。波斯湾及墨西哥湾两大油区和北非油田均处于北纬20°～40°内,该带集中了 51.3%的世界石油储量;50°～70°纬度带内有著名的北海油田、俄罗斯伏尔加及西伯利亚油田和阿拉斯加湾油区。铁矿主要分布在乌克兰、俄罗斯、中国、印度、澳大利亚、巴西等国;铜矿主要分布在智利、秘鲁、美国、墨西哥、印度尼西亚、中国、澳大利亚等国家。

第三,跨国矿业公司不断膨胀。跨国矿业公司的大规模扩张,进一步控制了全球资源市场。特别是发达国家的跨国矿业公司凭借其雄厚的资金、技术和管理经验在新一轮的并购浪潮中,扩大了规模,增强了实力,对国际矿业市场的控制力和影响力进一步扩大,在全球范围内角逐并主宰矿业市场和矿产品价格。淡水河谷是世界第一大铁矿石生产和出口商,也是美洲大陆最大的采矿业公司,在全球 15 个国家和地区有业务经营和矿产开采活动。淡水河谷拥有的铁矿石保有储量约 40 亿吨,产量占巴西全国总产量的 80%。其 2006 年矿产品产量创历史纪录,其中铁矿石和球团矿达到 2.76 亿吨,氧化铝 320 万吨,原铝 48.5 万吨,铜 16.9 万吨,钾 73.3 万吨,高岭土 130 万吨。经营收入达到 204 亿美元,纯利润达到 65 亿美元。

表 2 世界十大矿业公司

名次	公司名称	所在国家	世界份额/%	累计份额/%	主要金属
1	淡水河谷(V91e)	巴西	6.7	6.7	多金属
2	必和必拓(BHPBilliton)	澳大利亚	5.5	12.3	多金属
3	力拓(Ri。Tint.)	英国	4,2	16.5	多金属
4	英美资源(Angl。Amedcan)	英国	3.6	20.1	多金属
5	自由港迈克墨伦(FreeportMcMoran)	美国	3.3	23.4	铜、金
6	斯特拉塔(Xstrata)	瑞士	3.2	26.6	多金属
7	智利国家铜公司(Codelco)	智利	1.6	19.1	铜
8	诺里尔斯克(N。dlskNickel)	俄罗斯	2.4	31.6	多金属
9	巴力克(Barrick Gold)	加拿大	1.9	33.4	金
10	墨西哥集团(Group Mexic。)	墨西哥	1.5	34.9	多金属

资料来源:RawMaterialsGroup,2009

第四,矿产品价格波动加剧。随着世界经济复苏增长步伐的加快,全球能源、重要原材料需求强劲增长,加之受政治因素和投机资金炒作的共同影响,带动了能源、原材料价格大幅度上涨。主要表现在:国际原油价格节节攀升;钢铁产能与消费均创历史新高;铝、铅、锡、镍等有色金属和黄金的国际市场价格普遍上涨。预计未来几年,世界经济将继续保持较快的增长态势,对能源、重要原材料的需求量继续增加。加之跨国矿业公司的大规模扩张,进一步控制全球资源市场,矿产品价格波动趋势可能更加明显。

第五,全球资源前景堪忧。自工业革命以来,人类一直采取的是"资源—产品—污染排放"的线性发展模式。人们不加限制地获取并消耗着地球上的物质和能源,继而又把生产后的污染物大量地排放到空气、水、土壤这些被当作地球的"阴沟洞"和"垃圾箱"的地方。传统的线性经济以机械论规律为指导,认为自然资源是取之不尽、用之不竭的。人与自然的关系被机械地对立起来,其资源利用方式表现为"高开采、低利用、高排放"。

中国资源战略的一场变革

二、全球资源的具体形势

（一）煤炭

煤炭是世界储量最丰富的矿物能源，但分布极不平衡。在世界煤炭总储量中，从地区分布来看，北半球占绝对优势，达80%以上，北纬30°～70°之间是世界最为丰富的储煤带；2003年，美国煤炭储量占世界的25.4%，俄罗斯占15.9%，中国占11.6%，印度占8.6%，澳大利亚占8.3%。从煤炭质量来看，南非、印度、中国、澳大利亚的优质煤比重比较高，而美国、欧洲产煤国的优质煤所占比重大都在50%以下。在全球煤炭产量中，中国占32.6%，美国占18.9%。

在煤炭的消费结构中，特别是在发电和炼焦方面，工业用煤占世界煤炭消费量的80%～90%。20世纪80年代以来，在煤炭出口国中，澳大利亚代替美国而成为世界最大的出口国，其后依次是美国、南非、印度尼西亚、加拿大、中国、哥伦比亚、波兰、俄罗斯。这9国的煤炭出口量之和占世界煤炭出口总量的95%，煤炭进口的主要国家和地区则是日本、韩国、中国台湾、德国、荷兰、英国、意大利、加拿大、法国等。

（二）石油

原油的分布从总体上来看极端不平衡：从东西半球来看，约3/4的石油资源集中于东半球，西半球占1/4；从南北半球看，石油资源主要集中于北半球。从纬度分布看，主要集中在北纬20°～40°和50°～70°两个纬度带内。波斯湾及墨西哥湾两大油区和北非油田均处于北纬20°～40°内，该带集中了51.3%的世界石油储量；50°～70°纬度带内有著名的北海油田、俄罗斯伏尔加及西伯利亚油田和阿拉斯加湾油区。约80%可以开采的石油储藏位于中东，其中62.5%分别位于沙特阿拉伯、阿拉伯联合酋长国、伊拉克、卡塔尔和科威特。

1. 非洲

非洲是近几年原油储量和石油产量增长最快的地区，被誉为"第二个海湾地区"。2006年，非洲探明的原油总储量为156.2亿吨，主要分布于西非几内亚湾地区和北非地区。据专家测算，到2010年，非洲国家石油产量在世界石油总产量中的比例上升到20%。

利比亚、尼日利亚、阿尔及利亚、安哥拉和苏丹排名非洲原油储量前5位。尼日利亚是非洲地区第一大产油国。目前，尼日利亚、利比亚、阿尔及利亚、安哥拉和埃及等5个国家的石油产量占非洲总产量的85%。

2. 北美洲

北美洲原油储量最丰富的国家是加拿大、美国和墨西哥。加拿大原油探明储量为245.5亿吨，居世界第二位。美国原油探明储量为29.8亿吨，主要分布在墨西哥湾沿岸和加利福尼亚湾沿岸，以得克萨斯州和俄克拉荷马州最为著名，阿拉斯加州也是重要的石油产区。美国是世界第二大产油国，但因消耗量过大，每年仍需进口大量石油。墨西哥原油探明储量为16.9亿吨，是西半球第三大传统原油战略储备国，也是世界第六大产油国。

3. 中南美洲

中南美洲是世界重要的石油生产和出口地区之一，也是世界原油储量和石油产量增长较快的地区之一，委内瑞拉、巴西和厄瓜多尔是该地区原油储量最丰富的国家。2006年，委内瑞拉原油探明储量为109.6亿吨，居世界第七位。2006年，巴西原油探明储量为16.1亿吨，仅次于委内瑞拉。巴西东南部海域坎坡斯和桑托斯盆地的原油资源，是巴西原油储量最主要的构成部分。厄瓜多尔位于南美洲大陆西北部，是中南美洲第三大产油国，境内石油资源丰富，主要集中在东部亚马孙盆地，另外，在瓜亚斯省西部半岛地区和瓜亚基尔湾也有少量油田分布。

4. 中东波斯湾沿岸

中东海湾地区地处欧、亚、非三洲的枢纽位置，原油资源非常丰富，被誉为"世界油库"。据美国《油气杂志》2006年最新的数据显示，世界原油探明储量为1804.9亿吨。其中，中东地区的原油探明储量为1012.7亿吨，约占世界总储量的2/3。在世界原油储量排名的前十位中，中东国家占了5位，依次是沙特阿拉伯、伊朗、伊拉克、科威特和阿联酋。其中，沙特阿拉伯已探明的储量为355.9亿吨，居世界首位。伊朗已探明的原油储量为186.7亿吨，居世界第三位。

5. 亚太地区

亚太地区原油探明储量约为45.7亿吨，也是目前世界石油产量增长较快的地区之一。中国、印度、印度尼西亚和马来西亚是该地区原油探明储量最丰富的国家，分别为32亿吨、9亿吨、6.8亿吨和5亿吨。中国和印度虽原油储量丰富，但是每年仍需大量进口。

由于地理位置优越和经济的飞速发展，东南亚国家已经成为世界新兴的石油生产国。印尼和马来西亚是该地区最重要的产油国，越南也于2006年取代文莱成为东南亚第三大石油生产国和出口国。印尼的苏门答腊岛、加里曼丹岛，马来西亚近海的马来盆地、沙捞越盆地和沙巴盆地是主要的原油分布区。

6. 欧洲及欧亚大陆

欧洲及欧亚大陆原油探明储量为157.1亿吨，约占世界总储量的8%。其中，俄罗斯原油探明储量为82.2亿吨，居世界第八位，但俄罗斯是世界第一大产油国，2006年的石油产量为4.7亿吨。中亚的哈萨克斯坦也是该地区原油储量较为丰富的国家，已探明的储量为41.1亿吨。挪威、英国、丹麦是西欧已探明原油储量最丰富的三个国家，分别为10.7亿吨、5.3亿吨和1.7亿吨，其中挪威是世界第十大产油国。

（三）天然气

天然气是一种清洁高效能源。随着世界天然气需求持续增长，天然气在世界能源结构中的地位不断上升。自20世纪50年代以来，世界天然气产量增长十分迅猛，其中俄罗斯和美国是最大的天然气生产国，天然气其他的主要生产国依次是加拿大、英国、阿尔及利亚、伊朗、挪威、印度尼西亚、沙特阿拉伯、荷兰等。2010年全球一次能源消费总量为120亿吨油当量，其中煤炭占29.6%，石油占33.6%，天然气占23.8%。预计到2030年以前，天然气仍将是世界各国能源发展的重点，消费量将以年均1.7%的速度增长。根据国际燃气联盟预测，未来在更注重环保的情景下，2030年天然气在世界一次能源结构中所占比例将上升到28%。

（四）铁

目前，世界铁矿资源探明储量的90%以上分布在10个国家和地区。它们依次是独联体（俄罗斯、乌克兰、哈萨克斯坦）、巴西、中国、加拿大、澳大利亚、印度、美国、法国、瑞典，其中巴西、澳大利亚、印度等不乏高品位铁矿资源。此外，英国、委内瑞拉、利比亚、智利和南非的储量也比较丰富。但是在国际市场上铁矿石卖方企业主要是巴西淡水河谷公司、澳大利亚必和必托和力托三大公司，3家公司已经形成"价格联盟"，控制着全球75%～80%的铁矿石出口市场，国际铁矿市场出现垄断趋势[①]。

三、世界各国的资源供需状况

1. 美国

美国自然资源丰富，主要矿藏有铜、钼、铅、锌、金、银、磷矿、煤

---

① 张承帅、李莉、李厚民：《世界铁资源利用现状述评》，《资源与产业》第13卷第3期。

炭、石油、天然气、铁等，是世界第一矿产资源大国。其主要矿产资源状况为：截至 2010 年年底，石油剩余储量占全球总量的 2.2%，原油产量，居世界第三位；探明天然气占世界总储量的 4.1%，居世界第六位；铜基础储量占全球总量的 5.5%，居世界第五位；钼储量占全球总量的 27.5%，居世界第二位；铅基础储量占全球总量的 8.75%，居世界第四位；锌基础储量占全球总量的 4.8%，居世界第六位；磷矿基础储量居世界第七位；铁矿石储量折算成铁金属量，占世界总量的 2.4%。

美国同时也是最大的矿产品消费国和贸易国。美国的人口不足世界人口的 6%，但石油、铅、镁、铬铁矿、稀土、铝、铜、镍等矿产品的年消费量分别占世界总消费量的 28%、35%、13%、17%、50%、29%、21% 和 14%，石油、天然气、煤炭、铜、铅、锌、铝、镍、钼、磷矿石和钾盐这 11 种主要矿产品，美国的人均消费量是世界平均水平的 3.4～6.6 倍。6 种主要金属矿产（铜、铅、锌、铝、镍、钼）的消费量，美国是中国的 5.9～32.4 倍。随着经济的发展，美国对世界资源和资源性产品市场的依赖程度越来越高，离开世界丰富、低廉的矿产原材料的供应，美国的经济就有可能会陷入瘫痪。

2. 日本

日本作为一个岛国，国土狭小，资源贫乏。根据日本通产省资源厅数据显示，日本有储量的矿种只有 12 种。除石灰岩、叶蜡石、硅砂这 3 种极普通矿产的储量较大外，其他重要矿产的储量均极少。日本是典型的依靠本国发达的工业和先进技术，以进口矿产资源和其他工业原料，生产、加工和制造高附加值产品出口，从而发展本国经济的国家。矿山采掘业产值占国民生产总值的不足 0.5%，而矿产品加工和冶炼业产值却占国民生产总值的 8% 左右。

作为一个经济大国，日本每年需要进口大量的矿产资源以供国内所需，大多数矿产品的需求量均居世界前几位。石油需求量位居世界第三位，日本铜、铅、锌、铝、镍等主要金属的需求量占全球的比例分别为 12.7%、7.9%、12%、13.1% 和 19.8%。目前，在能源矿产品消费量中几乎 100% 的石油、99% 的天然气、97% 的煤，在金属矿产品消费量中 100% 的铁矿石、锰矿石、铬、钛、钒、镍、钨、锡、锑、镁和铂族，97% 的钼、91% 的锌、87% 的银、83% 的金、49% 的铜、48% 的铝、34% 的铅和 33% 的铋，稀散金属和稀土矿产品消费量中的 100%，非金属矿产品中的大多数原料都需从其他国家或地区进口。

3. 俄罗斯

俄罗斯自然资源极为丰富，自然资源拥有量占全球的 22%～28%。俄罗斯的主要矿藏有：天然气、钾盐、铁矿石、铬铁矿、煤炭、石油、锰、铜、铅、锌、镍、钛、金、石棉，等等。主要矿产资源状况为：截至 2010 年年底，俄罗斯天然气储量占全球总量的 23.6%，居世界第一位；石油储量占全球总量的 5.6%，居世界第六位；铜储量占全球总量的 4.7%，居世界第八位；镍储量占全球总量的 7.89%，居世界第四位；钾盐储量占全球总量的 2%，居世界第八位；铁矿石储量占全球总量的 13.89%，居世界第三位。

4. 中国

中国石油储量占全球比重低，石油消费量占能源消费总量比重较低，但消费绝对量大，增长迅速，对外依存度不断提高。在重化工业阶段，中国城镇化和工业化加速发展，对钢铁需求不断增长。中国对铁矿石需求的增加，使得国际市场铁矿石的价格急剧增长。世界稀土资源主要集中在中国、澳大利亚、俄罗斯、美国、巴西、加拿大等国。中国稀土资源储量达到 5500 万吨，占全球总量的 48.34%。

第二节　世界各主要国家资源战略

纵观世界各国资源战略，主要分为三种类型：其一，开采原生资源战略，这是传统的工业社会普遍确立的模式；其二，"储备"型资源战略，这是经济发达国家为了保护本国仅有的资源，暂时不用或少用，花钱购买其他国家的资源，这种模式，是第一种战略的另一种表现形式；其三，再生型资源战略，这是应对资源短缺，发展循环经济的模式。

一、美国的资源战略

美国是世界第一大矿产资源国，同时又是世界上最大的矿产品消费国。随着经济的发展，美国对世界资源和资源性产品市场的依赖程度越来越高。长期以来，美国一直努力实施全球资源战略，鼓励本国公司到海外勘探开发矿产资源，以获取廉价、优质的矿产资源，保证本国资源需求。为了保障矿产供应，确保国家安全，美国依托其强大的经济实力、技术力量和武装力量，坚定的对外实行"资源外交"和"全球开放式"的资源战略。美国全球资源战略所采取的主要措施有：

1. 建立战略资源储备制度

美国是世界上实行矿产品战略储备最早、品种最多、储备量最大的国家。为了切实做好矿产资源的战略储备，美国建立了较为完备的战略资源储备制度，美国实施战略资源储备的对象，包括对石油等重要能源及重要矿产资源的战略储备。1950年美国国会通过的《国防生产法》，要求政府将稀有金属转换为军需生产和储备物资。美国里根政府制定的《国家物资和矿物方案》规定："必须执行物资和矿物政策计划，以确保一旦爆发战争和国家处于紧急状态时，美国有能力派出和支持战斗部队，也不会因为缺乏关键原料而受影响。"1982年，美国"战略矿物原料特别工作组"以总统的名义，在向国会提交的一份长达33页的报告中指出，必须采取行动加强储备，还要着力开拓全球资源。特别应当指出的是，美国的稀土储量居全球第二位，但美国从1999年就已逐步停止开采本国的稀土资源①。美国的战略石油储备项目由联邦政府能源部组织实施，由得克萨斯和路易斯安那两个州内的沿墨西哥湾一带的5个地下储备基地构成。最初，美国战略石油储备确定的目标是5亿桶原油，随后这一目标逐渐提升，到2005年，美国战略石油的储藏量为7.27亿桶，当年通过的《能源政策法》更要求能源部长将战略石油储备的储存量增加到10亿桶②。

2. 本国只探不采

美国从主要依赖自身资源发展经济逐渐转变到主要依靠进口资源发展经济。一方面是因为自然资源的品种和数量已不能满足经济发展的需要，另一方面也有出于保护国内资源，增强未来资源和战时资源战略供应的考虑。美国主要进口的资源，完成了从进口的矿产品仅是国内储量小、质量差的资源到一些重要的战略资源，即使有一定储量，也要从国外进口的转变。

美国作为世界第一矿产资源大国，对于那些即使美国国内能够自给的矿产，也仍然在设法增加其储存量。例如，美国是世界上最大的产铀国，但长期以来美国一直从国外大量购买铀用作储备。再如，除了石油储备以外，美国长期禁止开发科罗拉多州、犹他州及怀俄明州的石油。美国阿拉

---

① 田海军、吴丽英：《世界资源战略对中国能源产业结构调整的启示》，《阴山学刊》2005年第3期。

② 张所续：《世界部分国家矿产资源储备政策研究》，《矿产保护与利用》2011年第12期。

中国资源战略的一场变革

斯加州石油储藏丰富，但却被划为国家石油储备地，只探不采。1981年下半年，里根政府决定拨出1亿美元购买战略资源（其中包括62种矿物、金属和其他原料）；1982年，又决定拨款125亿美元采购战略资源，专门用于购买铬、钴、钨、铁矾土等。到1985年美国储备的战略资源达到63类共计93种，包括稀有金属、石油等。

3. 大量购买和使用全球廉价的资源

在第一次石油危机发生之前，全球矿物原料价格十分低廉，美国则以此为契机大肆掠夺发展中国家的矿产资源，通过利用廉价的资源使其经济得到了快速发展。美国资源战略的重点是保证经济发展所需资源的战略供应，减少资源供应可能的中断或价格的剧烈波动，特别是要减少石油、铁矿、铜、铝、锡等矿产资源供应中断或价格波动对国内经济的冲击。为此，美国在维持战略石油、铁矿、铜、铝、锡等资源的储备时，不断加强与国际能源机构的协调，在稳定国内原油生产的同时，坚持石油、铁矿、铜、铝、锡等资源的进口来源的多样化，减少对中东的石油、铁矿、铜、铝、锡等矿产资源的依赖，并加强在主要资源产地和主要资源运输线上的军事存在，如增加对中东、中亚的军事影响，以及加强对从中东到美国的太平洋、大西洋海上运输线的保护。发展中国家拥有资源，却缺乏资金和技术开发。美国通过给予该国经济援助和资金投入等手段，有效地控制了拉美、非洲、中东等地区的石油、天然气，金属和非金属矿产等战略资源。

经过数十年政治、经济、军事手段的综合运用，美国的全球战略得以落实，其矿业公司的活动遍及世界各地，以此来保障其资源的需求。石油立足拉美，争夺中东，渗透非洲和中亚；铝土矿来自几内亚、牙买加、苏里南、委内瑞拉、巴西；铜从智利、墨西哥、秘鲁、加拿大等国买进，铁矿石从巴西、墨西哥、委内瑞拉、智利，铅从墨西哥和秘鲁购入，镍从加拿大和多米尼加，银从墨西哥、秘鲁和智利，锌从秘鲁和墨西哥进口。这样美国成功的从全球角度解决了矿产资源安全供应的一系列问题。

当希腊危机引爆欧元危机的时候，整个世界才明白这样一个道理：比美国次贷危机严重的是全球金融危机，比全球金融危机更为严重的是世界资源危机。① 很遗憾，当资源危机发生的时候，美国人又早走了一步，他们赢得了掌控资源危机的主动性，因为美国提前认识到，这个时代说话算

---

① 柳润墨：《资源阴谋》，科学出版社2011年版。

数的不是控制"现金",而是控制"资源"。

二、日本的资源战略

日本是个狭小的岛国,资源贫乏,高度依赖海外供应。在明治维新以后的 100 多年间,日本快速完成了工业化,而本国的资源也消耗殆尽。二战以后,日本根据自身特点选择了"贸易立国战略",大量进口国外廉价资源和资源性产品,加工后再销往国际市场,这种战略使日本经济得到了迅速发展。具体措施为:

1. 实施海外矿产勘查补贴计划,建立境外矿产资源基地

为了保障矿产资源供应稳定,日本以经济援助为前导,组织各种团体,以各种名义向世界各地区派遣事业调查团,收集包括资源信息在内的各类信息。在此基础上,日本政府又以海外矿产勘查补贴计划的形式,主要通过海外经济合作基金会和金属矿业事业团等机构,为日本公司开展海外地质调查、矿产勘查及矿山基本建设等项目提供资助或贷款担保。

日本企业在境外开矿需要从本国中央银行和进出口银行贷款时,要求所在金属矿业事业团出面做担保人,仅收 0.4% 的担保费。相应的政府会从产业投资特别账项中支付事业团担保的资金。除此之外,日本海外经济合作基金会也可以为日本公司在境外的矿产开发活动提供贷款援助。正是通过一系列海外矿产勘查补贴计划,日本在许多资源丰富的国家和地区建设了一批海外矿山,保障了其矿产资源的稳定供应。

在政策层面上,日本偏向于鼓励更多的私营企业参与矿业"走出去"战略,国家可以在幕后通过一些专门机构来把整个国家及民间的闲置资金都盘活起来,支援国家战略性的矿产资源获取。日本根据《能源政策基本法》制定了《能源基本规划》,并根据《能源基本规划》制定的《资源保障指南》规定出政府及承担资源金融制度的新政策金融机构等所有相关部门要对日本矿业企业海外矿产资源开发权益的获得进行支援。

2. 重视储备

日本全球资源战略的主要内容之一就是长期大量进口,进行有计划的资源储备。为了保证本国经济的发展不被矿物原料的供给不足所限制,日本政府制定了完善的全球资源战略和国外资源利用的长期规划,很快建立起了多条渠道、多种方式的机制和体制以保障矿产资源长期稳定的供应。日本从 1972 年建立石油、铁矿、铜、锡等矿产资源储备,1995 年政府和

中国资源战略的一场变革

民间储备的合计总量，相当于全国157天的石油、铁矿、铜、铝、锡等消费量。日本不仅将常用资源进行能源储备，对一些用量不大的战略性资源，如镍、铬、钨、钴、锰、钒、铝、钯、铂和17种稀土元素同样也列为了储备物种。2009年4月，日本石油的国家储备量达到相当于103天的原油进口量，与民间石油企业石油储备量相加，达到8608万千升（1168升等于1吨），相当于184天的原油进口量。

为了实施以国家为主的石油储备战略，日本政府于1978年修改了《石油开发公团法》和《石油公团法》，调整了石油公团的职能。日本石油公团是日本的国家石油公司，从1978年开始，石油公团正式承担国家石油储备和国家石油储备基地的建设任务；2002年石油公团被归并、组建为新的独立行政法人"石油天然气—金属矿物资源机构"。

3. 资源综合保障战略

日本的资源综合保障战略是目前日本实施海外矿产资源开发行为的主导战略，该战略是日本经济产业省2006年5月出台的《新国家能源战略》中指出的8项子战略之一。在《资源综合保障战略》中，日本提出要在法律框架下制定一份确保资源安全稳定供应的指南，指导政府及相关部门按照该指南的要求来共同保障和推进资源综合保障战略的实施。[①] 日本在其新国家能源战略中提出了为保障战略实施的4个大方向，分别是构建世界最先进的能源供求结构、开展资源外交及加强能源环境的一体化建设、充实危机应对政策、解决共同课题。

日本推进能源市场的透明化，开拓石化能源的清洁利用技术，促进了矿产资源的循环利用。通过产销对话、多国间协商机会等加强能源供给相关的统计，根据这些统计数据制定基本措施，推进能源市场的信息共享。日本的大宗能源供给支柱是石油、天然气和煤炭，日本的目标是建立一个环境负荷更少、能效更高的先进石化燃料需求国。其采取的具体措施是：在火力发电、需要燃料的产业部门等更广泛的领域扩大对环境负荷小的天然气的利用，普及煤炭复合化发电等相关清洁技术，普及残渣油的有效利用技术，石化燃料有害气体回收贮留技术等。投资扩大天然气管道网络，强化投资奖励制度等政策引导。加强对矿产资源相关的上游活动的支援，通过材料流动性分析，研制国内循环利用及代替材料的开发。

---

① 姜雅：《日本的资源综合保障战略》，《中国金属通报》2010年第3期。

4. 重视发展再生资源产业，推进废弃物处理社会化

（1）推进废弃物处理社会化。

日本是一个经济技术高度发达的国家，生活垃圾和产业废弃物的数量是比较大的。为了有效地进行废弃物的处理，无论是家庭垃圾还是产业废弃物均实行收集—搬运处理—再利用的一条龙社会化服务。因此，废弃物处理在日本已经形成了一个具有一定规模的产业部门。废弃物处理的社会化首先表现为政府、民营企业的多头经营，形成了一个比较完善的竞争机制，其次是废弃物处理比较彻底，层次较高，在焚烧、掩埋和废弃物资源化方面，处于世界领先水平。

关于一般废弃物的处理，日本政府强调：①容器包装废弃物。对实行分别收集的市、镇、村进行支援，对再商品化设施的建设进行支援；②推进厨房垃圾的堆肥、饲料化；③提高旧报纸等的利用率，推进可再生利用纸类的回收；④推进垃圾处理设施的金属回收等。

关于产业废弃物的处理，日本政府强调：①推进将污泥用作堆肥、建筑材料及水泥原料；②推进将人和动物的粪尿用作肥料；③推进将瓦砾用作铺路材料；④推进将矿渣用作铺路材料；⑤推进对煤灰中的稀少金属进行回收；⑥推进将木屑用于造纸及制作纤维板等。

（2）加强垃圾处理技术研究。

早在 1977 年日本科技厅就曾预测，在今后 30 年内，垃圾处理技术将会成为一门重要的新兴技术。在随后的时间里日本在垃圾的处理、再利用方面取得了很大的进步，如利用生活垃圾制造肥料、发电，产业废弃物的再利用等。

日本政府在如何对垃圾分类、何时扔何种垃圾等方面均做出了明确规定，对居民起到了很好的指导作用。在日本，垃圾是分类收集、分类处理的。生活垃圾一般分为可燃垃圾、不可燃垃圾和资源垃圾（金属、纸张、玻璃等）三大类。居民根据当地政府的规定，在每周固定的时间用标准的垃圾袋摆放在固定的地点。日本垃圾袋是半透明的，所以扔什么垃圾一目了然。

在垃圾处理厂，根据垃圾种类不同，处理方法也不同。资源垃圾可以循环再利用，可燃垃圾燃烧后可用作肥料，而不可燃垃圾经过压缩无毒化处理后可作为填海造田的原料。

日本对于资源的重视程度超出中国人的想象，日本人在很早之前就有了自己的资源战略。正是因为对资源的意义及其在经济中的重要地位具有深刻认识，日本才能取得骄人的资源战果，同时日本在国际资源争夺的战场上与中国的冲突也日益加剧。

三、英国的资源战略

英国政府非常重视环境问题，近年来节能环保产业在英国得到了快速发展。根据英国政府确立的目标，到 2010 年和 2015 年英国的可再生能源发电量要分别占到 10% 和 15.4%，到 2050 年二氧化碳排放量将减少 60%。

1. "绿色房屋"计划

英国在 2050 年之前的一项重要能源改革措施包括正在实行中的"绿色房屋"计划。"绿色房屋"计划的构想已被英国政府正式写入政府的能源改革白皮书中。该计划鼓励居民采用环保技术建造或装修房屋，建设有益于环保的新型住宅。

这种新型住宅将采用太阳能电池板、洗澡水循环处理装置，每家每户可安装蒸汽发电机或在花园里架一座风车，利用风能发电。英国政府还向公众承诺，如家庭发电站生产的电有剩余，政府将以优惠价收购。英国政府还在税收政策上鼓励"绿色房屋"的建造者，对采用环保技术建造或装修房屋的英国公民减免印花税。

2. 能源补贴政策

英国是欧洲第三大汽车消费市场，汽车生产与销售状况对整个英国经济、就业和消费者信心有举足轻重的影响。英国于 2009 年 5 月 18 日推出总数约为 4.5 亿美元的补贴资金，开始实施汽车以旧换新补贴措施，推动新能源汽车的发展。英国交通部发布了一项私人购买纯电动汽车、插电式混合动力汽车和燃料电池汽车补贴细则。该项补贴于 2011 年 1 月至 2014 年期间总共安排 2.3 亿英镑，单车补贴额度大约为车辆推荐售价的 25%，但不超过 5000 英镑（7600 美元）。

3. 风能发电

英国通过各项节能政策和措施，形成了良好的节能氛围并产生了明显的效果。英国选择风能，用风力发电作为其可再生能源战略的核心。英国发挥其海岛国家的自然优势，技术研发和运用上注重利用海洋资源，在发展海上风能、海藻能源等低碳能源方面居于全球领先水平。

1991 年英国建成第一个风能发电站，此后英国的风能发电持续发展，目前风能发电装机总量已达 649.4 兆瓦,满足了 44.1 万个家庭的电力需求,现在仍有很多地区在建设风能发电厂以满足对电力不断增加的需求。英国已安装 110 多个风电场,发电量达 1338 兆瓦。世界最大的海上风力发电厂有望在苏格兰北部马里湾海域开工建设。项目投资总额为 45 亿英镑,装机容量 15 亿瓦,占地 300 平方公里,计划建设 339 个风力涡轮机。项目建成后将成为英国第三轮海上风电开发规划框架下的第一座深水发电平台。

四、俄罗斯的资源战略

当前世界石油供需之间存在着很大差距,导致了全球范围内的油气供应紧张和激烈争夺。俄罗斯丰富的油气资源、出口量的稳步增长、稳定的政治局势,使其成为各资源需求大国和地区争夺的焦点。俄罗斯能源资源极其丰富,占据全球的重要位置。但因其油气主要分布在西西伯利亚、东西伯利亚和远东地区,俄罗斯能源工业的未来发展及出口将面临管道等运输基础设施不足的挑战,以及石油的开采和运输成本较高,油气工业投资数额巨大等问题。油气的开采和勘探严重失衡,缺乏开发新油气田投资、能源运输基础设施不足等都将使俄罗斯油气产量增长受到严重影响。

欧盟是俄罗斯能源出口的主要市场,也是俄罗斯传统的能源合作伙伴。随着欧盟东扩,未来欧盟能源供需差距将进一步拉大,对外依存度不断增大,俄罗斯能源在欧盟市场的份额会相应增加。欧盟目前的能源需求状况以及未来需求潜力,决定了欧盟必须加强与俄罗斯的能源合作。加强从俄罗斯的能源进口,还有利于欧盟能源进口的多元化和规避能源风险。

美国作为世界上最大的能源消耗国,其消耗的能源相当于世界能源的 1/4,其中 50% 的石油需要进口。由于中东局势的动荡,俄罗斯的油气资源成为美国认真考虑的重要进口渠道之一。中、日、韩三国均为能源进口国,而且需求量大,能源进口都严重依赖中东地区,各国都积极与油气丰裕的国家展开能源合作,寻求油气来源的多元化,油气资源丰富的俄罗斯便成为了他们共同的目标。随着东北亚地区经济的迅速增长,能源需求量将稳步上升,加上俄罗斯能源战略向东转移,中、日、韩将是俄罗斯能源出口的新增长点。

俄罗斯能源战略充分考虑了俄罗斯的经济和地缘政治利益,以及国家的能源安全,并把能源外交视为调整国际关系的有效手段。它以保障国家的能源安全为基本出发点,在世界各个地区捍卫俄罗斯能源的战略利益。俄罗斯在大力拓展能源外交的过程中,一方面与欧盟、美国、中国和日本等国家和地区分别发展双边能源外交,并在一定程度上取得了进展,另一方面,与欧盟、美国、中国和日本也形成了一个错综复杂的多边能源关系结构,俄罗斯若想获得最大利益,则必须表现出高超的战略协调能力,否则将对其能源外交的施展形成一定的制约。

五、法国的资源战略

法国能源资源较为贫乏,每年的矿物燃料燃烧的总消耗量大约为24亿吨油当量,而国内商业性一次能源的产量(煤、石油、铁矿、铜、铝、锡等稀有金属和天然气)仅为800万吨当量,而且产量还在迅速下降,加上法国水能资源的开发程度已达到95%,法国常规能源的开发潜力已基本发挥完毕。

法国20世纪60年代初能源的自给率超过50%,70年代初期降低到22%。为了改变这种情况,法国加大了核电发展步伐,尤其从80年代后期以来能源的自给率一直保持在50%以上。法国为了减少能源对外依赖程度,根据20世纪50年代以来国际核电发展的趋势和法国核原料相对丰富的特点,在50年代末法国开始建设核电站。现在法国核电站的数量和核电在电力构成中的比重都居世界第二位。

法国发展以核电为主的能源战略主要是由于以下几个方面的原因:一是法国的铀矿资源相对于常规能源来说较为丰富,加上单位电力的消耗量对于核资源来说要少得多,原料供应受外界影响的可能性较小,而且法国还控制着加蓬和尼日尔等国的铀矿开采权,同西方核原料大国加拿大和澳大利亚的合作也很有成效;二是在核电技术上法国具有优势,其快速中子反应堆技术处于世界领先水平,而且法国在核电设备、核电站设计、核废料处理技术方面也处于世界领先地位。核电运行成本上也具有优势,法国核电成本仅为煤电成本的65%,油电成本的32%[①]。

法国是一个经济高度发达、市场机制完善的现代化国家。法国采取了

[①] 田海军、吴丽英:《世界资源战略对中国能源产业结构调整的启示》,《阴山学刊》2005年第3期。

一系列环保措施，从农业、交通、税务、住房、能源等各方面入手，让全法国人民投身到一场"绿色革命"之中，让法国成为环境保护和抵制全球气候变暖的样板，积极建设"绿色法兰西"。

1. 绿色革命

为了提高各部委在环境领域的工作效率，环境部通过代表总理的环境部际委员会行使协调职能，具体负责政府各部之间在环境领域工作的协调与配合，积极实施"绿色革命"。

在农业方面，法国力争在 10 年之内将农药使用量减少 50%。政府鼓励发展"绿色农业"，争取在 2012 年，将"绿色农业"种植面积从目前占全国种植面积的 2% 提高到 6%，到 2020 年时提高到 20%。

在交通方面，对旧车增收保险附加费，对购买节能型新车给予一定数额的返款鼓励，并向报废旧车车主支付一定数额的回收费，鼓励汽车更新；自从 2010 年起法国就根据里程向重型卡车征收环保税；大力发展铁路运输，在 2020 年以前新建 2000 公里的高速铁路；除安全等方面的特殊情况需要外，冻结一切高速公路及公路建设；由各地区自主决定是否增收市政交通费；在 2020 年以前，将空运的能源消耗量及二氧化碳排放量减少 50%。

在住房建设方面，大力推行智能建筑，积极使用建筑新技术和新材料，年供热标准到 2010 年时已经降低到 50 千瓦/小时。对旧的住房进行技术改造，能够使之在能源消耗上达到规定的标准，即每平方米年电能消耗不得超过 80 千瓦/小时。法国还决心在 15 年内对所有旧房进行改造，最大幅度地降低能耗。

在能源利用方面，从 2010 年开始，法国全国已经禁止使用白炽灯；在 2020 年以前，将全国可再生能源产量提高到相当于 2000 万吨石油提供的能源量。到 2020 年，可再生能源在全部能源中的比重将达到欧盟规定的 20%。除保持核能发电的水平之外，重点是增加风能和太阳能的使用比例。

在税收方面，法国政府开始征收碳税。碳税是指对使用化石能源，如石油、煤和天然气等排放二氧化碳的企业和个人征税，被法国政府称为是"生态税收制度"。按照法国政府的说法，征收碳税的目的是为了改变法国家庭和企业的能源消费习惯，从而改变法国的经济增长方式。征税标准是每升汽油征收附加碳税 0.04 欧元，每升柴油征收附加碳税 0.045 欧元，每排放一吨二氧化碳征收 17 欧元。

2. 推行清洁生产

法国的环境保护主要以预防为主，把实施清洁生产作为可持续发展战略的重要组成部分，出台并实施了一系列的有关清洁生产的法律制度和政策措施：

(1) 高度重视环境保护和清洁生产立法，环境保护法出现法典化趋势。法国为解决环境问题很早就开始制定环境保护方面的法律法规。法国环境立法已基本稳定，步入了较为完善的阶段。

(2) 广泛开展环境保护和清洁生产的宣传，推动"公众参与"。按照法国法律规定，居民对可能造成当地环境污染的企业有提出异议的权利。公众可以自由地发表意见，并设立了公众参与调查的制度。法国的核电比较发达，为了取得公众对核能利用的理解和支持，法国政府极力推行核能利用的透明度，以保证核电事业的生存和发展。随着环境保护信息的广泛传播，对公众既起到了很好的宣传和教育作用，更推动了公众广泛而积极地参与环境保护运动。

(3) 制定的排放标准日益严格，对实施清洁生产有重要的促进作用。法国十分重视环境标准的制定和实施。在法国污染物排放标准适用于农业、工业和其他行业，是进行环境监督管理的主要依据之一。环境标准的制定充分考虑到技术、经济条件的变化，使之起到了保障人体健康、控制环境污染、强化环境管理和改善环境质量的重要作用。

3. "新车置换金"

法国政府积极推行"新车置换金"政策。根据这项政策，车主在更换新车时，如果购买小排量、更环保的新车可享受 200 欧元至 1000 欧元的财政补贴，而购买大排量、污染严重的新车则须缴纳高至 2600 欧元的购置税。在这些补贴、征税等政策的指导下，众多汽车商和消费者都将目光投向了更为环保的小排量汽车。法国政府投入 4 亿欧元，用于研发清洁能源汽车；政府还计划采取一系列举措，鼓励汽车行业逐步向更加节能环保的方向发展。

4. 城市废物处理

法国在城市废物的处理和管理方面采取的是政府与公众合作的办法，即费用由政府和居民共同分担，工业废料的处理和管理的费用由工业企业负担。这就使得企业在追求最大的利润时，必须在环保、节能、高效的产品上下功夫。法国工业环保行动的快速实施，应得益于政府和企业对环保问题的高度重视及相应政策法规。

法国政府提倡个人和单位应该培养良好的环保意识，并不断加大政府的干预力度，积极推动垃圾回收新技术的开发。报纸、杂志、包装袋的分类收集，使50%的此类垃圾得到了充分回收。管理部门采取一定的措施进一步减少垃圾产出，如避免食物浪费、限制办公打印和复印等。

六、加拿大的资源战略

加拿大的矿产资源丰富，矿业活动十分发达，长期实行"资源立国"战略。加拿大拥有多个具备世界级经济实力的矿业跨国公司，在矿产勘查开发方面拥有先进的技术，并且海外矿业经营卓有成效，有"世界矿业金融中心"之美称，对国际矿业活动有一定的控制力。加拿大全球资源战略所采取的重要举措是：

1. 建立世界矿业金融中心

加拿大是世界矿业金融中心，全球矿产勘查资金的1/5来自加拿大的股票交易市场。加拿大利用本身金融中心的融资优势不断加大勘查、开发国外矿产资源的力度，进一步地巩固和加强了本国矿业在国际上的竞争力，从金融和信息方面控制国际矿业活动。

2. 加强优势矿产垄断

加拿大加强优势矿产在国际市场上的垄断地位。通过税收、保险等不同的优惠政策，鼓励加拿大矿业跨国公司在国外进行矿产风险勘查和开发，确保其优势矿产在国际市场的垄断地位。

3. "蓝色箱子"

加拿大许多社区都启动了"蓝色箱子"计划。该计划要求居民执行垃圾分类的规定，垃圾分成三类：第一，可回收垃圾，如纸张、纸板、玻璃瓶、塑料和金属容器；第二，危险品垃圾，指各类化学特别是带有污染和腐蚀性的化学物品。如油漆、电池等；第三，普通垃圾，指可回收垃圾和危险垃圾之外的垃圾。加拿大政府规定：凡可回收的垃圾，各个家庭都应该整齐地放在蓝色回收箱内，每周定时有专门卡车来收取；危险品垃圾要在规定的日期送到政府指定的回收点，否则可能受到罚款。

4. "旧车销毁"

针对老旧汽车造成的空气污染问题，加拿大通过了一项全国范围内的"旧车销毁"计划。加拿大政府联手民间非营利组织，通过各种奖励措施回收1996年前生产的旧车。为鼓励加拿大民众主动上交旧车，加拿大政府制定了各种奖励措施。按规定上交旧车的民众,将免费获得自行车、公交汽车卡或 300 美元现金奖励。上交旧车的民众如需购买新车,政府还将给予一定折扣。除此之外他们还有机会获得"分享汽车计划"会员资格。

按照加拿大机动车燃油效率的条例要求,到 2016 年,小汽车和卡车的平均油耗需达到每加仑汽油行驶 35.5 英里,机动车每行驶 1 英里平均排放的温室气体将被控制在 250 克二氧化碳当量。"旧车销毁"计划顺应了节能减排的趋势,加速了上述目标的实现。

七、德国的资源战略

德国是一个环境优美的国家,空气清新、满目翠绿。德国是欧洲国家中循环经济发展水平最高的国家之一,它的循环经济系统正变得越来越成熟。德国努力通过健全的法制、先进的科技、广泛的民众参与和大力发展绿色产业来保护环境。从全世界范围看,德国在气候与能源政策中扮演着领头羊的角色。

1. 严格而健全的环境法制

德国的环境立法始终遵循三个原则:第一是事先预防原则;第二是污染者支付原则,也称肇事者责任原则;第三是合作的原则。早在 20 世纪 90 年代初,德国议会就将保护环境的内容写入修改后的《基本法》。在《基本法》第 20 条 A 款中这样写道:"国家应该本着对后代负责的精神保护自然的生存基础条件。"

目前,全德国联邦和各州的环境法律和法规有 8000 部,除此之外,还实施着欧盟约 400 个相关法规。从 1972 年通过的第一部环保法至今,德国已经建立了较完备、较详细的环境保护法体系。德国注重于法律的执行,并通过税收和财政政策进行支持,德国的环境管理部门同司法部协作,在国内行使着至高无上的权力,是神圣而不可侵犯的,真正做到了"有法可依、有法必依、执法必严、违法必究"。

2. 大力促进环保研发

德国政府对环保技术研发领域的投入不断增加,保障其在经济方面的领先地位。德国政府认为,从世界经济发展历史来看,每个经济发展阶段都围绕着一项核心技术,抓住了核心技术,经济就会快速发展。而未来 10 年的核心技术将是能源技术和环保技术。对于德国来说,环保行业是德国未来经济发展重要的新兴行业,甚至会成为德国经济的领头羊。

为了增强经济和技术的竞争力，德国的科研经费在 2010 年时达到了国内生产总值的 3%，其中一个重点领域是环保技术的研发。德国政府鼓励的研发项目包括有效生产、转化、储存和运输能源项目，新一代可再生能源项目，地下储存碳气技术和核能安全项目等。

德国政府强调，科研必须是横向的，必须是与生产相结合的。横向指的是能源研发与材料工程、纳米和激光技术及环保研究相结合。例如有机太阳能电池板的研究与材料研发和化学相结合开拓了新的路子，第三代太阳能电池板将以有机材料替代原料紧缺和价格昂贵的硅片。

3. 大打"绿色产业"牌

(1) 推进建筑节能改造，开发可再生能源。

第一，政府大力推动。可持续发展计划由德国政府积极推行，全球生产的太阳能电池板半数被德国市场吸纳。推行住宅节能是德国政府的要务之一：一方面是为了应对能源成本上涨的问题，另一方面是为了切实履行《京都议定书》所采取的行动，其目标是在 2020 年前把二氧化碳的排放量在现在的基础上减少 2.5 亿吨。此外，德国还推出了富有吸引力的环保家居奖励计划，资助或以优惠条件贷款给住户改善隔温设施，投资新式高效能发热系统及装设太阳能板等。此外，业主若在住宅天台安装太阳能板，可获电费津贴。

第二，国家财政补贴。国家通过银行对节能改造者给予资金支持，凡实行节能改造者可按规定申请补贴或优惠贷款。其提供的优惠贷款由政府税收予以补贴。贷款的利率与节能量挂钩，改造后的建筑能耗越低，利率就越低，这在很大程度上提高了人们进行节能改造的积极性。

第三，开发可再生能源。德国已经制订了新规以支持投资开发可再生能源，鼓励建筑行业推行能源效益措施。根据《提倡可再生能源法》，从 2009 年起所有新建筑物必须装设可再生发热源头，例如生物质能、太阳能或地热，到 2020 年，这类能源须占家居总耗能的至少 14%。而且德国为了推广环保建筑物科技，政府每年都将额外拨款 5 亿欧元，资助住房建造商及投资者。

(2) 大力培养"绿色职业"的环保技术专业人才。

在环保要求日益提高的今天，很多行业都需要被称为"绿色职业"的环保技术专业人才，因为现在每一个新的产品上市几乎都会受到来自各方严格的环保审视，以确定该产品是否有利于环境保护。无论是冰箱、汽车还是洗衣粉，都应该尽量做到低耗能和不破坏环境，否则都将面对难以上市销售的尴尬境地。

在德国，需要环保人才较多的机构主要是进行工艺和产品开发的工业企业，各级政府、工程事务所、研究所、设计所和鉴定事务所。环境保护工业在德国经济中属于大的行业，从业人员有180多万，占德国就业总人数的1/20，其产值也约占德国工业产值的1/20。

4. 强烈的资源再生和环境保护意识与广泛的公众参与

德国为指导垃圾的处理与回收专门制定了《垃圾法》。德国提出了"结束用过就扔的社会，开始循环经济"的口号，将垃圾的回收利用做到最大化。德国有关部门规定购买瓶装饮料需先付瓶子的押金，到时再拿空瓶子来换回押金。德国所有商店售出的饮料瓶但凡是铝制或使用玻璃容器均被要求强制收回加工，以利于以后重复使用。德国大多数瓶装容器外都贴有标明"可循环使用"的绿色标记。

环境保护的观念早已在很多德国民众的心目中根深蒂固。每户德国居民住宅门前一般都有黄、蓝、黑、绿4种色彩鲜明的垃圾桶，桶上都贴着简明易懂的垃圾分类图案：黄桶上注明装废弃金属、包装盒式和塑料，蓝桶和黑桶分别标明回收废纸和普通垃圾，绿桶则收集从普通垃圾中新分类出来的茶叶和蛋皮等生物垃圾。

为了进一步提高全民的环境保护意识，联邦德国经常通过各种宣传媒介，揭露环境污染问题，宣传环保成就，强调环保意义，注重环保教育，尤其是注重紧抓幼儿园、小学、中学的环境教育。在全国范围内的宣传和教育中，让人们充分了解环境与人类关系，动员公民直接参与环境监护，使之成为"全社会共同事业"。

第四章

自然价值论

——资源再生的基础理论

我们在全球矿产资源面临枯竭和国内资源全面紧张的形势下，讨论我国资源战略问题。其实，"问题"早在40年前就提出了。1972年，于第一次世界人类环境会议上发表的《斯德哥尔摩人类环境宣言》首次提出资源短缺的问题，让世人警觉一场深重的资源危机，宣告"保护和改善这一代和将来的世世代代的环境的庄严责任"，《宣言》说："地球生产非常重要的再生资源的能力必须得到保持，而且在实际可能的情况下加以恢复或改善。""在使用地球上不可再生的资源时，必须防范将来把它们耗尽的危险，并且必须确保整个人类能够分享从这样的使用中获得的好处。"1992年，在第二次世界人类环境会议上所发表的《里约热内卢人类环境宣言》，基于资源危机等问题提出世界经济——社会可持续发展战略。

现在的问题是，40年来，人们对问题的严重性，以及解决这个问题的重要性和紧迫性已经有所认识，在科学技术、资金、人力等各方面都投入很多，但是，问题不仅没有解决，甚至没有缓解，而是越来越严重了，资源"耗尽的危险"不是将来而是现在。为什么会出现这样的局面？我们认为，问题的严重性及其进一步恶化已经表明，人类需要从工业文明时代向生态文明时代转变。但是，现在人们仍然主要是在工业文明模式范围内来看待和解决"资源问题"，仍然在采取工业文明的途径，在走工业文明的路子。我们认为，需要人类社会的一次全面转型，制定和实施正确科学的资源战略。为此，首先需要"价值观"和"思维方式"的转变。

第一节　工业文明的价值观
——人类中心主义与自然资源没有价值的观点

工业革命以来的 300 年间，世界工业化的发展创造了高度繁荣富足的现代化社会和现代化生活，但是同时为此也付出了巨大的代价。例如，对矿产资源的掠夺式开采、浪费和滥用，全球的矿产资源面临枯竭，科学家报告说，全球石油、天然气产量已经达到高峰，全球已经探明的主要矿产的开采年限正在到来，物以稀为贵，资源价格上涨是必然的趋势。根据最近的报道，世界金属价格又开始上涨，2010 年 1 月金属价格指数，比 2009 年 1 月最低点上涨了 116.1%。这是资源枯竭的信号。

中国的问题更为严峻，人均资源少，45 种主要矿产的人均占有量不足世界平均值的 50%；工业化起步晚，开始发展工业时，全球资源基本上已经面临枯竭，而中国的 400 多个主要矿产又进入中晚期，寻求国外资源又面对严峻的形势。例如，工业发展需要进口铁矿石、石油、天然橡胶。它受到价格歧视，每桶开采成本仅为 2 美元的石油，价格为 100 美元；每吨开采成本仅为 10 美元的铁矿，要价 170 美元；进口的天然胶由 3000 元涨到 30000 元。这样，我们处于非常困难的局面，面临很严重的挑战。

在这里，资源保有量不足是自然问题，但是它的出现有价值观方面的根源，并需要首先从价值观转变寻求出路。所谓价值观，是指人们对周围的客观事物（人、事、物）的意义、重要性的总评价和总看法。它作为人的思想、观念、信仰、理想的总和，是人的世界观的核心。它决定和支配人的社会生活、物质生活和精神生活的各个领域，对人类行为和活动起先导、支配和调节的决定性作用。

一、工业文明的价值观——在社会领域是人类中心主义

人类中心主义是一种伟大的思想。它的产生是人类认识的伟大成就。它的实践建构了整个现代文明。所谓人类中心主义，或人类中心论，是一种以人为中心的观点。它的实质是，一切以人为中心，或一切以人为尺度，为人的利益服务，一切从人的利益出发。它作为一种指导人类的行为的价值观的确立和实践，又是人类社会实践的伟大成就。因为它表示人类

对自己利益的自觉认识和关心，对人类价值、信仰和能力的理解，并且正是在这种思想的指导下，发挥人的主动性和积极性，开发人的伟大智慧，运用人的巨大的创造力，不断地战天斗地，创造了巨大的物质和精神财富，开创了整个现代化生活，取得了工业文明建设的一个又一个伟大胜利。但是，它同时制造了人与人社会关系和人与自然生态关系的一个又一个危机，使人类陷入生存的重重困境之中。

我们认为，人类中心主义作为工业文明的核心价值观，既是人类取得巨大成就的思想根源，同时又是人类面临各种困境的思想根源。用它既可以解释人类的伟大成就，又可以解释当今所面临的全面危机形势的原因。

这里的问题在于，在整个工业文明时代，人类中心主义作为起主导作用价值观指导人的行动时，从来都没有，而且也不是以"全人类"为尺度，或从"全人类的整体利益"出发的，更没有考虑自己的活动对自然环境的影响。实际上，它只是以"个人（或少数人）"为尺度，是从"个人（或少数人）"的利益出发的。也就是说，个人和家庭的活动从个人和家庭的利益出发；企业的活动从企业的利益出发；阶级的活动从阶级的利益出发；民族和国家的活动从民族和国家的利益出发，而没有顾及他人、子孙后代以及生命和自然界。它的实质不是"人类中心主义"，而是"个人中心主义"。在这里，人类中心主义是虚的，个人中心主义是实的。

个人主义是整个现代主义的世界观，是工业文明的全部人类行为的哲学基础。依据这种哲学开发资源，正如科学家指出的，工业文明的社会物质生产创造了"公有地悲剧"。美国学者加勒特·哈丁发表文章，他把地球想象为一个完全开放的牧场，在这里，每一个牧民都寻求使他的财富最大化，通常都会放养尽可能多的牲畜，畜群不断增加，增加一头，再一头，再一头……在土地承载能力的范围内，这种安排达到了相当满意的结果。但是，所有牧民为追求最大财富而不断增加牲畜，无节制地增加畜群，超过土地的承载能力，最后导致草场的完全崩溃。这是一场悲剧[①]。人们争相从自己获得最大利益出发，力求从开发利用资源获得最大利益，不断增加开发力度，但是并没有进行资源保护和改善的投资，最后导致资源破坏的现象不断恶化。世界资源全面短缺和资源危机正是在这样的价值观的指导下出现和不断加剧的。

人类中心主义价值观所导致的生态领域的"公有地悲剧"，特别是社

---

① 吴晓东等译：《工程、伦理与环境》，清华大学出版社2003年版，第215—221页。

会领域由于争夺资源导致矛盾、纷争和战争，资源分配不平等和公正导致种种社会危机，已经成为威胁人类持续生存的严重的全球性问题。

二、工业文明的价值观：在自然领域是自然界没有价值的观点

现代工业文明社会竞相开发利用和拼命掠夺自然资源，是基于另一种价值观，即自然界没有价值的观点。现代经济学认为，经济活动中，只有资本有价值，劳动有很低的价值，即维持劳动力再生产的价值，表现为市场经济中资本高价对劳动力低价；在商品经济中，商品的价值是物质生产中消耗的社会必要劳动，自然资源没有价值，表现为市场上商品高价而资源低价。

这种价值观在经济活动中的主要表现是，它的价值观前提是：（1）自然资源没有价值，对它的使用无须付费；（2）自然资源无限，取之不尽用之不竭；（3）自然资源无主，谁采谁有。在矿业经济中表述为：（1）矿产资源无限，取之不尽用之不竭；（2）矿产资源无价，可以无偿使用；（3）矿产资源无主，可以谁采谁有。否认自然价值是长期以来掠夺、浪费和滥用矿产资源的理论依据，是资源危机的思想根源。

第二节　否认自然价值导致世界
资源枯竭的严重后果

现代工业发展在"矿产资源没有价值"的思想指导下，对矿产资源300年的掠夺性开采，资源枯竭具有必然性。它创造了"废弃物围城"和"钢铁坟墓"遍地的现象。这是工业文明价值观的必然结果。因为世界工业化发展，遵循工业文明的价值观，断定自然资源没有价值，它的使用无需付费，资源在掠夺性开发、浪费和滥用，出现一种非常奇怪、非常矛盾的现象：一方面，资源非常丰富，完全有能力支持人类生存和发展，但现在却面临资源全面严重短缺的现象；一方面，资源不足，但资源被严重浪费和滥用；另一方面，资源危机不断恶化，资源产业困难重重，但同时，废弃金属堆积如山，地球上已堆积的废旧物资以万亿吨计，每年新增100多亿吨，发达国家的废弃金属蓄积量超过1000万亿吨，其中大部分处于闲置和报废状态，但资源再生产业被长期搁置。

这里的问题在于，这是工业文明的发展在否认自然价值的基础上，过

早过多地消耗矿产资源,并有大量报废设备和废弃物堆积在地球上,从而创造了非常矛盾非常奇怪的"资源堆积",或它"死"了的现象。

一、钢铁"坟墓"是世界性的

"鬼城"。美国《福布斯》报告说:"2100 年,有些城市可能沦为'鬼城'",美国名城底特律,英国的利物浦和曼彻斯特,列在名单中,底特律自 1950 年以来人口已经减少 1/3,而且还在减少,它在不断萎缩中[①]。全世界所有矿城和重工业城市都面临这样的命运。

钢铁"坟墓"。有 100 年历史的世界钢都美国匹兹堡的钢铁业已经永久停产,它造就了一个几百平方公里的钢铁"坟墓",它蕴藏有数以亿吨计的废弃金属。

飞机"坟墓"。最近报道,美国国防部制造了"世界最大的飞机'坟墓'"。"谷歌地球"高分辨率卫星图片曝光世界最大的飞机"坟墓"位于亚利桑那州图森市的美军戴维斯—蒙森空军基地,占地面积 2600 英亩,是美国退役飞机安置场。在这里"安息"的退役飞机超过 4000 架,几乎囊括二战以来美军所有飞机机型。整个飞机"坟墓"安放数以十万计的废弃的飞机。

美国舰船"坟墓"。美国退役的各种类型和数量众多的军舰,停泊在港湾,不仅占据宝贵的码头空间而且带来污染环境等难题。例如美国《防务新闻》周刊报道,拆卸航母是费时费事花大钱的大工程。在航空母舰坟墓上,记者描述说:曾经随着喷气式战斗机的起飞或降落而且发出隆隆轰鸣声的飞行甲板现在沉默着;曾经数千水手工作和生活的走廊和舱室已经空寂无人;曾经被人仔细打扫和保养的甲板正在锈蚀和破坏,一些甲板上还落着鸟粪。它们是上世纪 50—60 年代服役的"萨拉托加"号、"福里斯特尔"号、"独立"号和"星座"号。每艘含有大约 5.9 万吨废金属。等待处理的还有"突击者"号、"约翰·肯尼特"号、"小鹰"号,第一艘核动力航母"企业"号将于今年年底退役。处理它们的成本每艘需 5 亿美元,处理"企业"号航母和它的 8 个反应堆将耗资 11 亿至 17 亿美元[②]。

汽车"坟墓"。以"汽车文化"为特征的现代社会,每年有数百万辆

[①] 《2100 年,有些城市可能沦为"鬼城"》,《参考消息》2007 年 6 月 18 日。
[②] 《拆卸航母是大工程》,《参考消息》2012 年 2 月 14 日。

报废汽车,在难以处理时只好停放在空地上,形成堆积数以亿计的汽车"坟墓",它包围了发达国家的大小城市。

轮胎"坟墓"。发达国家常见的绵延数百公里的废弃轮胎,其数量是十分惊人的。

中国的"城市矿山"也正在形成。2006年北京产生11.52万吨电子废弃物,其中包括357.6万台电视机、电冰箱、洗衣机、空调器、电脑等家用电器和234.5万台手机。而到2010年,电子废弃物的数量将上升为15.83万吨。目前中国电视机、冰箱、洗衣机的社会保有量分别达到3.5亿台、1.3亿台、1.7亿台。这些家电产品多数是20世纪80年代中后期进入家庭的,通常以10年至15年使用寿命估算,从2003年起我国每年至少有500万台电视机、400万台冰箱、500万台洗衣机要报废。此外,目前我国全社会电脑保有量近2000万台、手机约1.9亿部,而这两种电子产品更新速度比其他家电产品快得多,大约有500万台电脑、上千万部手机已经进入淘汰期。我国每年产生1亿台以上的废旧冰箱、空调、洗衣机、电视及电脑。按照世界事物新陈代谢规律,有多少新就有多少旧。这是客观规律。但是,世界上物质不灭,它可能会发生性质和存在形式的变化,或者空间位置的变化;可能从一种存在形式变为另一种存在形式,或者从一个地方转移到另一个地方,但是它不会消灭。这里,世界上所有物质都是有价值的,包括被称为"废物"的东西都是有价值的。

二、中国"四矿问题"

我国矿产资源问题,矿产品的供需矛盾,比世界上大多数国家要严重得多。2002年,在全国政协九届五次会议上,前地矿部长朱训教授作"要像重视'三农'问题那样重视'四矿'问题"的大会发言,指出我国当前"四矿"问题的严重性,呼吁切实解决"四矿问题"[①]。这一发言引起各界广泛的关注和重视。

矿山问题:我国现在有2/3的国有矿山已进入中晚年期,有400多座矿山由于资源枯竭面临闭坑威胁,石油、冶金、有色金属、黄金等矿山后备资源严重不足。

矿业问题:主要表现在资源储备潜力下降,提供资源保障能力已经受

---

① 全国政协经济委员会:《全社会都应重视"四矿"问题》,航空工业出版社2002年版。

到损害，需求大于供给，两者失去平衡，落后于国民经济发展的需要，矿业已经成为弱势产业。2010年，我国矿产品进出口贸易逆差达259.6亿美元，出现依赖外国的形势。

矿工问题：我国有矿业职工1400万人，加上从事矿业劳动的农民工，共2100多万人。他们曾经是优势群体，人均工资位居各行业的前列，但现在则为行业之末，有的甚至低于农村人均收入。全国困难矿工总数300万～400万人，并影响1000万以上职工的家庭生活。

矿城问题：矿城是由于矿产资源勘探开发产生和发展起来的城市。如邯郸、自贡、景德镇为古代型矿城；大冶、萍乡、唐山是近代型矿城；大庆、克拉玛依、金昌、攀枝花是现代型矿城。现在全国有矿城390座，城镇人口1亿，现已处于中晚年期的矿城占矿城总数的80%，濒临资源枯竭的衰老型矿城47座，占矿城总数的12%。矿城由于支柱产业单一、产业结构不合理，发展后劲不足；矿工失业多、再就业困难；矿城地质环境恶化、污染严重，土地生态系统恢复的任务非常艰巨；解决这些问题缺乏资金，不少矿城财政困难，经济萎缩，失去自我发展能力，这样，矿城的持续发展面临严重的挑战。

"四矿问题"同社会体制有关，同时与否认自然价值和自然价值不公平分配也是密切相关的。

总之，各种各样的废旧设备大量堆积成各种各样的"坟墓"，各种各样的废弃物在大中小城市周边堆积，形成垃圾围城的局面；我国"四矿问题"的严重局面以及工业文明的价值观，它们产生和形成是必然的和自然的。虽然它们已经成为"大问题"，但是暂时还没有办法解决。它已经对人类持续生存提出严重挑战。期待人类开发利用资源的战略转变，以开发它们的价值，实现可持续发展。

第三节　新的资源战略需要超越工业文明的矿产价值观

工业文明发展中，按我们上面的表述主要是：其一，矿产资源无限，取之不尽用之不竭；其二，矿产资源无价，可以无偿使用；其三，矿产资源无主，谁采谁有。这是全球资源枯竭、资源全面紧张的思想理论根源。新的资源战略首先要超越或摈弃这种观点，树立正确的资源价值观。

中国资源战略的一场变革

一、摈弃"矿产资源无限，取之不尽用之不竭"的观点

在很长的时间里，人们认为自然资源包括矿产资源是无限的，它取之不尽用之不竭。因而长期以来，人们并没有节约和爱护资源的意识，滥用资源成为一种习惯，形成一种浪费型的经济。这种浪费型的经济，不仅表现在工业生产和农业生产中，而且表现在社会生活的各个领域，常常以牺牲和浪费资源的方式实现社会需要的满足。例如，社会物质生产从自然界取得的物质中，被利用的仅占3%～4%，而其余96%则以有毒物质和废物的形式被重新抛回自然界。工业发达国家每人每年消耗大约30吨物质，其中仅1%～1.5%变为消费品，而剩下的则成为对整个自然界极其有害的废物。中国国家环保局原局长解振华曾指出，"我国总能源利用率只有30%左右，矿产资源利用率仅40%～50%，社会最终产品仅占原材料投入量的20%～30%。"

这种浪费型经济，不仅造成严重的环境污染，而且加重资源短缺和能源危机的形势。在这种情况下，人们应重新审视关于资源的传统观点，形成新的认识。学者们指出，特别是像矿物这样的不可再生资源，它的埋藏储量是有限的。随着它的大量耗用，许多矿物最终耗竭的时刻正在迫近，形成矿物耗竭的严重趋势。例如，据专家估计，自然界用了3亿年时间积累起来的能源资源，石油、煤和天然气，人类仅用一个世纪就消耗了大部分。地球上已探明并且适宜开采的石油储量，在30—40年内就会被消耗殆尽。即使是非常丰富的煤矿，它的产量也将很快达到高峰，此后将迅速下降，出现最终耗竭的趋势。

上述"四矿"问题表明我国矿产资源面临严峻的形势。实践表明，矿产资源是有限的，我们要摈弃"资源无限，取之不尽用之不竭"的观点，转变浪费型经济为节约型经济，树立资源有限，应给予其更多的关心和爱护的观点，使节约和爱惜资源成为习惯，成为一种制度。

当然，"资源有限论"并不为悲观论提供论证。因为"资源"概念是发展的，随着科学技术进步和社会经济发展，矿产资源的开发会逐渐加剧。虽然有些资源可能出现枯竭形势，但是人类可以开发更深地层的资源和丰富的海洋资源。地球上有许许多多的物质，现在虽然还未发现它的用途，但人类一旦对它有了需要，它们将为人类提供无限的可供利用的可能性，即使某些资源枯竭了，人们也可以找到它的代用品。因此，只要我们对待矿产资源采取爱惜和节约的态度，科学和合理地开发利用，地球还是

有足够的能力维持人类社会持续发展的需要。

二、摈弃"矿产资源无价,可以无偿使用"的观点

长期以来,人们依据只有人类劳动产品才具有经济价值的观点,认为不是人类劳动产品的矿产资源是没有价值的,人们对它的使用是大自然的恩赐,因而至今仍然实行资源无偿使用的经济政策。

但是我们知道,各种矿石可以以一定的价格在市场上销售,例如金刚石和天然金块,它们的价格非常昂贵。这是由于它们非常稀少,物以稀为贵。尽管大储量的矿产,例如煤炭、原油和天然气,各种金属和非金属矿石,均以一定的价格在市场上销售,但这并不意味着它们具有经济价值。通常这些矿产的价格是按照勘查、开发和运输到销售点所消耗的社会必要劳动计算出来的,其本身并没有经济价值。

依据"矿产资源无价,可以无偿使用"的观点,人们不断加剧对矿产的掠夺,从开发矿产中受益,又不必为之付出代价,而且常常以减少对矿井投资的办法,以最少的投入、最小的劳动,开采到最大量的矿产,即使降低回采率,也在所不惜。特别是在小矿业不受控制地发展的地区,经常出现矿山受到破坏,矿产价值受到不可逆转的损失,已经达到异常严重的程度。资源无价滋长了人们对矿产资源的掠夺,资源破坏已使经济发展陷入困境之中。

为了走出困境,我们需要按照事物本来的面目,摈弃资源无价的观点,承认矿产作为重要生产性资产是具有经济价值的。它同人类建造的工厂和机器设备一样,在挖掘和投入生产过程时,应当作为成本进行计算,对它们的消耗同对其他劳动产品的消耗一样要计入成本,实行矿产资源有价的经济核算,并将它纳入国民经济的核算系统。

这样,矿产价值计算和价格的制定,就不仅仅根据它们的勘查、开采和运输所消耗的社会必要劳动,而且应当包括它自身的价值,即纯价值。有的学者认为,矿产如石油的纯价值,是它在国际市场上的价格减去开发和运输成本。我们认为,应根据矿产资源的质量设计各种矿产价值计算的模式。例如某一矿产的价值应包括如下因素:①它的质量(品位)的高低和使用价值的大小;②它的储量是否适合于大规模开采;③地质条件和埋藏深浅等,是否便于开采;④它的分布是否接近生产基地,其性质是否便于运输;⑤开发和使用它时对环境质量的影响,即环境损害费用的大小,

以及为了避免这种有害影响，而支出的环境保护费用大小等。也就是说，根据矿产资源的质量列出若干主要参数，设计它的价值计算模式，计算它的价值，并据此制定出各种矿产使用的价格，从而实行科学的资源有偿使用的政策，资源使用计入成本，资源消耗进入国民经济统计系统，为资源保护和建设积累资金，从根本上改善资源利用和保护的形势。

三、摈弃"矿产资源无主，可以谁采谁有"的观点

现在盛行"资源无主，谁采谁有"的观点。这又是一个不正确的资源价值观。在矿产资源开发领域，这种观念也有长期和广泛的不良影响，特别是在小矿业开发方面，矿产资源无主的观念，助长了滥挖滥采，导致了矿产资源被破坏，在有的地方已造成非常严重的后果。应当说，这种观念的形成，同"资源无限"与"资源无价"的观念相关，摈弃这两个片面观点事实上就是对批判"资源无主，谁采谁有"的观点作了理论论证。

在实践上，这种观点是不正确的，是违反宪法的。许多国家的宪法规定，自然资源属于国家所有。我国宪法规定："矿藏、水流、森林、山岭、草原、荒地、滩涂等自然资源，都属于国家所有，即全民所有。"

因而我们摈弃"资源无主，谁采谁有"的观点，树立"资源全民所有"，以及"当代人和后代同样重要"的观点，实施"资源国有"和"资源共享"的政策。这是合理开发和科学利用矿产资源的重要条件。

这里需要指出，"资源共享"与"谁采谁有"是不同的概念。后者不仅侵犯他人的利益，而且是资源破坏的一个重要原因。"资源共享"，从时间的角度来说，"明天和今天同样重要"，"后代和当代人同样重要"。当代人需要满足，应以对后代人满足其需要的能力不造成损害为原则。从空间的角度来说，应该包括地区、国家的资源共享，以及人与其他生命的资源共享。实施这个原则，应禁止任何组织或个人，用任何手段侵占和破坏自然资源，制止"谁采谁有"的行为。

综上所述，由于我们的矿产价值观的错位，矿产资源的可持续利用已经出现严峻形势，这要求我们应立即确立正确的矿产价值观念。在地质科学领域，我们不仅要研究事实，而且要研究价值，弥合事实与价值之间的鸿沟。在找矿领域的科学研究中，我们不仅要回答"是什么"的问题，例如什么是矿，矿床是怎样形成的，到哪里找矿和如何找矿，即矿产形成规律和找矿的规律这样的问题，而且要回答"怎么样"的问题。这是关于矿

产和找矿的价值的问题。矿产价值问题的研究是社会现实生活提出的一项迫切的任务。

第四节 "地球价值论"和"矿产价值论"是新的资源战略的基本理论

解决资源问题，需要从"问题"产生的根源开始。否认自然价值是产生资源问题的思想理论根源，确认自然价值是认识和解决资源问题的先决条件。在这里，我们主要讨论"地球价值"和"矿产价值"问题。这是新资源战略的理论基础。过去我们认为，包括矿产的地球资源不是劳动产品，作为自然资源其本身是没有价值的。它在市场上的价格是由矿产的勘探和开采付出的社会必要劳动计算的这种看法其实并不全面。

一、什么是"地球价值"

关于地球的价值，主要是指地球的内在价值和外在价值。

地球的"外在价值"，是一种关系概念，从主体与客体关系的角度，表示地球对人这一主体的功利（有用性），或表示在人—地关系中地球对人的意义，也就是"地球的有用性"。这里，地球对人类的价值是地球的外在价值。我们主要关注三个问题：一是地球物质和运动的"科学有用性"，地球的科学价值；二是地球物质的"经济有用性"，它的商品性价值和非商品性价值；三是地球的"社会有用性"，地球的社会价值。这种研究形成"地学价值论"，是我们研究新资源战略的理论基础。

1. 地球的内在价值

"内在价值"，在价值论中不是"关系"概念，而是一种主体性的概念，以它自身为尺度进行评价，由主体存在的目的性和意义表示。地球的内在价值从地球本身的角度来看，地球是活的生命体，作为生命主体它自主自为地存在。这同时表示它既是生存主体，因其具有价值，所以又是价值主体。它的价值，表示它自身生存的意义；它的创造性，创造了地球上适宜生命生存的条件，创造了地球基本生态过程、生态系统和生物物种。同时，它的价值表示其按客观自然规律的生存是合理的、有意义的。也就是说，地球价值是"好"的，是"善"的。地球价值是不断地生产和创造，不断地进化的。它具有生命以及生命创造的含义。这是地球以自身生存的目的为尺度，表示具有以自身为主体的价值。这是地球的内在价值。当人对这种价值进行评价时，称它为自然界的道德价值。

2. 地球的外在价值

我们主要从地球的科学有用性、地球的经济有用性两个方面进行分析。

第一，地球的地质科学有用性。地球的地学有用性，地球物质和运动是地球科学研究的对象和源泉，揭示、开发和利用它的价值又是地学发展的目标。因而它具有地学有用性，即地球具有地学研究和应用的价值。

地学研究虽然是由地学人进行的，但是它取决于地球客体，即整个地球的物质、能量、信息系统，它的性质，它的构造和发展演化规律。地学人对发生地质作用和地质过程的地球物质，如对矿物、岩石、地层、地壳、生物圈、水圈、大气圈、地球、天地人系统等的研究，其研究对象、思维方式、研究方法乃至研究成果，都取决于地球物质和运动的性质以及它的整体性、非均衡性、演化性和系统层次性等特点。地球地壳的性质、结构和运动为地质学建立提供了客观基础。现代地质科学建立在开发地球的科学有用性的基础上。

1771年，德国地质学家魏尔纳提出"水成论"，使地质学具备科学形态。它起源于德国萨克森矿业中心。魏尔纳依据对该山区地层的考察，把岩层分为4种类型：冲积层、成层岩层、过渡层和原始层。他认为，一切地层都是世界大洪水时期沉积而成，水是地壳形成与变化的唯一动力。

1795年，英国地质学家赫屯提出"火成论"。他的《地球学说》一书，起源于英格兰的爱丁堡，他受益于那里的"地质有用性"，对岩层、地形、地貌、河床等的考察，他发现：（1）地层"不整合"是由于地层抬升，并由巨大的岩浆侵入推挤岩层引起；（2）深海岩层是地球内热使深海沉积物熔融成岩，地球内热是岩层的主要成因。

1825年，法国地质学家居维叶《地球表面的革命》一书提出地质"灾变论"。它起源于巴黎盆地的白垩纪和第三纪地层分析。他发现，巴黎盆地不同的地层中含有不同的动植物化石，地层越深、越古老，所含化石物种与现代种属差异越大，有些是已经灭绝了的种属。这是地质灾变的结果。连续地层中不同化石物种是地质灾变后重新创造的。

1915年，德国地质学家魏格纳著《海陆起源》一书，提出新的地球观念——大陆漂移说。他从大西洋两岸地形的吻合认为，由于太阳和月球的引潮力和地球自转产生的离心力的作用，原始统一的大陆分裂为几块，并做水平移动，逐渐形成现在的海陆面貌。

1956年，美国地质学家发现，世界大洋中央纵贯一条延绵不断的中央海岭——"洋中脊"，并在此基础上提出"海底扩张"说；1965年，海洋地壳转换断层的发现，为海底扩张说做出论证；1965—1969年，在上述海底地壳运动发现的基础上提出"板块构造学说"，被认为是地球科学的革命。

同样，中国幅员辽阔，地壳结构复杂多样，中国地质学家依据不同地区地壳结构和运动的特点，提出不同的地质学说和理论，对地质学做出重要的贡献。例如，地质力学（李四光），多施回构造运动学说（张汲清），断块学说（张文佑），波浪状镶嵌构造学说（张伯声），地洼学说（陈国达），等等，这些理论和学说的提出都根源于地球的地学有用性。

第二，地球的"经济有用性"。地学价值，主要包括地球的经济有用性和地质有用性。例如矿产价值，它和社会物质生产过程制造的商品的价值的区别是：①它埋藏于地下，需要通过勘查、挖掘等生产过程才能进入商品市场，转变为现实的经济价值；②它不是人类劳动的产品，而是自然界生产力、自然界物质生产过程，即内力地质作用和外力地质作用过程的产物。它的价值是自然界的创造。

我们到什么地方找矿，有什么矿和有多少，它是不是适合开采，用那一个种技术手段开采出来，这些问题都是同"地质有用性"密切相关的。

矿业发展，矿业城市的兴建，首先是以"矿产有用性"为基础的。通过它的"地质有用性"研究，探明矿产的种类、性质、储量和埋藏特点等，再进行它的经济开发。

例如，曾经在一个很长的时期内盛行"中国贫油论"，认为中国缺乏形成石油的地质条件。大庆油田、胜利油田、渤海湾大油田等油田是基于"我国石油地质有用性"研究而发现的。这表明，东北、华北和渤海湾凹陷盆地的中生代陆相地层中有大量石油。现在中国已经丢掉"贫油论"的帽子。这是从石油"地质有用性"向它的"经济有用性"的发展。

也就是说，矿产价值对于人类而言，主要是指矿产地质的有用性，以及矿产的经济有用性，以及它的商品性和非商品性的有用性。这是由矿产的性质、物质结构，以及人类需要决定的。矿产有用性，主要涉及矿产的经济因素和地质因素。它的有用性表现在两个方面：一是经济有用性，即已测定具有商品价值的矿物，它具有现实的经济意义；二是地质有用性，地质工作的任务是勘查尚未发现的矿床，依据对其进行一定的地质条件的分析即它的地质有用性，发现（或推测）具有商品价值的矿物。这对未来的经济发展具有重要意义。

例如，问题可以这样提出，这个矿的价值怎样，是好是坏？经济学家和企业家关注的是它的经济有用性，即从矿山建设、采矿和矿产进入经济系统流动的整个过程，并要求从这个过程获得巨大的经济利益。另一方面，地质学家和采矿工程师关注的是矿产地质的有用性，依据对当地地质条件的分析，以及有关岩石和矿物形成规律的知识，认识矿产存在和分布的情况，从而确定到哪里找矿，能找到什么矿，以及依靠现有技术如何最优地把这些矿产开采出来。在这里，我们承认矿产资源具有经济价值，认为这种价值是由自然界物质生产过程创造的。这是对现实事物（现实的地质客体及其意义）进行分析后得出的结论。

地球的经济有用性，主要指地球物质的商品性和非商品性价值。例如，地质（矿产）、地理（土地、生物、森林、草场、水源等）、大气、海洋等的商品性（经济）价值和非商品性（生态、科学、审美、医药、哲学、道德、宗教等）价值。

第一章中已提到矿产资源是人类社会存在和发展的重要物质基础，社会物质生产和社会生活所需原材料的80%来自矿产资源。例如95%的能源、75%的工业原料、70%农业生产资料、30%饮用水都来自矿产资源。它在国民经济生活中具有非常重要的作用。这表示人们对矿产资源价值的正确认识。但是长期以来，虽然开发矿业、利用矿产资源是重要的经济活动，但人们依据矿产资源不是劳动的产品而否认它有价值，否认它的经济价值。这是人类认识不完善的一个突出表现。

二、什么是矿产价值

在讨论自然价值时，我们提出以"自然的有序性"来定义价值。这是与商品价值类比提出的。社会物质生产中，人类通过生产劳动提高事物的有序性，因而创造了价值，这是它以社会必要劳动计算，被称为"劳动价值"。矿产是自然物质生产过程的创造。所谓"矿产"是指某一种化学元素富集到一定的比例，矿物学上称为"品位"，即具有一定的"有序性"，并不是所有地球物质都是矿产。这是地球物质的地质运动的创造。

矿产价值是指矿产资源的经济有用性。这是由矿物的性质、物质结构和存在状态等决定的，因而矿产价值具有客观性。但是，人类对矿产价值的认识、开发和利用又充满主观性。因而矿产价值是其主观性和客观性的统一，理论和实践的统一。

矿产价值以地质运动形式的成果存在，是地质运动过程的创造，是地质运动历史的成就。地质运动过程，主要是在天体运动环境下的内力地质作用和外力地质作用，在地质环境下的风化作用、生物作用等的统一。内力地质作用是由地球内部热能，化学能和核能，重力能等引起的地壳构造运动、岩浆活动和变质作用等；外力地质作用主要是由太阳能，重力能和生物能等引起的地质风化、物质搬运、迁移和堆积，以及生物地球化学作用等。在这些地质营力的作用下，地球表面分散的地球化学元素，经物理、化学和生物作用，最后以化合物的形式集中在一起，成为有一定品位的矿物。它们的形成需要很长的时间，因而从价值的角度，被称为不可再生资源，它对人类生存和发展有不可缺少的意义，是社会不可缺少的经济资产。

1. 矿产价值的性质

从满足人类需要的角度，所有矿产都具有价值，而且矿产的价值是多种多样的，它具有多维性。矿产价值多维性的根源，从价值客体的角度讲是矿产的无限丰富性和地质的无限丰富性，以及它们属性的多样性；从价值主体的角度讲，是价值主体以及人类需要的多样性。无比丰富和多样性的矿产，可满足人类不同的需要，这样就形成了矿产价值的多维性。

(1) 矿产的经济价值，即经济有用性。这是矿产价值的主要方面。人们的找矿活动，主要是把矿物作为经济资产，投入社会物质生产过程然后制造出社会需要的产品，拿到市场上出卖可以得到经济好处。它进入生产过程，成为支持社会经济发展的重要因素。

(2) 矿产的科学价值和自然史价值，人们研究矿床不仅形成了矿物学这门学科，而且在矿物学的基础上形成了地质学。正是依据储存于矿物中的记忆痕迹，即非常丰富的地球发展信息，人们才知道地球是怎样产生的，地壳是怎样运动的。依据这些记忆痕迹，人们重建了地球的历史、太阳系和星系的历史，以及人类是从哪里来的、人类产生和发展的历史，等等。矿产作为科学研究的对象，为科学的发展提供了永恒的源泉和动力，它具有重要的科学价值和史学价值。

(3) 矿产的美学价值。人们不仅以某一种精美的矿石，如天然金刚石、天然金块和天然矿石晶体作为审美对象，而且某一地层剖面的矿物学特征、地表岩体形成的奇峰异状和雄伟壮观、地下喀斯特溶洞千奇百怪的

中国资源战略的一场变革

自然景观等等，都使众多参观者留连忘返，从中得到美的体验和审美情趣。由于矿物的丰富性，人们可以欣赏和体验到其中的美景，满足了人类审美、休息和娱乐的需要。这是人类欣赏自然的重要方面。它的审美价值是永恒的和不可低估的。

（4）矿产的文化史价值。人与自然相互作用，变自然因素为文化因素，这是人类文化史的重要方面。其中矿物的作用是非常突出的。例如人们用"石器时代"和"铁器时代"来表示古代社会。"石器时代"是指远古世界史时期，劳动工具是用天然的鹅卵石、火石、石英石、燧石、玄武岩石块等矿物，经打制作成劳动工具。考古学者又依据石器发展水平不同，把这一时期分为旧石器、中石器和新石器时期，如手斧、石球、切割器、刮削器都是旧石器时期主要工具；石锤、石钻、石刀、石箭头等出现在中石器时期；新石器时期以磨制石器为标志，出现磨光的石磨、石犁、石铲、石凿等。"铜器时代"是奴隶社会古代世界史时期，它以铜器使用为标志，最早是利用天然铜，然后用矿石炼铜，最后用铜和铝合金制成青铜器。"铁器时代"占据古代史末期和整个中世纪，大约公元前14世纪发明用矿砂炼铁。铁器使用使人类史进入了新阶段。恩格斯说："一切文化民族在这个时期经历了自己的英雄时代：铁剑时代，但同时也是铁犁和铁斧时代。铁已在为人类服务，它是在历史上起过革命作用的各种原料中最后的和最重要的一种原料。"① 人类的历史是同对矿物的认识和利用相联系的。了解自己的文化史，特别是没有文字记载的远古和古代世界史，主要是依靠人类在矿物利用中留下的记忆痕迹，靠它可以重建人类早期的文化史，因而它具有重要的文化史价值。

（5）矿产的医学价值。我们的祖先很早就知道某些矿物的医疗保健功效。例如，现存最早的一部药物学专著，即战国时期（公元前二世纪）《神农本草经》中，共记载药物365种，其中矿物药46种；明代医学家李时珍的《本草纲目》中，共收药物1892种，编排次序以矿物打头，共分16部62类，矿物类药物267种，分为水、火、土、金石4部，金石部又分为金、玉、石、卤4类。其中水类43种，包括天然水和某些溶液，如雨水、井泉水、盐胆水；土类61种，包括各种泥土、黄土、白垩、伏龙肝（灶中土）；金类28种，包括金属、合金和金属化合物；玉类14种，主要是硅酸盐类，如青玉、宝石、玉母等；石类72种，为不溶于水的化

---

① 《马克思恩格斯选集》第4卷，人民出版社1995年版，第163页。

合物，如丹砂、雄黄、空青、砒石、水银粉；卤类 20 种，为溶于水的盐类，如食盐、硝、硇砂、绿矾。至今人们仍然用许多矿物类药物作为治病或保健物品，如用矿物或矿物组合制成的磁性杯和矿泉壶已成为重要的保健用品，矿泉水在饮品市场中占有很大份额等等，矿物的保健价值将继续不断地被开发利用。

矿产从满足人类需要的角度所体现的价值主要是上述 5 个方面。但这并不是全部，还可以列出许多方面。例如，它也为人以外的生物利用，具有重大的生态价值，而生命维持系统的保护又是符合人类利益的；它参与地表生物地球化学作用，形成生物地球化学循环的平衡，这也是人类生存所必需的。此外，矿物和矿产形成的辩证法，对人类的哲学思想发生重要影响，对宗教、文学艺术、伦理学等意识形态也有重要影响，等等。它的价值具有多维性。

值得注意的是，矿产价值虽然具有多维性，能够满足人类不同需要，但是某一种矿物不能同时满足上述各种需要，而且，当满足某一种需要时，也就意味着它的其他价值的损失，因而在这里存在"选择需求"的问题，即通过价值评价，选择其中最迫切和最有意义的需要，这对矿产资源的开发、利用和保护具有重要意义。

2. 矿产价值的多层次性

人类对矿物的认识、开发、利用和保护，主要不以个人为单位，而是以一定的群体，即以社会为单位，以一定的社会关系形式表现的。社会是有层次的，因而表现了矿产价值的多层次性。

从主体对矿物需要的角度，它的价值主要有如下层次：

（1）矿产对全人类的价值，满足物种 Homo Sapiens（人类）的生存和发展的需要。人们提出"只有一个地球"的口号。这是从全人类的角度看待矿产的价值，按照"全人类利益"相互依存的原则处理好"资源共享"的问题。

（2）矿产对一定历史阶段的人类的价值。由于矿产是不可再生资源，某一种矿产价值的开发是有限的，它们的耗竭将影响后代的利益，因而应当依据"明天和今天同样重要"、"后代和当代人同样重要"的原则，正确处理矿产利用的现在和未来、近期与长远需要的矛盾，以保证经济持续发展、人类持续发展的需要。

（3）矿产对一定社会群体的价值。现在，人类主要以国家、阶级、民族和一定的社会集团的形式存在。这是人类开发利用矿产资源价值的最重要层次，在这个层次上，围绕矿产价值的开发所产生的矛盾、对立和冲突也最为复杂和激烈。为了争夺某种矿产资源，甚至进行战争，如帝国主义之间争夺资源的战争、帝国主义对殖民地人民的战争等。例如，20世纪以来的中东战争，主要为了争夺土地和水资源；1992年海湾战争，2003年的伊拉克战争，在很大因素上，就是为争夺中东石油的战争。矿产资源公有，现在主要是指国家所有。因而这个领域的问题，应该依据尊重主权和平等互利的原则协商解决争端，而不应该诉诸武力，不应发动掠夺资源的战争，我们反对争夺资源的战争。

（4）矿产对个人和家庭的价值，这是矿产利益最基本、最简单和最直接的层次。但是，矿产作为国家所有的资源，矿产开发是国家社会行为，虽然所有个人具有平等地利用矿产资源的权利，但是要依据个人利益服从国家、民族和集体利益的原则，正确处理个人利益与国家、集体利益的关系，特别是在小矿业开发中，必须批判"资源无主，谁采谁有"的观点，制止乱挖滥采破坏资源的行为。

3. 矿产价值的历史性

我们可以把矿产的价值定义为"被历史地储存的成就（自然界的创造）"，它具有潜在有用性。开发矿产的价值，是把矿产的潜在有用性变为现实的有用性。这是需要有一定条件的。同具备这种条件相联系，表现了矿产价值的历史性。或者按另一种说法，人们总是在不同的社会历史形态中，在一定的时空条件下，即在一定的自然历史中，通过一定的途径和运用一定的技术手段，开发矿产价值。它表现了一种自然的和社会的历史性。同这种历史性相联系，表现了矿产价值的历史性。

4. 矿产潜在有用性变为现实有用性

矿产埋藏于地下，它对人的价值主要是潜在的，只是通过勘探、挖掘和开发，进入生产过程，才从潜在有用性转变为现实有用性。

人类需要的发展是实现矿产价值的主要动力。地球上物质是无限丰富、无限多样性的，它们作为被储存的成就，人类一旦对其中的某种物质有了需要，就会依据这种需要去创造各种条件，开发和利用它们。人的需要是历史地发展的，例如人类利用的最重要的矿物，最早是石块，然后是铜和铁，现在人类开发45种主要矿产，表现了矿产开发利用的鲜明的历史性。

人类对矿产认识的发展，是人类开发矿产价值的先决条件，当人们对矿产没有认识的时候，就是遇到了宝物也不知道它的价值。矿产对人类的价值，是随着人们对它的性质的认识才被发现的。矿物学知识的增长，使人区别了矿与非矿，从而把更多的物质作矿产资源开发，因而矿物学的历史发展，同人类开发矿产价值的历史是一致的。例如，化学元素概念的形成，化学元素概念的演化，人类对各种化学元素性质的认识，开拓了人类需要的新领域，并从而创造了实现这些需要的条件。

以技术工具的改进为标志的生产力发展，提供了实现矿产价值的主要手段，使人类把矿石从地下埋藏中发现和挖掘出来，转化为可供人类使用的原料或燃料。这就需要以工具为中介，例如必须具备一定的钻探工具才能查明地下有什么矿床，必须拥有一定的工具才能建设矿井，并把矿石开采出来。这里生产工具发展的历史性表现了矿产价值的历史性。

5. 矿产价值历史性的主要表现

（1）同上述条件的历史性发展相联系，矿产价值历史性体现了从非矿到矿转化的历史性。矿与非矿的界限是相对的。它的主要标准：一是主观标准，人类的需要，以及具备一定的科学—技术—经济条件去满足这种需要；二是客观标准，矿产品位，某种地球物质所含有的有用元素，以及其物理性能，达到一定的指标，以用达到当时科学—技术—经济条件可以开发利用的要求。只有在上述标准和条件具备时，地球上的某种物质才能成为矿产。人类对矿产的需要、科学技术对满足需要的水平，是历史地发展的。

而且，从它的客观标准来看，非矿向矿转化，即矿产价值的形成有一个历史过程。也就是说，地球上分散的化学元素，经过岩浆活动和地壳运动，以及地球化学过程、物理过程和生物过程，即地质内力作用和外力作用，使某种化学元素在岩体中富集。当集中到一定的程度（人们常常以"品位"表示）以及它的量达到一定的规模时，这种富集某种有用元素的地球物质就被称为"矿"。地球上的矿产价值是自然界的创造。每一种矿产的形成都有一部历史，表现了矿产的历史性。

从它的主观标准来看，非矿向矿转化有一个过程。即人类对某种地球物质的需要，对它的科学认识以及开发利用，使它成为人类生活中的矿产。人类对每一种矿产的认识、开发和利用也都有一部历史。

（2）认识、开发和利用矿产价值的历史性。上面说到，矿物潜在有用性变为现实有用性有三个条件：一是人的需要；二是科学认识发展；三是技术工具进步。随着这些条件的出现，某种地球物质才成为人类利用的矿产。在这以前，虽然它们客观地存在着，但是人们并不把它们当作矿产对待。例如矿物燃料作为矿产来开发利用，主要是产业革命以来，到现在也不过200年的历史。虽然煤、石油和天然气发现的历史要早得多，例如我国1000多年前《汉书·地理志》记载上郡高奴县（今延安一带）"有用水可燃"（指石油）；晋朝《博物志》："酒泉延寿县南，山名火泉，火出如炬"（指天然气），当时已用它煮盐；《元一统志9》记载："在延长县南迎阿，石凿开石油一井，其油可燃。"但是，它们的开发利用要晚得多。例如1848年开发出有现代工业价值的第一口油井（俄国巴库），1871年开发了世界上最早的大油田（美国宪文法队亚布雷得福油田），离现在不到200年时间。

6. 非矿向矿转化的历史性同技术工具进步相关

降低工业开采的品位，使低品位矿石转化为矿。例如，现在铜矿石的工业品位为0.5%，即含铜达0.5%时才叫矿，才能开发利用，随着需求增加和技术进步，许多地区已经开采品位为0.4%的矿。科学家估算，如果铜矿的开采品位，从0.4%降低到0.2%，全世界铜矿储量就要增加25倍。

新技术的采用，可以在废矿石和尾矿中提取金属。据报道，70年代国外采用堆浸法提取金的新工艺，近些年来，中国地质科学院堆浸试验研究中心，在河南、陕西、新疆等地完成了1万吨～10万吨级堆浸试验，取得成功。新疆阿勒泰地区富蕴县，地质四大队进行10万吨级低品位含金岩石堆浸试验，共堆浸矿石110744吨，原矿平均品位3.62克/吨，尾矿0.4克/吨，金浸出率为90.61%，回收率87.75%，产金11200两，项目投资504万元，总产值1680万元，实现利税1176万元。此外，现在国内外正在开发生物工程，通过生物富集提取尾矿中的金属，从而为从非矿向矿转化提供了非常广阔的前景。

增加开采深度。现在所说的矿产，实际上是地下几百米至几千米的表层矿产，而大陆地壳达30～70公里，平均厚度为35公里，那里埋藏了极其丰富的矿藏；而且，地壳厚度不及地球半径的1%，更大量的化学元素埋藏在更深的地壳底下。随着科学技术进步，它们的价值的开发也是有可能的。

海洋资源宝库的开发，例如海底锰铁矿储量超过15000亿吨，其中经济可利用的按现有技术估算有3400亿吨，按平均含量计算，有710亿吨锰、23亿吨镍、23亿吨钴、15亿吨铜。此外，海水中溶解有成亿吨各种化学元素，虽然由于它们极为稀薄，现在还不能称为"矿"，但未来人类还是可能找到开发利用它们的方法，从而把海水中的有用化学元素作为矿产提取出来。

因此，非矿向矿转化，从它的客观标准来看是自然界成矿过程；从它的主观标准，即主体性来看，包括人类需要、科学发展和技术进步，这些都是历史发展的过程，从而表现了矿产价值的历史性。

三、地球的"社会有用性"

从"关系"的角度讨论地球的价值，价值关系是双向的：一是地球物质、能量、信息和空间对人和社会的"有用性"，这是地球对人的价值；二是人和社会对地球的有用性，人和社会参与地球的创造，这是人和社会对地球的价值。我们认为，讨论人和社会对地球的价值，即"地球的社会有用性"是必要的。

1. 人类创造了"人类世"的地球：它的正价值和负价值

地球物质运动创造了人类。一方面，人类的产生和发展作为地球自然界的成就，是地球自然的发展、延续和完善；另一方面，人和社会作为一种重要的力量，作为地球发展和进化的一种新的机制，创造了新的地球——人类学的地球，或社会的地球，使地球进入新的地质时代——"人类世"时代。人和社会对地球的作用，维尔纳茨基称为"人的地质作用"，主要是以人的智慧和劳动，使生物圈进化为"智慧圈"。这是地球的社会有用性，人和社会对地球的价值，它具有"正"和"负"的两面性。

（1）人类创造地球的正价值。人类以自己的智慧和劳动创造了新的地球，从地质学的角度，创造了人类成因的岩石圈、大气圈、水圈、生物圈和土壤圈，这是区别于原始地球的新的圈层；从社会——生物学的角度，创造了城市生态系统，乡村生态系统，以及新的森林生态系统、农田生态系统、草原生态系统、沙漠生态系统、海洋生态系统、河流生态系统、景观生态系统，等等；从产业的角度，创造工业、农业、畜牧业、渔业和第三产业，交通运输业，等等。现代地球表面的种种建造、种种现象和人类的整个现代生产和生活，都是人类以地球为基础的创造。这种创造成果是，地球从生物学的地球变为人类学的地球、人类现代化的生活。它增加了地球的有序性，因而是创造地球的正价值，是地球自然资本的创造和增殖。

（2）人类创造地球的负价值。人类以自己的智慧和劳动改变地球的面貌，主要以科学和技术的力量创造新的地球。这种创造，除了增加地球的有序性，从而创造地球的正价值外，也带来环境污染、生态破坏和资源短缺表现的全球性生态危机，空气污染、水体污染、食品污染，生物和土壤污染，森林减少、草原退化、土壤流失，以及当前受到普遍关注的二氧化碳排放增加导致地球增温，等等。它表现为地球有序性减少，因而是创造了地球的负价值，地球自然资本消耗和减少。

2."灾害资本"，地球的社会有用性的一个方面

从灾害的角度研究地球价值，提出"灾害资本"概念。它主要表示：①灾害造成自然资本损失；②灾害造成社会资本损失；③社会和自然资本对灾害的救助和补偿。

2008年"5.12"汶川大地震造成惨重的人员伤亡和社会财产的严重损失，举国动员，以国家和社会的力量抗震救灾和灾后重建，社会资本在灾害中的作用受到学术界的关注，提出"灾区社会资本作用"的研究。

赵延东等发表《汶川地震灾区的社会资本状况分析》一文中，依据社会调查数据，从社会支持、社会参与和社会信任三个方面，对汶川地震灾区的社会资本水平及其变化情况进行全面分析，结果显示：地震发生后，灾区人民得到广泛的社会援助和支持。同时，灾区人民体现了强烈的社会参与精神，居民自发组织起来，积极参与救灾和灾后重建的各项社会公益行动。灾区群众的整体信任程度较高，与灾前相比，社会信任水平呈明显上升趋势。灾区人民的互助、参与、团结与信任，构成了重建家园时最可依赖的"社会资本"。在制定灾后重建政策时，充分发挥社会资本的作用，采取积极的政策措施，促进灾区社会资本的积累与发展。

文章认为，"社会资本"这一概念最早出现于社会学研究领域，指个体行动者从自身的社会网络中可以动员和利用的嵌入性社会资源，这些资源有助于行动者实现自身工具性行动或表达性行动的目标。我们主要从组织、群体和社会的宏观层次讨论社会资本的作用，将其定义为群体中表现为社会网络、规范和信任的特征，这些特征有助于减少人们合作的交易成本，提升集体行动的能力和水平[1]。总之，地球是生命有机体。它创造了地球的物质、能量、信息和空间资源，为人类的产生做准备，并创造了人类。人、社会和精神是它的最新创造、最新成就，又是它自身的发展、进化和展开。地球生命及其创造性，是它的内在价值。地球为人、社会和精

---

[1] 赵延东、邓大胜、李睿婕：《汶川地震灾区的社会资本状况分析》，《中国软科学》2010年第8期。

神发展提供物质、能量、信息和空间资源，是它的外在价值。地学价值论，是地球内在价值和外在价值的统一，又是地球自然价值与社会价值相互作用、相互依赖、共同进化的发展。

第五节 从"矿产价值论"到"城市矿山论"

工业文明发展消耗大量矿产资源，工业革命 300 多年以来，由于掠夺式开采，全球 80％以上可工业化利用的矿产已经被消耗掉，出现资源面临枯竭的形势。但是，根据"物质不灭原理"，它们转化为产品后，除了还在运转的设备，其中大部分以过去和现在的报废设备以及生产过程中抛弃的废弃物的形式保存在地球表面。也就是说，地球的矿产已从地下转移到地上，并以"垃圾"的形态堆积在人们周围，总量高达数千亿吨，并还在以每年 100 亿吨的数量增加。

依据矿产价值论，科学家在探讨资源危机以及报废设备再利用的经验时，提出"城市矿山"理论。他们指出，消耗矿产资源最多的发达国家，也是报废设备和废弃物堆积最多的国家。从矿产的再生利用的角度来看，它们是一座座宝贵的"城市矿山"，是比地下矿产更具开发价值资源，是俯拾皆是的"富矿"，它们迟早要取代地下矿藏。

大家知道，所有机电设备、电线电缆、通讯工具、汽车、家电、电子产品、军工产品等完成使用期后成为报废设备。而在生产它们时所排放的金属废料，大多数是可循环利用的钢铁、有色金属、贵金属等资源。如富含锂、钛、黄金、铟、银、锑、钴、钯等稀贵金属的废旧家电、电子垃圾等，它们都是可以重新利用的。例如，从 1 吨废旧手机中可以提炼 400 克黄金、2.3 公斤银、172 克铜；从 1 吨废旧个人电脑中可提炼出 300 克黄金、1 公斤银、150 克铜和近 2 公斤稀有金属等。相比之下，天然矿山虽然由于金矿品位不同，从每吨矿石中提炼出金子的数量有多有少，但通常情况下，开采 1 吨金砂仅能提炼出 5 克黄金。因此，就有人把"城市矿山"看成是高纯度优良矿山。也就是说，"城市是可回收金属的仓库"，是"城市矿山"。依据城市矿山理论，所有围城的垃圾，所有废弃设备，所有钢铁"坟墓"，它们是有价值的，是可以再生利用的。

日本东北大学选矿精炼研究所教授南条道夫最早提出"城市矿山"概念。他指出，城市里积累在电子电器、机电设备产品和废料中的可回收金属是"城市矿山"。据统计，日本国内黄金的可回收量为 6800 吨，占现有

中国资源战略的一场变革

总储量 42000 吨的 16%，超过世界黄金储量最多的南非；银的可回收量达 6000 吨，占全世界总储量的 23%，储量排名第一，超过储量世界第一的波兰；稀有金属铟是制造液晶显示器和发光二极管的原料，目前面临资源枯竭，日本藏量铟 1700 吨，约占全球天然储量的 38%，位居世界首位。铅 560 万吨，储量排名第一。锂、钯的储量分别为 15 万吨、2500 吨，储量排名分别为第六、第三位。日本虽然是一个资源贫乏国，但在工业发展中它大量使用世界金属资源，现在大部分积蓄在产品或废弃物中。这种积蓄的数量是巨大的，已经成为"城市矿山"。它比真正的矿山更具价值[①]。

日本是工业化发达国家，是利用世界资源先发展起来的，现在它堆积世界性的金属废弃物，成为"城市矿山"富矿区。从"资源再生"的角度，日本可以从资源贫乏的国家，变为资源丰富的大国。

在这里，"资源再生"的可能性或必然性均有哲学理论支持。依据"物质不灭原理"，人们开采出来和已被利用的矿产并没有消失，而是以产品的形式，或主要地以废弃物的形式，堆积在地球表面。也就是说，世界上已探明的主要矿产已经从地下转移到地上；它的不可再生的性质，由于人类活动已经变成具有可再生的性质。

例如，石油除燃烧过程消耗一部分，还有一大部分转变为塑料，之后可重新变为石油；各种金属转移到制成品或废弃物中都可以在产品完成它的使用周期后重新利用。因而，所有废旧物都是非常宝贵的资源。已有实践表明，废旧物资的再生利用，无论是拆解其原器件翻修再利用，或废旧物资提纯再利用，比矿产开采、选矿、运输、冶炼的效率（经济效益）高得多。而且这种做法比矿产开采、选矿、运输、冶炼过程所消耗的能源、水源和环境质量低得多，所排放的废弃物和造成环境污染又少得多。英国《经济学家》杂志发表"循环利用的真相"一文，文章说："从矿石中提取金属尤其耗费能源。例如，铝的循环利用最多能将能源消耗减少 95%；塑料的循环利用可以将能源消耗减少 70%；钢铁、纸张和玻璃分别可以减少 60%、40% 和 30% 的能源消耗。循环利用还可以减少引起烟雾、酸雨和河道污染的废弃物排放。"科学家说："如果能利用循环再生的原材料，就不用再花这么大的力气采矿、伐树或钻井了。"

如果按照工业文明的生产方式，必须用铁矿砂炼钢，制造工业产品，产生"垃圾围城"和"钢铁坟墓"是必然的。世界上堆积了数千万亿吨废

---

① 冯之俊等：《低碳经济的若干思考》，《中国软科学》2009 年第 12 期。

弃的钢铁，主要集中于发达国家。这些废弃物占用了大片土地或被丢弃于海洋，污染了环境，成为一个大难题。但是，所有在这些"坟墓"中长眠的"死者"是有价值的。它们是可以被回收利用的，但是由于那里劳动力昂贵，拆解回收是不经济的，难题只好放在那里。我们有丰富和廉价的劳动力，如果改用进口废旧钢铁炼钢，是不是可以改变局面？

　　这里的关键是价值观转变和思维方式转变。但这种转变是非常困难的：一是由于习惯的力量。人类中心主义和自然没有价值的观点作为主导人类行为的指导思想，它的全面实施已经很长时间了。它作为一种社会主导（或主体）思想，已经成为一种非常强大的习惯，一种非常强大的惯性力，超越或突破它是非常困难的；二是由于利益的力量。价值观的转变涉及许多人的利益，特别是社会主导势力——权贵阶层的利益。社会不同利益集团尖锐的价值冲突使问题非常复杂。这种价值观冲突是多维度的，从国家到利益集团再到个人，各种利益主体只顾自身利益、局部利益、短期利益，大家都追逐私利。长此以往这就成为惯常行为。当然，结果只能是大家的利益都受到损害，因为彼此利益是相关的、互补的，整体和长远利益才是第一位的。我们希望价值观有所突破，这是讨论新的资源战略的出发点。我们期望通过自然价值，地球价值，矿产价值的讨论，可以形成一种新的价值观，使事情会有所转变。

第五章

生 态 思 维

——资源再生的思维方式

  思维方式是以一定的观点思考问题的方式。现代人类思维依据的主要观点是：第一，现代主—客二分哲学，认为人是主体，只有人是主体，人以外的事物是客体。因而只有人有价值，客体作为对象没有价值，只是人利用和改造的对象。第二，现代思考问题的方法论，按照分析方法，实行还原论分析思维。这是一种非循环的线性思维方式。整个工业文明社会的成就和困难，以及它的出路，都可以用这种思维方式加以说明。"资源问题"有其思维方式根源，走出困境需要思维方式转变，从分析性非循环线性思维走向生态学整体性思维。

中国资源战略的一场变革

第一节　线性思维是现代资源产业的思维特征

　　所有人都以一定的观点思考（思想），形成一定的思考问题的习惯即思维方式。工业文明的思维方式是用还原论观点思考，是一种分析性思维方式，即现代科学的思维方式。培根和洛克总结和概括了自然科学的这种思考方式，创造了还原论分析思维，成为工业文明特有的思维方式，又称"形而上学"的思维方式。它"把自然界的事物和过程孤立起来，撇开广泛的总的联系去进行考察，因此就不是把它们看做运动的东西，而是看做静止的东西；不是看做本质上变化着的东西，而是看做永恒不变的东西；不是看做活的东西，而是看做死的东西。"[1] 这实质上是一种机械论的观点，是还原论的线性思考方法。这种思维方式的运用，在社会领域，制造了一个分裂、对立和纷争的世界；在科学技术领域，制造了一个学科分科和专业化不断深入的世界；在社会物质生产领域，制造了一个分工不断精细化的线性的世界。无论是在"资本"主导市场，还是"权力"主导市场的情况下，工业文明社会的两个主要因素的作用：一是资本增殖和扩张不受限制，二是权力扩张不受制衡。它们在自然资源没有价值的观点主导下，对资源的掠夺、滥用和浪费没有止境，从而出现"资源问题"，这具有必然性。它所遵循的思维方式主要特点是线性非循环思维。

　　工业文明的社会物质生产，以生产分工的高度专业化和分化为主要特征，创造了巨大的生产力。它推动机械化、电器化和自动化、社会化的大生产。这是生产力进步的表现。自动化流水线的生产工艺的创造和运行，生产了非常丰富的产品，创造了巨大的社会财富，丰富了人民的生活。但是，工业文明生产方式以还原论分析思维思考，遵循线性非循环思维，又有明显的弱点，导致自然资源的掠夺、浪费和滥用，出现资源全面短缺，以及废弃物和报废设备围城和大量堆积的现象。

　　现代资源开发利用的线性思维方式，在生产中的主要表现有如下三个方面。

---

[1]《马克思恩格斯全集》第 20 卷，人民出版社 1971 年版，第 24 页。

一、采用线性非循环的生产工艺

工业社会的物质生产遵循现代哲学还原论分析思维，采取线性非循环的生产工艺，发展线性非循环经济。它之所以可能并变为现实，是社会公认自然资源是没有价值的，它的使用无需付费，可以无限制地开采和免费使用。

工业生产为了取得最高额利润，实现财富最大化，需要采用最简便、最"经济"的生产工艺。它不仅最"省"，而且有最高的效率。但是，它必须有一个前提：自然资源没有价值，它进入生产过程可以不计算成本，无需付费，才能做到"省"。如果使用资源需要计算成本和付费，那么就是一笔极大的支出，就不能做到"省"了。

依据这种价值观和思维方式，现代工业生产的组织原则和技术原则是线性和非循环的。它的工艺模式是："原料—产品—废料。"这是一种线性的非循环的生产。虽然它很"省"又有很高的效率，但是，它以排放大量废料为特征。这种生产大量消耗自然资源、大量排放废弃物，是一种原料高投入、产品低产出、环境高污染的生产。但是现在，工业生产达到全球规模，环境污染治理和资源再生产已经是高投入的，因而它不再是"省"的，而是非常不经济的了。

科学家报告说："社会生产从自然界取得的物质中，被利用的仅占3%～4%，而其余96%则以有毒物质和废物的形式被重新抛回自然界。工业发达国家每人每年要消耗大约30吨物资，其中仅有1%～1.5%变为消费品，而剩下的则成为对整个自然界极其有害的废物。所有这一切造成了人与自然之间紧张的、而在多数情况下甚至是危险的情景；这种情景对于未来的人类文明无疑是一个巨大的威胁。"[1]

也就是说，工业文明的生产遵循线性思维方式的运行，投入物质生产过程的资源，只有不到10%转化为产品，90%以上以废弃物的形式排放到环境中。这是建立在耗尽资源、不讲效益和环境破坏的基础上进行产品生产。它的生产工艺不是"省"的，而是一种高度浪费型的工艺。它的物质生产是污染环境、破坏生态和损害资源的生产。在生产规模不大的时候它可以持续运行，但是当发展到全球工业化时，环境和资源无力支持，成为不可持续的。地球没有能力支持这种生产

---

[1] 弗罗洛夫：《人的前景》，中国社会科学出版社1989年版，第149页。

方式和技术形式的无限发展。

二、追求单一生产过程和单一产品最优化

工业文明时代的工业生产，只有一个目标，或最终目标，即资本增殖，实现利润最大化。第一，它排除社会目标，可以全然不顾社会，不顾他人，不顾后代，为了利润最大化，甚至可以以损害社会和后代的利益为代价；第二，它排除环境和资源保护的目标，完全没有环境和资源保护的考虑，没有保护环境和保护资源的投入，为了利润最大化，甚至可以以损害环境和资源为代价，以公共环境和大多数人的生活质量恶化为代价。

这样，它的生产工艺，遵循还原论分析思维，追求单一生产过程和单一产品最优化。这是有很高的效率的。但是大多数原料具有多种性质和多种成分，因而具有多种功用，在工业生产线上，为了单一生产过程和单一产品最优化，只能利用原料的极小的部分，而把绝大部分"多余的"作为废弃物排放到环境中。因为这种生产的前提是，自然资源没有价值，它的使用不要计算成本、无需付费，单一生产过程和单一产品最优化的生产，是最简便的生产，对于企业来说这是"最省"的，但它把损害转嫁给自然环境，转嫁给社会和后代是非常不公正的。

矿产资源开发正是如此。大多数矿产都是多种化学元素共生的，但是在工业文明的生产方式中，它的开发和利用只要一种元素。所以为了追求单一生产过程和单一产品最优化，只好把它的绝大部分作为废弃物排放到环境中。

例如我国的大矿——攀枝花铁矿，探明铁矿石储量 8.98 亿吨，其中主要伴生矿物有 TiO 5462 万吨，V 274 万吨。伴生矿占比率：Cr 占 0.13%，Cu 占 0.04%，Co 占 0.02%，Ni 占 0.018%，还有其他化学元素。攀枝花钢铁厂刚开始只用铁一种元素，把其他元素作为废渣排放。世界大多数钢铁厂为了单一生产过程和单一产品最优化，都是这样做的。据说，当年日本人曾出大价钱要买攀枝花钢铁厂的废渣去铺路。其实不是用于铺路，而是用来提炼其中的钛。钛是重要的军事和战略材料。全球 80% 以上的钛储量在中国。日本买中国的矿渣是提炼钛，再转卖给美国，支持美国对钛资源的战略需求。钛的价格高于铁几千倍，但中国当时没有掌握它的复杂的提炼技术。现在，攀枝花钢铁厂的综合利用，包括矿产元素综合利用、固体废物综合利用、余热综合利用产生了极大的经济效益和

生态效益。

三、分工精细化和生产与产品专门化

现代社会的工业生产，以分工精细化为特征，它提高了生产力和生产率。但依据还原论分析思维，生产分工精细化和生产与产品专门化已经走到了极致，一个巨型企业，一个巨大生产流水线，专门生产一种产品，甚至是专门生产一种产品的一个零配件或零部件。也许它有利于提高生产率，有利于实现利润最大化。但是，工人在流水线上整天只重复一个动作，不知道自己生产什么，也不知道在同一流水线上其他人在做什么。枯燥的重复单一工作致使工人不必关心他人和整个生产过程中生产的产品，认为自己已经如同流水线上机器的一部分。这样就导致工人的"异化劳动"。

也就是说，工业文明的物质生产，采用线性非循环工艺，分工精细化和产品专门化，追求单一生产过程和单一产品最优化，生产过程把大部分资源以废弃物的形式排放，不仅导致环境污染和资源浪费，而且导致"劳动异化"。它的两个主要行动是：一是把自然界作为可以随意索取资源的仓库，在发展经济的过程中，向大自然索取数量越来越大，种类越来越多的资源，实现经济按指数增长；二是把自然界当作可以任意排污的垃圾桶，向它排放数量越来越大、性质越来越复杂、对人和地球生态系统有毒有害的废弃物。这是一种粗放型、浪费型和低效率的生产方式，具有"反自然"的性质，表现了对大自然的掠夺性和破坏性。它损害自然、污染环境、破坏资源、损害工人健康。它是不可持续的，显然这种情况需要转变。

第二节 资源战略转变需要辩证思考

由于全球矿产资源面临枯竭和国内资源全面紧张的挑战，人类迫切需要一场资源战略革命。它需要在超越现代价值观的基础上，突破工业文明思维惯性，用生态学的思维方式，即一种有机整体性思维方式对待矿产资源问题。它包含非常复杂的方方面面，我们仅就自然资源的自然性与社会性，以及矿产资源的有限性与无限性问题进行分析。

中国资源战略的一场变革

一、自然资源的自然性与社会性

现在的地球是人类学的地球，或者以人类工业改变了的地球。地质学家认为，地球已经进入"人类世"新的地质时代。它同时具有双重属性：自然性和社会性。它既是自然科学（地球科学）研究的对象，又是社会科学（地学社会学）研究的对象；既要对它进行自然科学研究和评价，建立科学的地学自然观；又要对它进行社会科学研究和评价，建立科学的地学社会观，并把两者结合起来，建立科学的地球观和科学的地学观。

地球的自然性是不言自明的。地球自然界的物质和过程，包括地质和地理的，气象和海洋的；地球物质的物质属性，物理和化学属性，如物质元素的组成和结构、存在状况和运动规律，等等，它们都是自然的。它的过程的性质，如地球物理过程、地球化学过程、地球生物过程、地球生物—化学过程等也都是自然的。老子说："人法地，地法天，天法道，道法自然。"所谓自然资源就是地球上的物质、能量、空间和信息，它们都是自然而然的。

自然资源的社会性指人类通过社会物质生产改变了自然物的性质，使之具有社会历史属性。例如，人类开发利用矿产，通过勘探和开采，从地下挖掘出来，并作为原料进入生产过程，成为重要的经济因素，当然它仍然具有自然性，但同时具有了社会性，或它的自然性转化为社会性，是它的自然性与社会性的结合。

这样，"矿产和其他自然资源"，它不仅是自然概念，而且是经济概念、社会概念。我们不仅要注意它的自然方面，而且要注意它的社会方面，特别需要注意它们性质的相互转化，不能对它进行抽象的理解。

也就是说，所有自然资源，包括可再生资源和不可再生资源，它们是自然物质或自然过程，具有自然性。但是当它们被人类利用，进入社会物质生产过程，它们就成为经济资产，又具有了社会性。

同资源的自然性与社会性及其转化一样，"可再生资源"与"不可再生资源"的性质也是可以转化的。例如土地、水、生物、森林和草地等，它们的性质，我们从自然性方面理解，说是可再生的，常常忽视对它的珍惜、节约地使用；其实，当人们开发使用它时，便具备了社会性的性质，甚至由于过度开发，它的可再生性转变为不可再生的。例如，人们过度开发土地，如果土壤受到根本破坏，草原变成沙漠和荒漠，砍光森林植被，山坡上水土流失成了石漠，以及水源受到严重污染扼杀了水体生命，那么，这些可再生资源也就成为不可再生的了。这里，地球资源从自然性转化为社会性，损失了其可再生的性质。同样，"不可再生资源"如除地下水之外的地下矿产，我们从其自然性方面理解，说它是不可再生的。其实，在它的社会性方面，所有金属制品在使用之后都可以回收利用，所谓"资源再生"，这样它又变为可再生的了。这是地球资源之自然性和社会性的辩证法。

二、矿产资源的有限性与无限性

有限与无限，这是一对哲学范畴。世界物质是无限的，某种物质在一定的时空条件下是有限的。但是，无限由有限构成，无限不能脱离有限而存在；有限包含无限，有限体现无限，无数有限构成无限。因而，世界事物是有限与无限的统一。

在这里，我们不讨论哲学的有限与无限的理论，而是在现实世界资源面临枯竭与中国资源全面紧缺的情况下，讨论资源的有限性与无限性的性质，以及它在资源开发、利用、实践方面的具体分析，为确立有科学真理的资源战略提供理论支持。

1. 关于资源的有限性

这种说法是指在一定时空条件下，某种物质资源是有限的。科学家报告说，全球经济已经发出资源枯竭的信号：全球石油和天然气产量已经达到高峰，可采储量约55年；煤炭多些约两个半世纪；主要金属可供开采的年限，铜53年，铅21年，锌23年，锡41年，镍79年，钴67年，钨42年；稀有金属例如铟顶多还能用10年，白金则在15年内消耗殆尽。

也就是说地下可以开采的金属和能源等资源是不可更新的资源，其产量是有限的。实际上，包括可更新资源如水、空气、森林、草地和生物资源等也都是有限的，当今水源污染、空气污染和森林乱砍滥伐成为全球现象。这种现象导致了水源危机、环境危机、森林危机等，表明了上述资源是有限的。地球上只有被称为恒定资源的太阳能（在可预见的时间里）是无限的。

在一定时空条件下，某种物质是有限的，但是人类的需求是无限的。这是资源有限性的又一个表述。

2. 关于资源的无限性

这是关于资源的另一种说法。首先它指在宏观条件下，地球物质是无限的；其次指资源概念是发展的，有了需要并相应的技术发展，所有地球物质都可以转化为资源。物质有无限的属性和多样性，因而资源就具有无限性。地球上有无限的物质，表示资源的无限性。它有能力支持人类永久持续发展。

3. 资源与非资源相互转化，无限与有限相互转化

（1）自然资源的性质，之间是可以相互转化的。例如，石油、煤炭和天然气，它们被称为"化石燃料"，因为是古代植物光合作用积累的太阳能深埋于地下，作为工业发展的动力是非常重要的资源。因为其储量丰富，所以人们以为它们是无限的。但随着大量的开采，现在这些资源已经存量不多，从而变为有限的。这是需求无限相对于资源有限的表现。

（2）资源有限与无限相互转化。资源线性开发利用是有限的。资源非线性（循环）开发利用是无限的。例如，某种资源是有限的，但循环使用可以使其变为无限的；各种金属是有限的，使用后提纯再生可以重新利用变为无限的；石油、煤炭和天然气作为"化工材料"制成塑料，使用后可以重新变为石油，循环使之变为无限的。

又如，某种资源是有限的，但是人类的智力和智慧是无限的，科学技术和创新是无限的。大家知道，石油、煤炭和天然气作为燃料是有限的，但海里的氘和氚是无限的，通过核聚变能为人类提供无限的电力。

人类"资源"的概念是发展的。地球上物质是无限的，人类一旦有了需要，通过科学技术进步可以把各种物质变为资源。这是历史地发展的。例如，人类石器时代，石块作为材料是主要资源；1万年前农业产生，约5千年前，由于生产工具发展的需要，青铜器和铁器的发明和使用，铜、锡、铁成为资源；300年前工业化发展，石油、煤炭和天然气，各种金属非金属矿藏成为资源。又如，硅是一种非金属元素，地壳中它的分布很广、很丰富。岩石和沙子主要由硅构成，过去只作为建筑材料，后来用于制造硅钢等合金，现在制成高纯度的硅片成为半导体材料，有了广泛的应用。

值得注意的是，资源与非资源相互转化的辩证思考，对于制定资源开发利用战略具有重要意义。

第一，经济发展，许多资源转化为非资源，导致资源储量减少，这是不可避免的。我们对不可更新资源（矿产资源）的开发利用，需要通过科学技术研究提高资源利用效率，开发节约资源的工艺，减少消耗以延缓资源枯竭的到来；同时，通过科学技术研发，高新技术应用，发掘"替代资

源"。例如，开发合成材料代替金属材料；核聚变研究用氘和氚发电替代"化石燃料"；太阳能高新技术研发，使太阳能利用成为人类社会的主要能源形式，加速"太阳能"时代的到来等等。社会物质生产随着技术工具的不断进步，能源形式会发生变化；资源开发方向会发生变化，主要的物质材料会发生变化，人类"不会在一棵树上吊死"。

第二，资源向非资源转化有复杂的过程。地下资源通过开采挖掘，进入生产过程转化为产品，资源转化为非资源，产品完成服务期限后成为废弃物。按工业文明思维，这是资源使命的终结。但是，按照哲学物质不灭原理，依据生态学思维，这并不是作为物质的资源的消失，而只是改变了物质形式的存在，通过"资源再生"可以重新被利用。这是非资源向资源转化，是"资源再生"的依据。

据此，生态文明的工业设计，一是产品的有些器件是长寿命的，设计时要注意产品完成使用寿命后，这些器件有利于更新使用；二是产品完成使用期后，金属和塑料等许多物质通过回收可以再利用，设计要有利于"资源再生"。

第三，可更新资源的开发，生物资源转化为产品的过程，同样是资源转化为非资源的过程。这里有"资源再生"，以及向非资源转化的问题。特别要注意的是，可更新资源开发，要注意"生态阈值"，人类活动必须限制在生态许可的限度内，即遵循生态规律，以维持自然再生能力，保持可更新资源的持续性，否则可更新资源也可以变为不可更新的，例如过度开发土地和生物资源，出现荒漠化、沙漠化、石漠化现象。

第四，资源转化为非资源的一个特殊情况是，资源开发利用的"负效应"，可以称之为资源向"负资源"转化。这是资源的开发利用导致环境污染、生态破坏和资源短缺的情况。经济发展的进程表明，伴随经济发展（资源开发利用）而来的以环境污染、生态破坏和资源短缺的生态危机是一个普遍的问题，是影响人类可持续发展的严重问题。中国社会为了应对这种挑战每年消耗数以千亿计的人民币。为了减少这种支出，减少向"负资源"转化，我们呼唤工业生产的"生态设计"，实现从现代工业向生态文明的工业发展。当下它被称为发展"循环经济"。

三、自然再生力的无限性与生态阈值

生态生产力从植物光合作用开始，通过植物—动物—微生物的生产：

中国资源战略的一场变革

植物是生产者有机体，它的光合作用把太阳能转变为地球有效能量；动物是消费者有机体，消费植物生产的有机化合物；微生物是转化者有机体，分解转化动植物的分泌物和死体，再重新成为植物的光合作用的生命元素。这是一个不断循环运动的过程，一个生态系统物质永恒运动和循环的物质生产过程。也就是说，地球上生命产生，植物产生后开始具有自然生产力，它的光合作用把太阳能转化为地球表面有效能量，主要是把二氧化碳和水等生命元素变成有机物，供动物的其他生命享用，动植物生产的废物和死体，经微生物分解转化的生命元素，重新为植物光合作用利用。这是太阳能转化和地球物质永恒循环过程，也是地球生命物质生产过程。只要太阳继续发光，这个过程即"自然生产力"生产生命物质的过程就继续存在。

1. 自然再生力的无限性与人类活动的"生态阈值"

生态生产力，是生命和自然界物质和过程生产、再生产的能力，主要是植物光合作用的能力，这是一种自然再生力。只要植物和太阳能存在，这种能力就是无限的。但是违背生态规律的人类活动常常损害这种能力。也就是说，自然再生力是无限的，但人类活动可能对这种无限性造成损害，存在一种"生态阈值"。阈，指界限、限度或范围。

工业革命300多年来，人类活动对自然生产力的无限性产生重大影响，辩证思考自然再生力与人类活动"生态阈值"两者的关系，有助于我们确立新的资源战略。

我们以华盛顿的"母亲河"——POMATOC河的一个小岛为例。它叫"罗斯福岛"，是POMADOC河下游的河中央岛，约有10多平方公里。这里现在是次生原始森林的景观，高耸的乔木攀附着藤木以及灌木，有明显的分层现象，就是在湿地也布满植被有高大乔木、灌木和花草，显然这里的大树不是人工栽种的而是自然生长的。在这10多平方公里范围内，只有人工建设的步行小路，所有地方植被密布是很难进入的。科学家报告说，这个地方原来是农耕地，后来由于土地破坏而弃耕，之后植被自然生长，从草本—灌木—乔木生态演替为以乔木为主体，并有丰富的各种动物的典型的顶极森林生态系统。从大树的年轮判断，它只有100多年的历史。这种情况在人类社会早期是经常和普遍地发生的。那时人口较少，一个地方土地破坏后转移到另一个地方，自然再生力重建破坏的土地的生产力，反复弃耕，只要没有造成土地的根本性破坏，自然再生力就能重建自然生态系统。如果农业发展，反复弃耕，水土流失导致土地根本破坏，如出现石漠或沙漠化，完全损害了自然再生力。随着社会生产力的发展和人口的增加，更多原始土地被开发，当没有可以迁徙转移的地方时，这种情况就普遍发生了。

现在，在全球范围出现的土地破坏、森林破坏、生物多样性减少已成为威胁人类持续生存和发展的严峻问题。这时提出的"保护环境"、"保护森林"、"维护生物多样性"等问题的实质是保持自然再生力，即保护自然界具备的生态系统自身修复和重建的能力，本质上是保护自然物质运动循环再生能力，这就是人类活动的"生态阈值"。

2. 人类活动限制在一定的阈值内，资源才有无限供给的可能

肯定资源的有限性，人类对自然资源的开发利用，对自然再生力的开发利用就应该是受限制的。虽然自然再生力是无限的，但是我们必须牢记这种利用有一个阈值，即生态规律。超过这个阈值就会导致生态系统破坏，人类活动需要服从生态规律。

合理开发利用资源，当然首先需要一种合理的社会制度，一种公正平等的政治制度，以保证社会公平分配和使用自然资源及社会资源，保证后代拥有利用资源的机会，考虑生命和自然界的生态需求；需要一种合理的经济制度，以科学配置、高效使用和节约爱惜有限的资源。同时，需要注意有限资源的选择需求，把它用在最需要和合理的位置，以实现资源共享和保护。

在我们的论题上，合理开发利用资源需要服从生态规律。在人类文明史上，无论是物种多样性受损、近代森林和土地破坏还是现代生态危机，都是人类活动违背生态规律的结果。

"保护"，这是所有生命主体自身的机制，而不应该是他物所施加的。例如，这里的原始次生林，里面有许多倒木和枯枝落叶，旁边长着小树，它不需要人去打理，树木自生自灭，现在已经是顶极森林生态系统。它不需要人去"保护"，它自身具有修复和再生机制，是不断生长的系统，会自我保护。一旦需要人去"保护"，也许就是有问题了。

自然资源开发利用、"保护资源"最重要的机制是人类活动要符合、服从、遵循生态规律，以维护自然再生力，维护自然本身具有的再生产机制，保护自然本身具有的"保护机制"。

资源危机导致世界矿产资源面临枯竭，这已经是客观现实。它对人类可持续发展提出严重挑战。应对资源危机的挑战，除了发展科学技术、提高资源利用率减少资源消耗、发明资源和能源替代产品，还要改变生产方

式以节约资源、延缓重要资源枯竭时候的到来。从新思维的角度，值得注意的还有两点：其一，创造资源开发利用的新的模式。现代资源利用模式，是一种直进的线性非循环模式，矿产利用直进的发展没有无限性，是不可持续的，只有循环模式才是无限的。这就是"资源再生"模式。其二，资源开发利用向深度和广度进军。这就是"上天、入地、下海"，资源开发利用大战略。

第三节　发展资源再生产业，实现资源开发利用模式转变

现代工业化发展遵循还原论线性非循环思维，有限的不可再生资源，在线性非循环的生产和生活中，出现产品与废弃物、产品利用与报废等许多矛盾和问题。它制造一系列钢铁"坟墓"，这是必然的。上面我们指出，现在全球可工业化开采的地下矿产资源绝大部分已经开采完毕，它们从地下转移到地上，是以"废旧物资"的形态堆积在地球表面，成为一座座废物"坟墓"。如果仍然遵循线性非循环思维，它们在生产中完成使命后就成为废弃物，只好永远地待在"坟墓"里。这是没有办法的。但是按照新的看法，它是"城市矿山"，是有开发利用价值的，开发城市矿山是未来资源开发利用的主要途径。这是矿产价值观的转变，也是矿产资源利用思维方式的转变，将促使资源战略的转变。新的资源开发利用模式的产生会使资源真正走上它的可持续发展的道路。为此我们需要生态学的思考。

一、汽车"坟墓"和汽车文化的新生

我们首先以汽车文化为例。汽车产业是钢铁、石油、橡胶和各种电子产品最大规模利用的产业，又是推动经济——社会发展最重要的产业。许多国家把它列为支柱产业。这种发展催生出一种"汽车文化"。这具有必然性。具体来说，其一，汽车制造作为经济发展的支柱产业，它推动钢铁工业、机器制造、石油化工、自动化和电子信息事业发展，以及推动高速公路等基础设施建设，成为推动经济增长的支柱；其二，既满足人们方便快捷出行，希望拥有私家车的需求，又推动巨大消费及汽车制造业的发展。所以汽车文化的出现是必然的。二战后，美国最早实现人均一辆汽车，形成全球最完善的汽车文化社会。

第五章　生态思维

2003年,我国工业化发展进入高速期,成为世界第四汽车生产国和第三消费国,"汽车带来巨大商机"。1998年,为了迎接北京奥运会,北京提出"北京的经济发展以汽车为支柱产业,以汽车生产带动北京的经济腾飞。"《生态安全》一书中,作者从大气安全的角度对此提出疑问:北京现在有必要以汽车为中心产业吗?首先,汽车产业是严重污染环境的产业;其次,汽车作为主要的交通工具,造成严重的空气污染,会使城市大气从"工业—燃煤型"变为"汽车尾气型",也会带来难以解决的大气安全问题。北京的环境承载能力能支持越来越严重的汽车尾气的污染吗?最后,会出现越来越严重的交通堵塞现象。

北京能够以汽车来解决交通问题吗?北京现在有210万辆汽车,交通堵塞已经是有车族感到十分头痛的问题,有没有别的办法,如发展轨道交通作为主要的交通工具,解决公众出行的问题?或者,堵车的问题可以通过建设更多和更好的道路系统,以及更科学的交通管理与管制加以解决,但是,汽车产业是资源高消耗的产业,它的运行需以汽油为动力,美国的经济发展以汽车为中心产业,现在平均一人有一辆汽车,耗费美国全部燃油的一半,成为最主要的污染源。这被美国科学院院士、化工学会主席丹那奥斯廷评价为:"美国经济被绑在汽车轮子和石油的基础上,已经没有希望了"[1]。我们有必要学习美国吗?我国有这样的资源承载能力吗?这是一种惯性思维的表现。用工业文明的思维,必须按发达国家的经验,并以工业文明的做法,发展汽车产业,并以汽车消费推动经济发展,即使"汽车文化"已经过时,仍然必须这样做。现在,北京已经拥有400多万辆汽车,正在形成像美国一样的"汽车文化"。它推动了北京的经济发展,但是也带来能源、空气污染、交通堵塞等种种问题。

发达国家的汽车由于大修成本过高,平均行驶8万公里便报废,迅速出现汽车"坟墓"是必然的。虽然我国的汽车经过"劳动密集"的维修和翻新,平均可行驶50万公里,但是它们最终也会报废。中国的汽车"坟墓"已经在许多地方出现。

也就是说,汽车文化和随后的汽车"坟墓"都以不依人的意志为转移的方式出现了。如何处理汽车文化的不良后果?如何处理汽车"坟墓"?按照线性思维,汽车已经报废了,只能让它自然锈蚀,即使污染环境也在所难免。但按照新思维,汽车报废了却仍然具有价值,而且保护环境非常

---

[1] 腾藤在"B模式:拯救地球　延续文明"座谈会上的发言,《生态经济通讯》2004年第3期。

重要，要以有利于环境保护的方式开发利用汽车"坟墓"的价值。

汽车文化的发展消耗了全球30%的钢材、60%的橡胶及大量贵重原料。若使用资源再生的方法，这些汽车报废后可以变为巨大的资源宝库。一部报废的汽车由200多种不同成分、10000多个零部件组成。通过汽车拆解和再生利用的流水线起到三大作用：①它的电子元器件和许多其他零件还未超出使用期限，经拆解整修后可以继续使用。②钢铁回炉后重新使用。③塑料、橡胶等材料全部可以回收利用。这样就会变废为宝，开发汽车"坟墓"，实现汽车文化的新生。

二、"城市矿山"开发和钢铁"坟墓"新生

"城市矿山"，不仅是汽车"坟墓"，还有舰船"坟墓"如航空母舰"坟墓"、飞机"坟墓"等，它们比汽车有更多、更加先进可靠、远未达到使用期限的零部件是可以拆解后重新使用的。它比汽车有质量更高的钢铁、塑料、橡胶和其他材料，也是可以回收利用的。许多其他设备报废以后，可以回收钢铁和其他金属，例如，报废的电子产品，废旧家电富含锂、钛、黄金、铟、银、锑、钴、钯等稀贵金属，一台21英寸电视机的阴极射线管会有约1公斤的铅，如果按照500万台的彩电报废量计算，中国彩电仅铅污染就有5000吨。中国约9亿人持有手机，平均每15个月更换一部手机，且绝大多数的旧手机都成为垃圾被随意丢弃，仅有1%的旧手机被回收。废旧手机的显示屏、电路板以及电池等关键部件中含有大量金、银、钯、铬、钴以及镍等稀有金属，是"城市矿山"中的富矿。

虽然"城市矿山"的开发有许多困难，例如工业文明生产方式惯性、价值观和思维方式惯性、经济生产中社会体制惯性、社会权贵阶层维护既得利益的惯性等等，只有突破这些惯性，钢铁"坟墓"的新生才是可能的。

三、矿业城市转型与"死城"新生

300年工业化发展，一些以钢铁工业为核心的城市或资源型城市，成为了世界知名的城市。但随着产业转移或资源枯竭它们开始逐渐地衰落。例如美国名城底特律，英国的利物浦和曼彻斯特，沦为"鬼城"，世界钢都美国匹兹堡的钢铁业已永久停产。我国也面临这样的形势，资源型城市，中晚年期的矿城占矿城总数的80%，濒临资源枯竭的衰老型矿城47

座，占矿城总数的12%。它们面临非常严重的挑战。以线性思维来看，它们会衰落成为"鬼城"，并终归"死"去，但是换一个角度思考，它们重新焕发生机也是完全有可能的。

美国报道，汽车城底特律，自1950年以来人口已经减少1/3，而且还在继续减少，它在不断萎缩中；有100年历史的世界钢都匹兹堡的钢铁业已永久停产，它造就了一个几百平方公里的钢铁"坟墓"；英国工业城市利物浦和曼彻斯特，也面临同样的命运。

美国华尔街分析师惠特尼曾预言，超过100座美国城市，由于债务危机，可能在2011年破产，例如，"底特律已开始削减警力，减少照明、道路维修和道路清洁服务，近1/5的人口受到影响。随着美国汽车业的衰落，底特律缺乏足够的财力来为90万城市人口提供服务。"[①]

中国云南个旧和东川，是由于矿业开发而兴起的矿城，是156项重点建设工程中的工业基地，分别有45.3万和30.2万人。个旧称为"锡都"，它累计开采有色金属192万吨，其中锡92万吨，实现利税53.3亿元；东川是"铜都"，它累计开采铜48万吨，银156吨，创造价值100亿元。现在，东川因可采的浅部矿和富矿资源枯竭失去了昔日辉煌，呈萧条景象，已经撤市改区；个旧因探明可采储量仅能维持5年，面临"矿竭城衰"的威胁[②]。世界上所有矿城，包括部分工业城市，面临两种命运：或随着资源枯竭而"矿竭城衰"缓慢地消亡，或在转型中获得新生。

北京"首钢"新生。首都钢厂，是具有90多年历史的现代化"钢都"。它为中国基础设施建设建立了不朽的功勋。但是，它处于北京上风上水之地，对北京环境有非常严重的影响。2005年国家批准首钢外迁方案，现在已迁至河北曹妃甸建新厂。国家投资曹妃甸作为新的"首钢"，2009年已经投产，年产钢970万吨，铁898万吨，钢材913万吨。

北京市政府主导，在首钢旧址兴建首都功能城市，发展文化创意产业，为高端产业发展创造机遇，建设商务区。重点发展数字娱乐、工业设计等高端产业，商务、金融、大型展览馆等生产性服务产业；电子信息、节能环保、新能源（中国绿能港）等高技术产业和高端制造业；休闲娱乐、特色餐饮、动漫游戏城；首钢工业遗址主题公园等。现在一年实现产值1500亿元，为首钢的3倍。一个现代化新城正

---

① 《美国100座城明年恐破产》，《北京晚报》2010年12月27日。
② 《朱训论文选：政策建议卷》，中国大地出版社2010年版，第235页。

在迅速形成中。

世界矿城新生也有许多成功的例子。例如德国鲁尔，由于有丰富的煤炭、铁矿等资源，二战后欧洲重建和经济振兴带动了鲁尔区的繁荣，使它成为德国最重要的工业基地。20世纪60年代开始，由于当地煤炭储量下降和开采成本上升，在全球产业革命浪潮的冲击下，鲁尔区逐渐走向没落，不得不接受转型，在大规模财政拨款的支持下，接受从重工业城到文化休闲基地的改造的命运。现在，鲁尔成为德国著名的旅游区，游人可以在钢铁车间里听摇滚乐，在生产线遗址边喝咖啡，甚至在炼钢池改造的游泳池里游泳。又如，位于英国泰晤士河下游河畔的伦敦码头区，工业革命后发展起来，成为重要的港口工业区，于20世纪30年代中期发展达到顶峰，有10万人从事与港口相关的工作。20世纪60—70年代，码头区走向衰落。1980年，英国政府实施"码头区发展公司规划"，将它划为自由经济区，一方面极力确保区内已有的公司不会被迫迁走，同时鼓励和支持服务业迁入码头区，大力发展会展、酒店、零售及娱乐建筑，大力发展银行、金融和保险业。为此，政府专门增设一条贯穿半城的轻轨，并可与伦敦地铁换乘；把一些临河的老式房屋改造为咖啡厅或文化馆。也就是说，大力发展服务业，通过对原有建筑的内部改造，让衰落的港口工业基地获得新生[①]。

四、资源开发利用模式转变

工业文明的发展中，矿产资源的不可再生性，资源生产采用"矿产—产品—废弃物"的线性生产模式，它不可能是持续的。世界资源枯竭和资源全面短缺是必然的。通过开发"城市矿山"，利用汽车"坟墓"、飞机"坟墓"、舰船"坟墓"、电子产品"坟墓"、轮胎和塑料"坟墓"等等有用材料，实现资源的再生利用。这是一种新的"资源开发利用模式"，实现资源再生利用或循环利用。

这也就是生产方式转变，从现代工业化生产向生态化生产转变。用模式表示，这是从"矿产—产品—废弃物"的生产方式，向"矿产—产品—资源再生—产品……"的生产方式转变，循环经济的生产模式转变。只有实现这种转变，我们的经济生产和社会发展才是可持续的。

---

① 贾中山：《首钢老建筑能留下多少》，《北京晚报》2010年12月20日。

也就是说，按新的思维方式，资源开发从"资源开采型"到"资源再生型"转变，是现实的需要。"资源再生"是资源开发的新途径，将为人类矿产资源利用提供无限的可能性。可再生资源开发利用的情况也大致是这样。它是一种同时实现经济发展和环境保护的可持续发展的新模式。

据 2002 年我国进口"废旧物资"统计（估算）：废钢 600 多万吨；废铜 300 多万吨；废铝 100 多万吨；废塑料 600 万～1000 万吨；废纸 700 万～800 万吨；废船 200 万吨。以上共计 2500 万～3000 万吨。其他非正规渠道进口各种废旧物资，约 1000 万～1500 万吨。这只是一个极小的数字。发达国家每年有 40 亿吨废旧物资产出。如果我们运用新资源战略关于资源转化和资源再生的理论，只要开发这种废弃物资源的一部分，对我国经济建设和生态安全就会具有重大意义[①]。具体来说有以下四点。

1. 减少污染，有利于生态环境保护

经专家计算，每回收利用一吨废旧物质，可以减少 10 吨垃圾；回收利用一吨废弃农膜或其他塑料，可以提炼汽油 700 公斤；每回收利用 1 吨废钢铁炼钢，可以节省各种矿石近 20 吨，可以节约近 4 立方米木材、烧碱 300 公斤、电 300 度。回收废旧电器和废纸等，比开发原生材料更有利于减少污染、减少资源耗用。

2. 节约资源，有利于解决资源和环境问题

如果我国每年能取得发达国家 40 亿吨废旧物资中的 10%，即 4 亿吨，按平均每利用 1 吨再生资源可节约原生资源 120 吨，少产生垃圾和废水 10 吨计算，每年可节约包括水、煤、石油、森林、矿产等原生资源 4800 万吨，少产生 40 亿吨垃圾、废水，可以大大节约我们的原生资源。

我国有些有色金属资源短缺，每年从国外进口大量的铜、铅、锌、氧化铝等矿石。这样，在冶炼过程中，不仅花费大量能源和其他资源，而且把大量矿渣和污染留在国内。其实，这些金属可以从废旧电器的回收中获得，而且可以大大降低成本和减少污染。例如，我国烟台的招远是著名的"金都"，每吨矿石可提取 10 多克黄金，但加工废旧电器，每吨可提取 50 克黄金和其他贵金属，成本不到冶炼金的 20%，这样既节约了自己的资源，又减少了几十倍的污染，减少进口矿石的费用，创造更多的效益。

---

① 刘向群：《建立循环经济，发展资源再生产业》，北京"天地生人讲座"第 562 讲，2003 年 11 月 1 日。

3. 解决就业和农村劳动力的出路问题

以塑料为例。每一个直接拆解的工人所拆解的塑料，需要配套 10 个工人对其拆解物进行加工，还要有工人参与运输、仓储等。仅"再生资源回收利用"这一个行业就存在 1 亿个就业机会。每利用一吨进口废旧物质，以解决 0.1 人的工作、增加产值 3000 元、产生利润 500 元计算，进口 4 亿吨废旧物资，可以解决 4000 万农民就业，增加产值 1.2 万亿元，获得利润 2000 亿元，为农民创收，这是解决"三农"问题的途径之一。

4. 节约生产成本，有利于经济建设

从进口废旧物资提取原材料，与进口矿石或用自己的资源比较，可以大大节约资源和节约成本，特别是减少环境损害及其治理费用。

总之，工业文明时代，依据矿产资源没有价值的观点，遵循分析性线性思维，采用"矿产—产品—废弃物"的生产模式，以排放大量废物为特征，把资源的绝大部分作为废物排放，导致资源短缺和资源危机，出现矿产资源开发利用不可持续的形势。生态文明时代需要超越这种线性非循环模式，依据矿产资源有价值的观点，遵循生态学整体性思维，创造"矿产—产品—资源再生—产品……"的循环生产模式，通过"资源再生"实现地球资源可持续的开发、利用和保护。这是我们关于资源战略研究的主要结论。

从矿产资源的自然性与社会性、矿产资源的有限性与无限性的辩证思考，实现资源开发利用模式转变，我们的资源战略主要是向两个方向发展：一是建立全球物资回收系统，参与资源再生的国际大循环；二是"上天、入地、下海"开发无限的地球资源，向资源开发的深度和广度进军。

第四节 参与资源再生的国际大循环

全球资源面临枯竭的世界形势下，中国作为工业化后发展国家，现在被称为"世界工厂"，工业化迅速发展，并不断扩大对资源的需求，在自身资源供给不足的情况下，不断扩大国外资源进口，中国面临非常严峻的资源形势，主要的问题是：第一，制造业的发展致使中国每年消耗 60 亿吨矿产资源，成为资源消耗第一大国。资源全面短缺，同时资源利用效率低、存在严重的浪费和滥用。第二，中国自身资源供给能力不足，需要大量进口原材料以补足，不仅被扣上"资源殖民主义"的帽子，而且面临严重的资源价格歧视，如铁矿石价格上涨了 400%，国际原油期货连续创下近 30 年来历史新高且已达 100 美元，铜价也翻番上涨。除了铁矿石、石油，还有铜、铝等，几乎所有中国需要的资源类商品的国际市场都在疯涨，造成了我国严重的经济损失，2011 年仅石油价格上涨我国就多花了 600 亿美元。第三，关于"谁来供应中国"的问题。实际上，地球已经探明的矿产资源大部分开采完毕，而且现在世界上没有任何国家有能力支持中国的资源需求。为了应对资源形势的严峻挑战，除了加快科学技术发展、提高资源和能源利用效率，加快生产方式转变、克服浪费和滥用资源的现象，最根本的出路是转变资源战略和创新资源开发利用的新模式，建立全球资源再生系统，参加资源再生的国际循环。

一、开发国际"城市矿山"

世界工业化率先在发达国家兴起，他们首先利用了世界资源。相应的，发达国家线性形式的工业化高度发展，以及高消费和高废弃的生活方式达到最高水平，他们的报废设备和废旧物资堆积，形成汽车"坟墓"，飞机"坟墓"，舰船"坟墓"，轮胎"大山"，钢铁"城市"，塑料"矿山"等等，这些主要集中于发达国家。在发达国家中，废弃的石油钻井平台，压成饼子的报废汽车，堆成山的废旧轮胎和渔网到处存在。这都是可回收再利用的资源，有无限的贵金属、金属和石油制品等非金属。例如，1 吨废线路板可提取 400 克黄金，是世界上最富的金矿；回收 1 吨塑料可节约 4 吨原油。参加国际"城市矿山"开发，通过全球物资回收系统，参与资源再生的国际大循环，是解决我们的资源问题的重要途径。也是一个重大的战略机遇。

1. 发达国家没有能力开发"城市矿山"

现在全球废旧物资虽 85% 都堆积在发达国家，但是他们的工人工资水平高、劳动力昂贵，拆解回收报废设备和废旧物资成本太高。例如，美国工人的一小时工资大概是 10 美元。他们完成产业升级后，作为低端产业的废旧物资回收已经基本停止，资源再生困难重重。而且，对于发达国家来说，不仅拆解的人工成本太高，同时本国的制造业已经转移海外，不需要这种高成本的再生资源。

我们以渔网的织造与废弃为例。全球织网业每年使用的聚酯消耗 1000 多万吨石油。由于织、补渔网属于密集劳动，因此，全球大部分渔网都在中国生产。发达国家进口的中国渔网破损后，由于劳动成本过高，无力修补和再生，为节约成本，他们的渔船往往将废渔网直接丢弃在海里。现在，全球制网业处于一个"石油—渔网—废弃"的线性状态。丢弃废旧渔网，导致赤潮泛滥和海难频频发生。最近俄罗斯潜艇被日本的废渔网缠住，就是一个例子。或者采用焚烧、填埋办法，造成严重的污染和浪费。中国出于对"洋垃圾"的顾虑，严禁回收出口的废旧渔网。如果允许回收出口的废渔网，具有强大修补和再生能力的中国制网业，回收率会接近100%。一旦形成渔网—废弃—再生渔网的国际大循环，不仅每年可以为人类节省1000万吨石油，而且还能解决十几万人的就业。而利用废渔网的环境治理成本，仅为利用石油资源的1/10。目前，走私进口的日本废渔网已经卖到每吨7000元（人民币）。在河北徐水长达10公里的"拆车一条街"，人们将包括海南、新疆等全国各地的报废车，以及建筑、运输、工业等设备运回来，用蚂蚁啃骨头的方法回收到每一颗螺丝钉，甚至连碎玻璃、废机油都得到了充分回收。

2. 中国有条件、有能力开发国际"城市矿山"

现在的中国以"世界工厂"的名义，以"MADE IN CHINA"的形式支持主要发达国家的消费。但是，出口产品却基本上有去无回，不仅造成每年数亿吨珍贵资源的流失，而且需要靠大量进口矿产资源来补充，这些第一性资源消耗把环境损害和大量废物留在国内，大量进口国外矿砂，等于大量进口污染。例如，进口1万吨铜矿，就有8500吨高硫、高砷，以及对生态环境危害极大的矿渣会永远留在中国；加上运输、选矿、冶炼大量消耗水、煤、油、电，能耗、环境代价极其沉重，洗1吨矿就要污染100吨水。

专家指出，我国以世界"加工车间"或"世界工厂"的身份出现在全球舞台，有大量物资出口，但每出口10个集装箱货物就有6个空回，资源"透支"达60%。如果用这些空回的集装箱，运回国外的废旧物资，可以取得巨大经济利益。现在，每年出口的4亿吨产品却有去无回，不仅造成价值十几万亿的珍贵资源被丢弃在境外，而且还要向进口国缴纳高额处理费。如能回收废旧物资，等于每年为中小企业提供了4亿吨金属、塑料、橡胶等廉价原料；节约矿产资源10亿吨；同比利用矿产资源节能减排80%；中小企业的成本可降低30%；收入可增加20%。

例如，"电子垃圾"因为电子产业的"拆解"和"组装"程序需要密集劳动，这就最能发挥我们的人力资源优势。大多数电子元器件寿命为50万小时，而发达国家的电器更新快，其中的元件平均只用了2万小时，正处于"最佳时段"。而拆解这些元器件主要靠手工,发达国家不仅无法回收,还要平均每台补贴 20 美元去销毁。中国的东南沿海地区,通过密集劳动,不仅能回收未达到使用期的电子元件,而且能将废旧电器回收到每个焊点,彻底报废的电器拆解成单一成分后,仍可成为廉价原材料。

有的学者指出,我们有条件从国外回收废旧物资,已经研制拆解、加工等一条龙式的资源再生产技术。回收这些国外废旧物资,不仅不需要支付购买价格,当地政府还会"倒贴"补偿金。因而,一旦形成"产品—废弃—再生产品"的循环经济,不仅可实现资源的收支平衡、减轻冶炼矿石造成的污染、保持经济的可持续发展,而且还可使发达国家需要重金处理的垃圾成为珍贵的资源,每年至少可获得 8000 亿美元的"再生红利"和"环境红利"。

3. 中国已经积累开发国际"城市矿山"的经验

参加开发发达国家的"城市矿山",我们已经有成功的案例。根据相关报道,"江苏省张家港市丰立集团有限公司,是目前国内最大的进口废钢铁配送基地,原国家环保总局认可的唯一进口废钢铁经营单位,每年进口废钢铁达 80 万吨,同时还收购一部分国内的废钢铁,然后配送到沙钢、宝钢、苏钢、武钢等企业使用。"①

资料显示,我国东南沿海已基本上形成一个资源再生模式:每增加 1 万吨进口废旧物资,就增加就业 1000 人,节约原生资源 120 万吨,少产生"三废"10 万吨,节电 1000 万度,增加产值 1 个亿。此模式可表述为:"廉价再生资源+廉价二手设备+廉价劳动力=廉价产品"的电子产业模式。利用东南沿海劳动力低成本优势,制造一只防风打火机,广东的售价为 6 元,日本出厂价就超过 60 元;广东售价 500 元的 dvd,日本出厂价就超过 3000 元,这其中包含巨额利润。

二、突破"洋垃圾"的紧箍咒

我们在"洋垃圾"紧箍咒下,建立全球物资回收系统,参与资源再生的国际大循环举步维艰。这是资源战略面临的严峻挑战。"洋垃圾"指国外废旧物资,被严禁进口。《中华人民共和国刑法》第 155 条规定:"逃避

---

① 刘向群等:《改变世界的"垃圾"革命——论生态文明取代工业文明的必然性》,学苑出版社 2009 年版,第 125 页。

中国资源战略的一场变革

海关监管将境外固体废物进境的将以走私罪论处，依法追究刑事责任。"这是一套"紧箍咒"。中国物资再生协会副秘书长姚仲永分析说，"仅仅一个错误称呼就可能迷失了中国资源战略选择的大方向。"

由于对"洋垃圾"恐惧，美国、日本等发达国家高消费后形成的汽车"坟墓"，轮胎"大山"，钢铁"城市"，塑料"矿山"等废旧物资，被拒之门外。早在1996年，我国就出台了《固体废物污染环境防治法》，指出要严格管理可以用作原材料的固体废物的进口。2000年1月24日国家环保总局在《关于第七类废物进口的通知》中公布，从2000年2月1日起，由国家环保总局通过的用于进口的第七类废物不应包括电脑、显示器、阴极射线管、复印机、微波炉、空调、摄像机、电视机和显像管等，从2002年8月15日起，外经贸部、海关总署以及国家环保总局共同发布的禁止进口废旧电器及其零部件的新法规《中国资源综合利用》开始实施。限制对象主要包括空调、电冰箱、电脑类、电视机、录像机、印刷电路板、医疗设备，以及上述商品的零部件和破碎片等。同时还有废纸张、废轮胎、废电器、废渔网、塑料瓶、纺织品、轮胎等。

但是，有关调查发现，尽管环保部门一直不遗余力地对废钢铁、废塑料、"电子垃圾"等的进口给予限制和打击，但是一些地区依然以各种形式进口、利用和加工"电子垃圾"，形成了从"废旧"到"商品"的产业链。例如河北正定的束鹿村，就以加工废塑料为主，从业者达2000人，创造产值达5000万元。他们的经营模式是：以户为单位，投入不足万元的设备，将进口废塑料分拣、造粒。一台机器可以每天加工1.3吨，每台机器配备5个劳动力，年收入10万元，村的产值超过千万。金属再生产业，从大量进口废五金的沿海地区向内地辐射，形成了专业化的再生金属加工区；如河北正定，浙江永康，广东南海，河南郑州的再生铝；天津静海，浙江宁波、温州的再生铜；安徽泰和的再生铅等。这些加工区域的从业人员占了当地劳动力的60%。这些自发形成的、专业化的再生产业"园区"和专业化公司，几乎都是当地的富裕"大户"。又如浙江台州，早在2001年就进口"废五金"100万吨，获得钢铁50万吨，硅钢片20万吨，铜10万吨，铝5万吨，不锈钢5万吨，塑料5万吨。金属再生的规模化企业中如河北立中有色金属，浙江万泰铝业，力士达铝业等公司，都是产值逾亿的纳税和就业大户。另一个事实是，这些"大户"因为规模大，专业化程度高，其拆解、加工流程中基本实现了环保达标的目标。浙江有关部门负责人感慨地说：没有任何金属矿藏的浙江，却成为产值超万亿的"五金机电"出口大省，再生产业功不可没。但是这些"大户"的经验和现状并不能否认"黑名单"地区仍然存在的污染事实。在"污染现实"与"资源梦想"之间，在"电子垃圾黑名单"变身"再生产业样板"之间，国家政策法规改变成为重要的期待。

三、参加全球物资回收系统

为实现我们的资源战略目标——生态第一，以保护我国环境和资源的可持续性，惠及广大人民的利益第一的原则，保留子孙后代开发利用资源的机会，中国需要通过参加全球物资回收系统，以资源再生的方式解决资源供给的问题。

例如，首钢搬迁后于2010年全部停产，同时曹妃甸钢厂全部投产。它的铁矿石主要来自墨西哥和澳大利亚，为了保障供给，我国为秘鲁铁矿投入7亿~10亿美元建厂，在澳大利亚吉普森山铁矿公司已经拥有40%股份的基础上，进一步增持股额。但是我国仍然受制于世界三大铁矿业：力拓、必和必拓和淡水河谷。铁矿石价格一再涨价。

首钢新厂——曹妃甸钢铁厂，现在主要从澳大利亚、秘鲁等地进口铁矿石，为了保持稳定供给，首钢继续增持澳大利亚铁矿的股份，扩大秘鲁铁矿的生产规模。据2012年5月24日出版的《澳大利亚商业周刊》最新统计，澳大利亚矿业大亨莱因哈特的个人资产一年来翻了3倍，激增至291.7亿澳元，跃居为全球女首富。2012年7月21日的《澳大利亚人报》中发表的澳大利亚议员马尔科姆·特恩布尔的文章说，"应把中国和平崛起当作机遇来欢迎，而不是当作威胁来遏制。我们一直在向中国销售煤炭和铁矿石。许多人认为，我们可以让中国做我们最重要的出口市场，让铁矿石价格上涨了四倍的中国繁荣将永远持续下去，而我们也因此傍上了一台永不停止的增长机器。"

事实上，钢厂用进口铁矿石不仅会扩大支出、消耗宝贵的外汇，而且也是有风险的，此举会输入严重的环境损害。实践表明用铁矿石炼铁和用废钢铁再生相比，它的水源和能源消耗要小得多，而产生的环境污染则要严重得多。

针对参加全球物资回收系统解决我国资源供给问题，就如有的学者指出的：中国走上再生产业的"海外淘金"时代——建立畅通的全球物资回收"绿色通道"，或"全球物资回收系统"，这是建设物质生产的"静脉系统"。它将为我国提供80%的原材料,解决数以亿计的就业,减少数百亿吨的废弃物排放。这是大有可为的。

第五节 "上天、入地、下海",开发无限的地球资源

上面我们说到,地球物质是无限的,资源概念是发展的,一旦有了需要并有相应的技术发展,所有地球物质都可以转化为资源。这是资源无限性的依据。地球有能力支持人类持续发展。为此,我国科学界提出的"上天、入地、下海"的资源发展战略。

一、发展航天技术,从太空探索中实现更大的利益

航天技术发展,首先是受军事和政治利益驱动。同时,它为人类可持续发展提供资源也正在受到重视。美国亚利桑那大学月球和行星实验研究所的约翰·刘易斯教授说:"如果我们认为我们的资源正在耗尽,我们需要抬头向上看。"他计算后认为,在太阳灭亡之前,小行星的资源足以养活几十亿人[1]。

太空探索涉及人类生活的方方面面,正在为提高人类的生活水平和生活质量服务。例如,在解决人类所面临的人口、粮食、能源、资源和环境等可持续发展问题方面,它发挥着重要作用,为实现人类可持续发展服务[2]。

在解决人口问题方面,发射通信卫星,卫星电视教育——远程教育的发展,为培养中小学教师和提高广大劳动者的素质,发挥了越来越重要的作用。它为偏远地区,经济欠发达的地区的孩子提供识字受教育的机会,对提高人口素质具有重要的作用。

在解决粮食问题方面,空间育种已开始实践应用。农作物种子经太空微重力、强辐射、超净、高真空和低温环境的作用,发生有益于人类的遗传变异,从这些变异中可选育出高产、高质和抗病虫害的优良品种。我国用返回式卫星搭载农作物种子,已培育出水稻、小麦、玉米、青椒、西红柿、黄瓜、西瓜等良种,增产20%以上。用卫星为喷洒农药的飞机导航,

---

[1] 肖恩·布莱尔:《谁将拥有太空?》,《参考消息》2011年8月5日。
[2] 张志前:《航天技术与持续发展》,《生态经济》1997年第6期。

灭虫率提高到90％以上。根据相关报道，1985年以来，我国用卫星对冬小麦的长势和产量进行评估，精度在95％以上，仅河南省每年就减少小麦损失约15万吨。

在解决能源问题方面，航天技术对勘探和发现新的煤田和油气田具有重要的作用，特别是为开发新的清洁能源提供了条件。在大气层以外，太阳辐射不受天气和昼夜的影响，太阳光强度远远高于地球表面，科学家正在研究太空电站的建造，用航天技术把太阳能收集器发送到太空，在那里建造巨大的太阳能电站，并用微波束把电力发送回地球，这将为人类提供大量干净的能源。

在解决资源问题方面，运用遥感技术进行资源考察，可以获得地球表面资源储藏和分布的情况，利用卫星遥感在世界各地发现一批矿区或矿点。科学家报告说，利用高空惯性轨道上的微重力资源在航天器上生产出在地球上生产不出来的新物质，如地面因重力存在无法熔合在一起的新合金、制备大面积的单晶硅、长距离无缺陷的光导纤维和药物提纯等。科学家研究、分析从月球表面带回的岩石后发现，月球上含有丰富的硅、铁、铝、钛等物质可供开发，月球土壤中有丰富的氦—3可作为核裂变材料，月球土壤中的氢加上氧提炼出可作为火箭的动力燃料。遥感技术应用于气象预报，会大大提高气象资源的开发利用率，减轻各种气象灾害对人类利益的损害。

在解决环境问题方面，利用航天遥感技术监测地球环境全球变化，可以在大的空间和时间范围内，对全球环境的物理，化学和生物变化，包括海洋和偏远荒漠地区的环境变化实施监测，为治理和保护环境提供强有力的手段。

此外，有的科学家指出：有一种太空资源已经为地球上的经济做出了巨大贡献，这就是对地静止轨道。它位于赤道上方的太空中，卫星在此与地球以相似的速率运行。它使得人们可以安装一个固定天线，以便同卫星保持联系，利用空间高位从事通信、广播、对地观测、定位和导航。卫星导航应用于交通运输、卫星通信应用于经济发展、卫星电视走进千家万户。航天技术改变了社会经济，以及人类的整个生活和文化。科学家预计，对于人类将移居外星球这一设想，除继续进行研究性探测外，将在太空建立生活设施，进行工业生产，从半导体到制药等制造业，以及太空采矿和太阳能发电等产业，它们将融为一体并建设人类新的"太空文化"。

我国航天技术发展取得重大突破。2012年6月24日，神舟九号发射成功，3名航天员与2011年9月29日发射的"天空一号"实验舱实现手动对接。"上天"事业的发展，将为我国从太空探索中实现更大的利益奠定坚实的科学基础。

二、发展地壳深部探测技术，从地壳深部开发矿产资源

地壳厚度30~70公里，人类只开发地表1公里范围的矿产。现在地表矿床面临枯竭的形势下，矿产资源开发正向地壳深处进军。这是同"上天"航天技术开发同样宏大的"入地"地壳深部探测技术。

1962年，苏联科学院和地质部决定用钻井的方式直接研究地壳深层。它被称为"向下伸出的望远镜"。1966年，他们选择靠近芬兰的科拉地峡一个古老地盾，向地心钻探，打的洞直径约8~10英寸（1英寸约合2.54厘米）。计划打到15000米深，1991年已经创造12262米的世界纪录。苏联科学家的钻探发现，深度超过9500米后，获得的地层岩心金含量高达每吨80克，但在地球表层很少能找到超过10克的矿层；而且，一直钻到最后，岩层里仍然有水，含有金属矿。这改变了人们对深层地壳成分的认识。他们还发现了每吨含80克黄金的岩芯，比例远超过地面上的富矿。可惜这些深达数千米的矿脉现在只可以研究而没法开采。

整个钻井过程提取了总长达4公里的岩芯。光是为了分析这些岩芯样本，前苏联就在井口附近建立了16个实验室。如今它们被改造为"深层地理实验室"。继续利用着这口宝贵的科研超深井提供的资料。

但是，这个洞现在打不下去了，因为洞下温度达177℃甚至更高，洞里变得十分黏稠。这是人类在地球上挖的最深的洞。

2002年，我国土资源部开始筹备宏伟的"地壳探测工程"，简称入地工程。2005年，在江苏东海县超级钻探已经达到5100米深度。最新的"超级科学钻"原定于2011年8月20日调试，计划首次试验6000多米深度，并指向10000米深度。深部钻探将提取大量地层深处的样本，带来更多的新的科学发现，丰富人类对地壳深处的认识。

2006年7月完钻的塔河1井有8408米深，正在钻探的"川科一号井"设计深度8875米，已经超过珠穆朗玛峰的高度。

2008年3月，宝鸡石油机械有限公司研发的12000米超深钻井机正式使用。现在只有美国一台能打到这个深度的钻机。这是世界最深钻井机。它能在40℃~55℃的地下高温环境，适应全球任意工作区域的作业。

2012年美国《未来学家》双月刊1—2月号，发表托马斯·弗雷的《推动人类进步的八大挑战》一文，文中说道：推动人类进步的第一挑战是冲向地核，安装一个直通地核的探测器。它携带通讯系统，能够向地表传达实时的感应数据，帮助人类认识地球内部。但他说，这是很难解决的问题，因为地下可能出现各种极端温度，探测器需要穿过气隙、熔岩、坚冰甚至我们现在不知道的坚硬物质，"如果真有人能完成这个任务，我们就需要研究如何利用这些信息来建设更安全的居所，为人类谋取更多的利益。"①

地球半径6371公里，分地壳、地幔和地核。迄今人们对地球的认识，只达地球表层薄薄的一部分，地壳深处和以下是基本上不了解的地方。中国科学院杜乐天教授，从20世纪90年代起，用地球物理方法研究地球，做出了重要发现，提出"深气开发"概念。他认为，地球上除了地表以上的大气圈，地球内部至少有4个巨大的气圈，而且越深气体越多。这4个巨大的气圈由浅到深顺次分布：①上地壳充气圈，包括石油、天然气和煤层气，固相水合甲烷和卤水气，地下水中气等；②中地壳充气圈，地下深度10~20千米的低速、高导、低密度、高热液体的高压气体（数千大气压），浅层地震与它密切相关，震源出于该气圈的顶部；③上地幔充气圈，深度60~80千米，为地幔软液体、低速体中高压气体，压力达数万大气压，是中深地震的震源所在；④外地核充气圈，是溶解于液态铁中的强大氢气流，压力更大，达数百万大气压。深于上地核的流体，是一种呈超临界态存在，既不是水液，也不是岩浆，而是高压缩高密度的极强还原性气体，如氢、一氧化碳、甲烷等与地表上的大气截然不同②。

杜乐天教授认为，损害人类安全的气象、地震和海洋灾害，如旱灾、热灾、洪灾、特大暴雨、沙漠形成、森林和草原大火、台风突拐、厄尔尼诺、海底风暴、海啸等的成因，仅从地壳以上的大气圈考虑是不够的，地球排气作用——巨量地下高压可燃气体（比大气圈多数百倍）强烈向上喷流是造成这些灾害的重要原因之一。它得到卫星遥感的全球观测所证实，利用卫星热红外图像观测，发现地球每时每刻都在不均匀地大规模强烈向外排气，已有上万张实际图像观测资料。

他还指出，地球自发的排气可能造成大范围的自然灾害，损害人类安

---

① 《八大科学挑战推动人类进步》，《参考消息》2012年1月26日。
② 杜乐天：《地球的五个气圈与氢烃资源》，《铀矿地质》1993年第5期。

全；但是，通过有计划的国土深钻，为地球人工放气，可以获得大量可燃气体和化工原料，为社会提供巨大的资源，为人类造福，它的前景是无限的。

三、发展海洋技术，开发海洋矿产和生物资源

世界海洋技术迅速发展，海洋产业在社会物质生产中占有越来越重大的比例，人类社会加快速度向海洋进军，开发珍贵的海底矿藏。

人们用"聚宝盆"来形容海洋资源，这是非常确切的。它的矿产资源，种类繁多、含量丰富，在地球表面已发现的百余种元素中有 80 余种于海洋中存在，其中可提取的有 60 余种。这些丰富的矿产资源以不同的形式存在于海洋中：海水中的"液体矿床"；海底富集的固体矿床；从海底内部滚滚而来的油气资源等。海水中最普通的是盐，即氯化钠，是人类最早从海水中提出的矿物质之一。另外还有一种镁盐，它们是造成海水又咸又苦的主要原因。除了这两种外，还有钾盐、碘、溴等几十种稀有元素及硼、铷、钡等，它们一般在陆地上比较少，而且分布较分散，但又极具价值，对人类用处很大。据估计海水中含有的黄金可达 550 万吨，银 5500 万吨，钡 27 亿吨，铀 40 亿吨，锌 70 亿吨，钼 137 亿吨，锂 2470 亿吨，钙 560 万亿吨，镁 1767 万亿吨等等。这些东西，大都是国防工农业生产及生活的必需品。例如镁是制造飞机快艇的材料，又可以做火箭的燃料及照明弹等，是金属中的"后起之秀"，而世界上目前有一半以上的镁来自海水。海洋矿砂主要有滨海矿砂和浅海矿砂。它们都是在水深不超过几十米的海滩和浅海中的由矿物富集而具有工业价值的矿砂，是开采最方便的矿藏。从这些矿砂中，可以淘出黄金，而且还能淘出比金子更有价值的金刚石、石英、钻石、独居石、钛铁矿、磷钇矿、金红石、磁铁矿等，所以海洋矿砂成为增加矿产储量的最大的潜在资源之一，愈来愈受到人们的重用。多金属结核—锰结核就是其中最有经济价值的一种。它是 1872—1876 年英国一艘名为"挑战号"考察船在北大西洋的深海底处首次发现的。这些呈黑色或者褐色的锰结核鹅卵团块，有的像土豆，有的像皮球，直径一般不超过 20 厘米，呈高度富集状态分布于 300~6000 米水深的大洋底表层沉积物上。

据估计整个大洋底锰结核的蕴藏量约 3 万亿吨，如果开采得当，它将是世界上一项取之不尽，用之不竭的宝贵资源。目前，锰结核矿成为世界

许多国家的开发热点。在海洋这一表层矿产中，还有许多沉积物软泥，也是一种非同小可的矿产，含有丰富的金属元素和浮游生物残骸。例如覆盖一亿多平方公里的海底红黏土中含有铀、铁、锰、锌、钴、银、金等，具有较大的经济价值。石油和天然气是遍及世界各大洲大陆架的矿产资源。石油可以说是海洋矿产资源中的"宠儿"，又被称为"黑色的金子"。据报道，1990年，全世界海上石油已探明储量达2.970×10^{10}吨，海上天然气已探明储量达$1.909\times 10^{13}m^3$。油气加在一起的价值占了海洋中已知矿产物总产值的70%以上。

中国"蛟龙号"探海显示我国海洋技术的新成就。2011年7月26日，蛟龙号载人潜水器在太平洋国际水域下潜到5057米深处，采集了海底沉积物和拍摄了深海生物照片。它的设计深度7000米，为世界第一，预计2012年将进行7000米级海试。这是最新的海洋技术，为寻找和开发海底油气和其他矿物资源增添了新的强有力手段。

2012年6月24日，"蛟龙号"载人潜水器在太平洋马利亚纳海沟的海试，冲破设定的7000米目标，成功下潜至7020米深处，创造了载人深潜新的国家纪录。这表明我国深海高新技术装备研发能力提高。它致力于洋底科学研究，如收集海底生命样本，海底地质构造和矿产资源，是我国开发海洋资源迈出的重大一步。

液体矿床：海水中含有的黄金可达550万吨，银5500万吨，钡27亿吨，铀40亿吨，锌70亿吨，钼137亿吨，锂2470亿吨，钙560万亿吨，镁1767万亿吨等等。

固体矿床：海洋矿砂，包括滨海矿砂和浅海矿砂，可以淘出黄金，金刚石、石英、钻石、独居石、钛铁矿、磷钇矿、金红石、磁铁矿等。

海底矿床：深海底处，有多金属结核锰结核，它的蕴藏量约3万亿吨，被认为是世界上取之不尽，用之不竭的宝贵资源。在海底表层矿产中，还有许多沉积物软泥，含有丰富的金属元素和浮游生物残骸。例如覆盖一亿多平方公里的海底红黏土中，富含铀、铁、锰、锌、钴、银、金等，具有较大的经济价值。

地热矿床：近年来，科学家们在大洋底发现了33处"热液矿床"，是由海底热液成矿作用形成的块状硫化物多金属软泥及沉积物，其中金属硫化物和铁锰氧化物沉淀，形成块状物质，堆积成矿丘。有的呈烟筒状，有的呈土堆状，有的呈地毯状，从数吨到数千吨不等，是又一项极有开发前途的大洋矿产资源。

中国资源战略的一场变革

海洋石油和天然气：遍及世界各大洲大陆架，甚至各大洋海底。据报道，1990年，全世界海上石油已探明储量达 2.970×1010 吨，海上天然气已探明储量达 $1.909 \times 1013 m^3$。油气加在一起的价值占了海洋中已知矿产物总产值的70%以上。现在，陆地油气资源行将枯竭，开发海洋特别是深海油气田成为一种战略选择。

20世纪末，我国开启名为"海洋石油981工程"的深海采油技术研发，2008年开工建造深海钻探平台，现已经完成和布置营运。它具备勘探、钻井、完井等多种作业功能，设计自重3万吨，长114米，宽79米，平台稳定性和强度能抵御南中国海200年一遇的波浪，在1500米水深内可使用锚泊定位。其甲板最大载荷9000吨，最大作业水深超过3000米，钻井深度超过1万米。这些技术指标堪与世界最先进的钻井平台相媲美。2010年2月，它被命名为"海洋石油981"，并交付中海油使用。中国海洋石油开发上了一个新台阶。

氘—氚受控核聚变生产能源。海水中有丰富的氘和氚，在一定条件下，它们的原子核可以互相碰撞而聚合成一种较重的原子核——氦核，同时把核中贮存的巨大能量（核能）释放出来。一个碳原子完全燃烧生成二氧化碳时，只放出4电子伏特的能量，而氘—氘反应时能放出400万电子伏特的能量。氘—氚反应时能放出1780万电子伏特的能量。据计算，1公斤氘/燃料，至少可以产生相当于1万吨优质煤燃料。海水中氘的含量为十万分之三，即1升海水中含有0.03克氘。这0.03克氘聚变时释放出的能量等于300升汽油燃烧的能量，因此，人们用"1升海水＝300升汽油"这样的等式来形容海洋中核聚变燃料储藏的丰富。人们已经知道，海水的总体积为13.7亿立方公里，所以海水中总共含有几亿亿公斤的氘。这些氘的聚变能量，足以保证人类上百亿年的能源消费。而且，氘的提取方法简便，成本较低，核聚变堆的运行也是十分安全的。因此，以海水中的氘、氚的核聚变能解决人类未来的能源需要将展示出最好的前景。

核聚变反应，需要在几千万度，以至上亿度的高温条件下进行。目前，这样的反应，已经在氢弹爆炸过程中得以实现。用于生产目的的受控热核聚变在技术上还有许多难题。但是，随着科学技术的进步，这些难题都是能够解决的。1991年11月9日，由14个欧洲国家合资，在欧洲联合环型核裂变装置上，成功地进行了首次氘—氚受控核聚变试验，反应时发出了1.8兆瓦电力的聚变能量，持续时间为2秒，温度高达3亿度，比太阳内部的温度还高20倍。核聚变比核裂变产生的能量效应要高达600倍，比煤高 1000 万倍。因此，科学家们认为，氘—氚受控核聚变的试验成功，是人类开发新能源历程中的一个里程碑。在下个世纪，核聚变技术和海洋氘、氚提取技术将会有重大突破。这两项技术的发展与成熟，对整个人类社会将产生重大的影响。

海洋占地球表面的 70%，除它的液体矿床外，海底地壳在理论上与大陆地壳有同样丰富多样的矿产。只要开发得当，可以满足人类持续发展的需要。

依据资源有限与无限、资源自然性与社会性的辩证思考，我国资源战略应沿着两个方向发展，一个方向是，确立"资源再生"战略，建立全球物资回收系统，参与资源再生的国际大循环；第二个方向是，"上天、人地、下海"开发无限的地球资源，向资源开发的深度和广度进军。地球上有足够的资源支持和保障中国社会可持续发展。这是完全可以期待的。当然，它需要一定的条件，需要高技术支持，需要有一个较长的过程。实施科学的资源战略，我们对前景还是持乐观进取的态度。

第六章

发展资源再生产业是循环经济的核心

  伴随着经济的飞速发展，人类面临着资源、环境及生态的巨大压力。只有改变传统的线性经济发展模式，建立新的经济发展模式，才能实现经济、社会与环境的共赢。循环经济被认为是从根本上消解长期以来环境与发展之间的矛盾冲突，实现可持续发展战略的途径。

第一节　循环经济的科学内涵

循环经济，其本质上是一种生态经济，它要求运用生态学规律而不是机械论规律来指导人类社会的经济活动，运用制度和技术手段，实现一定环境资源约束条件下以经济增长为目的的新的经济增长方式。循环经济是通过"循环"达到"经济"的目的，化解资源环境对经济可持续发展的桎梏，实现经济活动的生态化转向。

一、循环经济的内涵

（一）循环经济的提出与发展

1962 年美国生态学家卡尔逊发表的《寂静的春天》，是首部重点关注人类生态环境问题的著作。他预言了农药将对环境起到惊世骇俗的危害，指出了生物界以及人类所面临的危险，引起了相关生产经济部门及社会公众的强烈反响。循环经济的思想萌芽起源于 20 世纪 60 年代美国经济学家 K. 波尔丁的"宇宙飞船经济理论"。波尔丁认为：宇宙飞船是一个孤立无援、与世隔绝的独立系统，靠不断消耗自身有限的资源而存在，并最终因资源耗尽而毁灭。而延长其寿命的唯一办法是实现宇宙飞船内部资源的循环利用。同理，地球机构及系统犹如一艘宇宙飞船，必须对其资源循环利用。而"循环经济"一词，也正是由 K. 波尔丁提出的，其主要指在人、自然资源和科学技术的大系统内，在资源投入、企业生产、产品消费及其废弃的全过程中，把传统的依赖资源消耗的线型增长经济，转变为依靠生态型资源循环来发展的经济。

1968 年 4 月，意大利的"罗马俱乐部"里的人们提出人类经济增长的极限问题。他们在《增长的极限》的研究报告中指出，自然资源，尤其是稀缺自然资源将制约，直至最终将使发展停止，而达到增长的极限。他们在报告的第三章的《人均资源利用》一节中说明了资源循环问题。20 世纪 70 年代，人们主要采取的是末端治理的环境保护方式。20 世纪 80 年代，人们开始全面重视资源的回收利用以及提高资源的利用效率，世界各国先后开始慢慢采用资源循环利用化的方式来处理废弃物。但是，人们关注的方向只是经济活动造成的生态环境影响及努力利用循环的方式加以改善，并没有关注到经济运行机制本身的循环性。从 20 世纪 90 年代开始，可持续发展战略的理念逐渐深入人心，人们更加重视从源头进行污染治理，注重通过改变经济发展模式，提高经济增长的效率，降低经济增长的资源、环境和生态成本。以污染排放最小化和资源利用最大化为主线，逐渐将清洁生产、资源综合利用、生态设计和可持续消费等融为一体，形成一套系统的循环经济发展战略。

（二）循环经济的现状

随着地球资源不断消耗和环境危机的日益严重，许多国家，尤其是发达国家，不断探索新的经济发展模式，大力发展清洁生产和循环经济。而这些举措明显地提高了资源利用率、缓解了资源短缺、减轻了环境污染压力。据不完全统计，目前世界上主要发达国家的再生资源总值已达到2500亿美元/年，并且以年均15%～20%的速度增长。联合国统计署的调查表明，发达国家政府绿色采购对可持续绿色消费发挥着重要的指导作用，89%的美国人和90%的德国人在购物时会选择环境友好型产品，由政府引领、普通消费者参与的绿色取向，有效地促进了绿色消费市场的形成。由于取得了丰硕的成果，循环经济在未来对各国经济生产的影响将会持续深化与发展。现从立法的角度，以日本、德国及中国为代表，介绍循环经济的大致现状。

1. 日本

日本循环经济具有以废弃物循环利用为核心、依靠官、产、学共同努力、法律保障、各相关部门协调合作、雄厚经济技术基础支持、环境教育辅助、政府表率等特点。日本的循环经济法律体系非常完善，可分为三个层面：《促进建立循环社会基本法》是第一层面，也是基础层面；《固体废弃物管理和公共清洁法》和《资源有效利用促进法》等综合性法律是第二层面；《家用电器回收法》、《食品回收法》、《促进容器与包装分类回收法》、《绿色采购法》及《建筑及材料回收法》等规范各种不同类型废弃物回收利用行为的单行法是第三层面。

2. 德国

德国的循环经济法律体系按效力从低到高，共分三个层次：指南、条例和法律。按照颁布的时间先后顺序主要包括《废弃物处理法》、《循环经济和垃圾处理法》、《循环经济法》、《垃圾法》、《联邦水土保持与旧废弃物法令》、《可再生能源促进法》、《社区垃圾合乎环保放置及垃圾处理场令》、《森林繁殖材料法》、《持续推动生态税改革法》、《可再生能源市场化促进方案》、《未来投资计划》、《家庭使用可再生资源补助计划》、《生物资源发展法规》。除上述的法律、条例外,还有农业和自然保护法、有机物处理条例、废旧汽车处理条例、废电池处理条例、污水污泥管理条例、废木材处理条例、电子废物和电力设备处理条例、废物管理技术指南、城市固体废物管理技术指南等①。

3. 中国

中国第一份关于循环经济的立法条文是在 1973 年的第一次全国环境保护工作会议上,原国家计划委员会拟定的《关于保护和改善环境的若干规定》,其中提出了努力改革生产工艺,不生产或者少生产废气、废水、废渣;加强管理,消除跑、冒、滴、漏等要求。20 世纪 80 年代到 90 年代,我国积极参与实施了联合国环境规划署推动的清洁生产行动计划,并制定了《关于进一步开展资源综合利用意见的通知》、《关于加强资源综合利用的若干规定》等规范性文件。进入 21 世纪后,循环经济工作得到加强。2002 年,全国人大常委会制定了《清洁生产促进法》,对循环经济的重要组成部分——清洁生产做了较全面的规范。《国民经济和社会发展第十一个五年规划纲要》也明确了加快循环经济立法,建设资源节约型、环境友好型社会。2005 年 7 月,国务院发布了《关于做好建设节约型社会近期重点工作的通知》和《关于加快发展循环经济的若干意见》。国家发展改革委、环保总局、科技部、财政部、建设部、农业部、水利部、国土资源部等各个部门从各自工作角度出发,均出台了与发展循环经济相关的规章或者规范性文件。

(三)循环经济的内涵

循环经济是为保护环境,实现物质资源的永续利用及人类的可持续发展,按照生态循环体系的客观要求,通过清洁生产、市场机制、社会调控等方式,促进物质资源在生产与生活中循环利用的一种经济运行形态。它从人与自然和谐共处的理念出发,以资源合理和循环利用为核心,以减量化、再利用、资源化为原则,以低消耗、低排放、高效率为基本特征,以生态产业链为发展载体,以清洁生产为重要手段,把传统的依赖资源消耗的线型增长的经济,转变为依靠生态型资源循环来发展的经济,从而实现物质资源的有效利用和经济与生态的可持续发展。

循环经济要求按照生态规律组织整个生产、消费和废物处理过程,其本质是一种生态经济。发展循环经济有助于提高资源和能源的利用效率,

---

① 刘祥国:《国外循环经济立法的现状、评价与启示》,《兰州学刊》2011 年 6 月。

最大限度的减少废物排放,缓解我国资源和能源压力;有助于防止污染,保护生态环境;有助于突破绿色壁垒,增强我国产品的国际竞争力;有助于加快转变经济发展方式,推进经济结构的战略性调整,实现经济、社会和环境的共赢。

二、循环经济的 3R 原则

循环经济提出了 3R 原则,即减量化(Reduce)原则、再利用(Reuse)原则、资源化(Recycle)原则。其中每一个"R"对循环经济的成功实施都是必要的。

1. 减量化原则

减量化原则属于输入端方法,要求用较少的原料和能源投入来达到既定的生产目的或消费目的,主要从经济生产活动的源头注意节约资源和减少污染。对废弃物的产生,是通过预防的方式而不是末端治理的方式来加以避免。在生产中,减量化原则要求产品体积小或者质量轻,要求包装简化或者功能强大,从而达到减少废物排放的目的。

2. 再利用原则

再利用原则属于过程性方法,强调延长产品和服务的利用效率,尽可能多地使用物品,避免物品过早地成为垃圾。它要求从原料制成成品,经过市场直到最后消费变成废物,又被引入新的"生产—消费—生产"的循环系统,即要求制造产品和包装容器能够以初始的形式被反复使用。再利用原则要求抵制当今世界一次性用品的泛滥,生产者应该将制品及其包装当作一种日常生活器具来设计,使其像餐具和背包一样可以被再三使用。再利用原则还要求制造商应该尽量延长产品的使用期,而不是非常快地更新换代。

3. 资源化原则

资源化原则属于输出端方法,力求尽可能多地再生利用或资源化,强调通过把废物再次变成资源以减少末端处理的负荷,以便形成资源的闭合循环,即废品的回收利用和废物的综合利用。资源化能够减少垃圾的产生,制成使用能源较少的新产品。按照循环经济的思想,资源化有两种情况:一种是原级资源化,即废品被循环用来产生同种类型的新产品,例如报纸再生报纸、易拉罐再生易拉罐等等;另一种是次级资源化,即将废物资源转化成其他产品的原料。原级资源化在减少原材料消耗上面达到的效率要比次级资源化高得多,是循环经济追求的理想境界。

总之,"减量化、再利用、资源化"原则在循环经济中的重要性并不是并列的。循环经济不是简单地通过循环利用实现废弃物资源化,而是强调在优先减少资源消耗和减少废物产生的基础上综合运用3R原则,3R原则的优先顺序是:减量化—再利用—资源化。综合利用3R原则,按照"避免产生—循环利用—最终处置"的顺序对待废弃物才是资源利用的最优方式。循环经济的目的,是从根本上减少自然资源的耗竭,实现可持续发展。

三、循环经济的特征

循环经济摒弃传统经济模式以人类为中心,征服自然,改造自然,追求单纯经济增长的发展观,倡导适应自然,追求人与自然和谐共存的可持续发展观;它反对传统经济模式将人类社会经济系统与自然生态系统割裂开来的系统观,要求恢复经济、社会与自然生态系统作为一个大系统的完整性。

1. 非线性

传统经济是一种按"资源→生产→废物→排放"和"资源→生产→产品→消费→废物→排放"的流程运作的非循环或单向直线式的技术经济模式。它以机械论规律为指导,认为自然资源环境是取之不尽、用之不竭的,将人与自然的关系对立起来,其资源利用方式表现为"高开采、低利用、高排放"。在这种经济中,人们高强度地把地球上的物质和能源提取出来,然后又把污染和废物大量地排放到水系、空气和土壤中,对资源的利用是粗放的和一次性的。

循环经济倡导的是一种与环境和谐的经济发展模式。它要求把经济活动组织成一个"资源—产品—再生资源"的反馈式流程,其特征是"低开采、高利用、低排放"。所有的物质和能源要能在这个不断进行的经济循环中得到合理和持久的利用,以把经济活动对自然环境的影响降低到尽可能小的程度。

2. 自循环

循环经济本质上是以"废物"资源的循环再利用为核心和关键的自循环经济。所谓自循环,也可称"内循环",是指由静脉经济与动脉经济的耦合与互动而形成的关于"废物"在经济系统内部的反馈式自我循环流动。在循环经济模式下,经济活动中的"废物"一经产生便会被推向自我循环通道而被循环再利用,从而产生资源"减量化"效应,即降低经济系统与自然环境之间的物质(原生物质资源和废弃物)外循环流量,使经济系统能够与自然环境达成良性的"外循环",实现经济与环境协调发展。

循环经济以"废物"在经济系统中的"内循环"来达到"双减量"的效果,既减少了对自然生态系统的原生物质资源的攫取和消耗,又减少了向自然生态系统的污染排放,从而使经济系统在"入"和"出"两个方面与自然环境达成和谐的"外循环",促进经济与环境两个系统的协调共生。

3. 重技术

循环经济着眼于"变废为宝",通过资源的重复利用实现资源效率的极限发挥。这就必须在科技创新的基础上实现以高新技术促进循环经济的发展。循环经济的发展以技术的进步为先决条件。循环经济的发展离不开技术进步,没有先进技术的投入,循环经济所追求的经济效益与生态效益统一的目标难以从根本上实现。大力发展循环经济,积极采用无害或低害的新工艺、新技术,减少人类经济活动对生态环境的影响,大大降低原材料和能源的消耗,减轻资源环境的压力,实现少投入、多产出、低污染。

四、三种循环

循环经济是可持续发展理论的主要载体和具体实现形态,只有当高排放的传统线形、开放式经济转变为以资源闭路系统、避免废物产生为特点的循环经济时,才能实现经济发展方式的根本性改变,从而实现可持续发展。从系统的角度看,3R 原则可以按照不同路径,在三个层面上进行物质循环:微观循环、中观循环和宏观循环。黄少鹏在《循环经济下再生资源行业的发展》一文中对三者进行了分析。

1. 微观循环

微观循环是指发生于企业等经济实体单位内部不同工序或产品生产之间的"废物"循环再利用。它主要是以实施清洁生产的方式在企业内部进行。实施清洁生产是环境保护的必然要求,同时减少物耗能耗也是企业增加经济效益的方法,因此以企业作为单元的微观循环的可行性较强,企业推行循环经济模式的积极性也较高。在微观循环过程中物料循环的方式主要是以原质态循环为主,循环过程中的节点较少,成本也较低,企业的自主性较强,以企业工艺流程进行展开,自组织形态较强的准封闭型的循环。

2. 中观循环

中观循环是指以生态学理论为指导,以物料为媒介,在产业群之间以跌宕的物料形态耦合成为一个聚诸多优势于一体的产业整体。它指发生于产业集中区（包括虚拟型产业园区）内企业之间、产业之间、生产区域之间的"废物"相互再利用。如通过建立产业生态园区,把属于不同产业的企业按照它们之间的生态关系集中并链接起来,构成产业生态链网,形成企业间的产业代谢和共生耦合关系,从而使一个企业的"三废"和余能成为其他企业所需要的投入物或能源。

3. 宏观循环

宏观循环是指将社会的生产消费与生活消费容纳在内,涵盖产品的生命周期,实现自然资源—产品—流通消费—再生资源的物料循环。其意义在于在宏观循环中对生产和生活中使用过的废旧产品进行全面回收,可以重复利用的废弃物通过技术处理进行无限次的循环利用。这将最大限度地减少初次资源的开采,最大限度地利用不可再生资源,最大限度地减少造成污染的废弃物的排放。其特征是参与循环的行业众多、循环路径开放化、循环层次复杂化、物料形态转化多样化、循环节点众多且循环的不确定因素增大,以及对不同物质循环的经济驱动力不平衡,有些甚至失去经济驱动力。

五、循环经济的理念

循环经济倡导一种与环境和谐的经济发展模式,遵循"减量化、再利用、资源化"的原则,采用全程处理模式,以达到减少进入生产流程的物质量、以不同方式反复利用某种物品和废弃物的资源化为目的,是一个"资源—产品—再生资源"的闭环反馈式循环过程,实现从"排除废物"到"净化环境"再到"利用废物"的过程,达到"最佳生产、最适消费、最少废弃"的效果。其主要理念为:

1. 科学的发展观

循环经济作为一种科学的发展观、一种全新的经济发展模式,具有新的系统观、新的经济观、新的价值观、新的生产观、新的消费观。第一,新的系统观。循环经济要求人在考虑生产和消费时不再置身于这一大系统之外,而是将自己作为这个大系统的一部分来研究符合客观规律的经济原则。第二，新的经济。循环经济要求运用生态学规律指导经济活动。不仅要考虑工程承载能力，还要考虑生态承载能力。第三，新的价值观。循环经济观在考虑自然时，将其作为人类赖以生存的基础，是需要维持良性循环的生态系统。第四，新的生产观。循环经济的生产观念是要尽可能地节约自然资源，提高利用效率，循环使用资源，创造良性的社会财富。第五，新的消费观。循环经济提倡物质的适度消费、层次消费，在消费的同时就考虑到废弃物的资源化，建立循环生产和消费的观念。

2. 保护并节约资源

循环经济要求正确认识人与自然的关系，把自己视为替子孙后代管理现有资源的管理者，确保自然界能够持续地为人类社会提供产品和服务，实现经济效益、社会效益、生态效益的统一。循环经济的发展模式是：①提高资源利用效率，减少生产过程的资源和能源消耗，这是提高经济效益的重要基础；②延长和拓展生产技术链，将污染尽可能在企业内进行处理，减少生产过程的污染排放；③对生产和生活使用过的废旧产品进行全面回收，可以重复利用的废弃物通过技术处理进行无限次的循环利用；④对生产企业无法处理的废弃物集中回收、处理，扩大生态环保和资源再生产业的规模。

3. 坚持可持续发展

发展循环经济是我国实现长治久安的战略基础。循环经济强调资源循环利用，目的在于节约有限的自然资源和能源。而资源和能源问题关系到我国可持续发展，关系到中华民族的生存和长远发展。循环经济作为实现可持续发展的基本途径，其追求的目标与可持续发展相一致，要求技术创新从追求经济效益，转向兼顾生态效益和经济效益的统一，促进经济社会的全面发展。

六、循环经济的哲学思考

循环经济是一种以资源的高效利用和循环利用为核心并符合可持续发展理念的经济增长模式，是以物质、能量梯次和闭路循环使用为特征的，把清洁生产、资源综合利用、生态设计和可持续消费融为一体，运用生态学规律来指导人类社会的经济活动，本质上是一种生态经济。理论思维和实践的创新常以方法的创新作为其先导。在建设资源节约型、环境友好型社会的战略指导下，从哲学上系统分析循环经济，有助于把握循环经济的规律。

1. 循环经济本身蕴含实践的要求

辩证唯物主义认为，实践是认识的基础，在认识中具有首要的地位和决定的作用。认识依赖于实践，是主体对客体的能动反映。实践需要方法的指导，认识世界的根本目的在于指导实践和改造世界。传统的环保理论坚持的是"先污染、后治理"的末端治理模式。循环经济丰富和深化了对传统环保理论的认识，包含了实践的过程、实践的价值和目标，强调对整个生产流程的过程管理，注重生产、流通、消费全过程的资源节约。循环经济是在实践指导下的思维结果，是一种发展着的思维模式，是连续性和间断性相互统一的过程。

2. 循环经济坚持尊重客观规律与发挥主观能动性的统一

循环经济是把清洁生产和废弃物的综合利用融为一体的经济，它要求运用生态学的规律指导人类的经济活动。它按照自然生态系统物质循环和流动规律重构经济系统，实现自然、经济、社会的和谐发展。在实践中，要尊重循环经济的规律，积极发挥主观能动性，从而真正发挥循环经济的作用。

3. 循环经济是一个系统工程

循环经济的提出，说明人们对经济、社会、环境、资源的认识发生了质的变化，它从系统论角度深入地考察了资源的循环使用过程。循环经济与系统论的内在联系：

（1）循环经济的构建是对"结构决定功能"的系统论原理应用。按照系统论的观点，系统是由相互联系、相互作用的若干要素组成的具有稳定结构和特定功能的有机整体，具有整体性、结构性、层次性和开放性的特点。循环经济正是由此出发，强调"资源—产品—再生资源"的闭环反馈式循环过程。这是政府推进循环经济建设、提高战略思维和决策能力的政策基础和根本理论依据。

（2）循环经济的实证性研究是对非线性原则的应用和对系统非线性相互作用关系的描绘。循环经济的概念本质上是起源于对线性方法模式的否定。循环经济强调以"非线性的系统方法"取代传统的"线性模式方法"来理解创新的过程和推进创新能力的建设。

4. 循环经济体现了与时俱进的理论品质，具有鲜明的时代特征

循环经济理论坚持把马克思主义的科学精神和与时俱进的创新品质有机地统一起来。循环经济是根据事物的发展变化而形成的环保理论，它的

产生是经济社会发展的必然结果，它是经济社会可持续发展对环境保护的客观需要而进行的理论创新。

第二节　循环经济的结合形式及技术支撑体系

一、循环经济的结合形式

1. 循环经济是动脉产业和静脉产业的结合

如果将人类经济活动中的物质流动形象地比作人体的血液流动的话，那么循环经济就是由动脉产业和静脉产业组成的一个完美的物质流体系。所谓"动脉产业"是指开发利用自然资源形成的产业，是资源—产品—消费过程。相对于动脉产业，"静脉产业"是指围绕废物资源化形成的产业。循环经济是由"动脉产业"和"静脉产业"组成的一个完整的物质流体系，是二者发生耦合与互动所共同形成的具有自我循环机制的经济复合体。从某种意义上讲，导致我国经济增长环境代价过大，是由于动脉产业与静脉产业的断裂，没能形成循环耦合、协调发展的有机统一。

动脉产业肩负着最基本的经济职能，即生产→流通→消费。在该过程中，经过生产性消费，一部分投入物被有序化为产品，另一部分则被去功能化而成为"废物"。经过生活性消费，产品被去功能化而成为"废品"。但实际上大多"废物"和"废品"只是资源或产品被部分去功能化的结果，它们仍具有一定的使用价值。静脉产业就担负着对这些"废物品"进行"汇集（回收）→资源化处理→循环再利用"或对无使用价值的有害废弃物进行最后的无害化处理的职能。没有动脉产业，"废物"就无以产生，更无以被循环再利用，静脉经济也不可能出现和存在，从而也就根本谈不上循环经济。静脉产业是使循环经济运行机理得以实现的经济主体。离开了静脉产业，人类社会经济系统将无法实现物质和能量的循环。

2. 循环经济是"废物"循环与产品循环的耦合

循环经济克服了经济系统与自然生态系统相互割裂的弊端，在社会生产、流通、消费和产生废物的各个环节循环利用资源，对废弃物进行回收利用、无害化及再资源化，以提高资源的利用率，使所有的物质和能源在这个不断进行的经济循环中得到合理和持久的利用。在实施循环经济的过程中，废弃物被转化为再生原材料，重新生产出原产品或次级产品。消费者和生产者通过积极购买和使用再生资源产品制成的产品，使循环经济的整个过程实现闭合。只有实现了"废物"循环和再利用，才能实现原生资源消耗和污染排放的减量化，生产出更多的再生资源产品，最终实现经济与环境协调的可持续发展。

3. 循环经济是物质循环和价值循环的耦合

"垃圾是放错地方的资源"，一切物质资源均具有循环利用的价值。物质循环的每一环节都伴随着价值的运动，没有任何物质是免费的，特别是长期以来被传统经济当作原料库和垃圾场的自然资源与环境系统，其经济价值必须参与经济系统的价值循环。

4. 循环经济是低消耗、低排放、无污染的经济与环境双赢的结局

循环经济强调资源和废物的综合利用和循环利用，使废弃物资源化、减量化和无害化，把产生的危害环境废弃物减少到最低限度。通过大力推进循环经济的发展，可以避免走"先污染后治理"的老路，更加注重源头控制，实现经济社会的可持续发展。

二、循环经济的技术支撑体系

随着我国经济的飞速发展，对能源的需求量不断加大，我国能源存在的矛盾和问题日益突出并影响着能源科学发展。比如传统能源资源约束、环境约束和应对气候变化压力增大，能源结构调整进展缓慢等。因此，以能源科学发展为主题，以转变能源发展方式为主线，大力实施能源结构的战略性调整，创新节能减排技术、开发清洁能源技术及能源替代技术、发展碳捕获和封存技术、大力发展生态恢复技术已成为必然选择。

1. 创新节能减排技术，实现温室气体的少排放

（1）整体煤气化联合循环（IGCC）技术。IGCC技术是一种具有广阔前景的洁净煤发电技术，发电效率可达45%，能实现98%以上的污染物脱除效率，可达到包括二氧化碳在内的燃煤污染物的近零排放。美国建立了世界第一座IGCC电站，随后英国、日本、荷兰、德国、印度等国纷纷建立IGCC示范电站。中国的绿色煤电站（Green Gen）在天津破土动工，这是中国第一座、全球第六座IGCC电站。2012年中期可逐步实现满负荷发电，届时年发电量可达到12亿度。IGCC技术融合了化工和电力两大专业，对煤炭的利用实现了"干净彻底"。先把煤炭磨成煤粉，送到气化炉里进行燃烧，燃烧完以后合成气，将里面的杂质灰粉除去，然后再脱硫。灰在气化炉里面就被处理过了，收集起来可以作为建筑材料。硫也是化工

产品，也可以出售。处理后的纯净的合成气直接燃烧后发电，实现了温室气体的少排放。

（2）发展信息与通信技术（ITC）。ITC行业作为高新技术产业，其自身的碳排放相对较低，同时，在电力传输过程中，在高耗能的建筑物和工厂中及交通工具的使用中，ITC行业在提高能源利用效率和降低能源使用数量方面起着很重要的作用。比如，电子账单、网上支票、媒体、音乐等对传统纸张、CD的取代，这些都降低了制造和运输时产生的碳排放。

2. 开发清洁能源技术及能源替代技术，达到温室气体的零排放

（1）清洁能源技术。到2015年，中国的能源对外依存程度将进一步提高，大约2/3的原油、1/5的天然气要依赖进口。清洁能源是不排放污染物的能源，包括核能和可再生能源。可再生能源是指原材料不断再生、永续利用的能源，如水能、风能、太阳能、生物能等。可再生能源可以循环再生，不存在能源枯竭的可能，因此要高度重视并积极进行开发研究。

（2）光伏发电技术。光伏发电技术是指将太阳能直接转化为电能的技术，光伏发电不会产生温室气体和污染物。丰富的太阳能是取之不尽、用之不竭的重要能源。太阳能每秒钟到达地面的能量高达80万千瓦，假如把地球表面0.1%的太阳能转为电能，转变率5%，每年发电量可达5.6×1012千瓦小时，相当于世界上能耗的40倍。光伏发电的最基本原件是太阳能电池，有单晶硅、多晶硅、非晶硅等。金融危机给光伏行业带来的最大好处是原来由国外控制的高成硅的价格大幅度下降，由400多美元1公斤降到100多美元1公斤，这样就大大降低了光伏发电的成本。

（3）煤代油技术。煤代油是指将煤炭进行液化，以煤炭为原料生产汽油、柴油等车用燃料。目前，煤变油的技术路线分为直接法和间接法。直接法是指将煤炭通过高压催化加氢制得各类油品。间接法是指先将煤气化，再经反应合成油品的过程。国际上一般称为"费—托合成"，该方法在南非萨索尔公司自1955年建起世界上第一套大规模生产装置以来，已成功运行了半个多世纪[①]。

3. 发展碳捕获、利用与封存技术，力求温室气体的负排放

（1）碳捕获与封存CCS（Carbon Capture and Storage）技术。为防止二氧化碳排放到大气中，引起温室效应，运用CCS技术能够捕获来自煤、石油、天然气等化石燃料燃烧产生的二氧化碳，然后将其注入耗竭的油

---

① 傅向升：《对我国能源替代战略的思考》，《化学工业》2007年第9期。

田、煤层、天然气田、海底或者矿底,进行永久存储,但 CCS 技术建立在高能耗和高成本的基础上,若在中国大范围推广不可取。

(2)碳捕获、利用与封存 CCUS(Carbon Capture, Utilization and Storage)技术。CCUS 技术是 CCS 技术的新发展,即把生产过程中排放的二氧化碳进行提纯,继而投入到新的生产过程中,对其进行循环再利用。与 CCS 相比,CCUS 不是简单地封存,其优势在于可以将二氧化碳资源化,能够产生较大的经济效益,具有较强的现实操作性,力求达到温室气体的负排放。近年来,中国 CCUS 技术取得了长足进步,成功开展了工业级的 CO_2 捕集示范,并在 CO_2 利用等技术环节形成了具有自主知识产权的技术。

4. 大力发展生态恢复技术,提升生态保护和修复能力

生态恢复技术是指运用生态学原理和系统科学的方法,把现代化技术与系统保持良好的物质、能量循环,从而达到人与自然的协调发展的恢复治理技术。为使退化的生态系统得到改善,我们需要实现生态恢复。对一般的退化生态系统而言,恢复过程中所需要的基本恢复技术体系包括非生物环境因素的恢复技术、生物因素的恢复技术、生态系统与景观的结构功能的总体规划与组装技术。

第一,非生物环境因素的恢复技术有:水体恢复技术(如控制污染、去除富营养化、换水、积水、排涝和灌溉技术等)、土壤恢复技术(如耕作制度和方式的改变、施肥、土壤改良、表土稳定、控制水土侵蚀、换土及分解污染物等)、空气控制技术(如烟尘吸附、生物和化学吸附等)[1]。

第二,生物因素的恢复技术包括植被重建技术(物种的引入、品种改良、植物快速繁殖、植物的搭配、植物的繁殖、林分改造等)、消费者的重建技术(捕食者的引进、病虫害的控制)和分解者的重建技术(微生物的引种及控制)。

第三,3S 技术在生态恢复中的应用。3S 技术是对遥感(remote sensing,简称 RS)技术、地理信息系统(geographic information system,简称 GIS)技术和全球定位系统(global positioning system,简称 GPS)技术的简称。所有利用遥感数据进行的生态学研究和地面实地调查工作紧密相连,其研究结果要接受地面实地调查数据的检验,利用遥感和其他数据进行的生态学研究只有与传统生态学相结合才能得出正确的结论。3S 技

---

[1] 任海等:《退化生态系统恢复与恢复生态学》,《生态学报》2004 年第 8 期。

术已经广泛应用于区域和全球尺度的生态学研究，包括应用于生态恢复过程各方面的研究。

第三节 发展资源再生产业是循环经济的核心

随着经济飞速发展，人民物质生活水平的提高，垃圾问题越来越困扰着政府部门。然而垃圾中很多东西可以再用，是可以开发利用的"城市矿山"，"垃圾也不过是放错了地方的资源"。在国家的关注和扶持下，再生资源产业从"捡破烂"、"收废品"的社会底层服务活动，上升为"十二五"时期战略性新兴产业的重要组成部分，成为我国建设资源节约型、环境友好型社会的重要抓手。再生资源产业已成为全球发展最快的产业，蕴藏着无限生机。

一、再生资源

1. 再生资源的定义

再生资源是指在社会的生产、流通和消费过程中产生的，已经失去原有全部或部分使用价值，但能够进入物质循环链和经济循环链，经过回收、加工处理，能够使其重新获得使用价值的各种废弃物的总称。包括废旧金属、报废机动车、报废电子产品、报废机电设备及其零部件、废造纸原料、废轻化工原料、文化体育用品、二手手机及其他的生产生活用品等。

再生资源是一种宝贵资源。利用再生资源可以减少原生资源的开采，最大限度地保护不可再生资源，最大限度地减少原生资源开采中所造成的废弃物排放，是对节能减排、环境保护起到有效作用的不断增长的资源。

2. 再生资源回收利用

再生资源回收利用包括初级加工、深加工以及再生资源的储存和运输等。初级加工包括再生资源的收购、挑选分拣、鉴别分类、打包压块、破碎、解体等，深加工包括熔炼、分解、再制造等。再生资源回收利用是融商流、物流、信息流和资金流以及生产加工为一体的活动。

再生资源的回收利用是发展循环经济的重要组成部分和载体，有利于提高资源利用率，降低生产成本，保护生态环境，实现人与自然和谐发展。再生资源回收利用应遵循以下原则：第一，生态平衡原则，坚持回收资源和治理环境污染并举；第二，可持续发展原则，坚持当前利益与长远利益相结合；第三，减少浪费原则，变废为宝。

二、再生资源产业

再生资源产业是发展循环经济的重要载体，它是再生资源流通、加工利用、科技开发、信息服务、设备制造和环境保护等经济活动的集合，是集流通、生产、科研和环境保护于一体，集经济效益、社会效益、环保效益为一体具有先进水平的新型产业。再生资源产业是经济发展到一定阶段，经济发展方式发生转变和产业结构进行调整的背景下产生的新型产业，是实施循环经济的重要内容。它主要包括：

（1）再生资源回收企业。这是再生资源回收产业的主体，由各地再生资源回收公司和所属的回收网点所构成，主要任务进行再生资源的社会回收、初加工，以及贸易流通。

（2）以各类再生资源为主要原料或加工对象的加工制造企业。这是资源再生产业的主体，主要包括有色金属重熔提炼及有色金属材料生产企业，以废纸、废塑料、废轮胎或废橡胶等非金属再生资源为加工利用对象的制造加工企业。

（3）再生资源拆解企业。传统的拆解对象是报废车辆和报废船舶，近年来，随着报废电子产品的不断增加，废旧电子产品的拆解也逐渐成为拆解业的一个重要组成部分。

（4）个体经营者。散布于街头巷尾的回收个体户，以及垃圾堆放场所的"拾荒者"。目前，他们已成为进行再生资源社会终端回收的主力军。

（5）专门从事再生资源加工利用科技开发、信息咨询服务以及从事再生资源市场交易的组织和中介机构。

（6）再生资源工业园区。由于园区充分发挥了流通贸易、初加工、深加工一体化的集约生产优势，使资源利用率大大提高，已成为再生资源产业发展的新方向。

（7）混合型再生资源加工利用企业。以自然资源和再生资源共同为生产原料的企业，如钢铁冶炼厂。但由于两类资源的混用，属于弱再生资源企业。

（8）再生资源回收利用初加工机械制造企业。例如金属的剪切机、压块机、打包机，废塑料、废橡胶粉碎等机械的制造企业。这些企业的产品具有资产专用性，因而也应属于再生资源产业①。

发展再生资源产业有利于提高资源效率和减少废弃物排放，也是实现节能减排目标的重要途径。根据节能减排的要求，为解决再生资源回收利用问题，促进经济社会可持续发展，必须整合有限的资源构造再生资源回收、分拣、转运、加工利用、集中处理为一体的产业化格局。再生资源产业担当了"拾荒者"和"分解者"的双重角色。首先，我国对再生资源的回收主要通过大量的"拾荒者"来完成，运输、分类、拆解和部分简单加工多以手工操作为主，是典型的劳动密集型产业。其次，对于回收的物品要进行分解和再次加工，促进社会经济系统的正常运转，从而担当了"分解者"的角色。

三、再生资源产业新兴业态的特点

再生资源产业已经成为世界性的朝阳产业、全球蓬勃发展的新兴绿色产业，而且在实施节能减排、发展循环经济以及应对气候变化、发展低碳经济的时代背景下具有广阔的发展前景。张菲菲在论文《新兴产业形态与再生资源产业升级发展》中，把再生资源产业新兴业态的特点归结为再生资源集散市场、再生资源分拣中心、再生资源加工园区三部分。

1. 再生资源集散市场

再生资源集散市场是按照再生资源分类标准、品质状况，进行集中分拣、加工、交易、仓储、物流的固定经营场所。其特点是资源集中度高、交易规模大、区域辐射面广。集散市场一般直接与回收站、分拣中心相对接，形成同类再生资源的汇聚集中及批量交易。根据商务部相关文件的规定，区域性集散市场应由"五区一中心"构成：商品交易区、分拣加工区、仓储配送区、商品展示区、配套服务区和培训中心。再生资源集散市场是资源从分散到集中的节点，是衔接回收网络与加工利用能力的重要环节，物流、交易、仓储是其最主要的功能。

2. 再生资源分拣中心

再生资源分拣中心是按照再生资源分类标准、品质状况，集中对再生资源进行专业分类、挑选、清洗、破碎、切割、拆解、打包等简单加工及处理的固定场所。分拣中心的技术体系一般为人工分类、挑选、拆解与破

---

① 黄少鹏：《基于循环经济理念发展再生资源产业》，《再生资源研究》2006年第6期。

碎机、打包机等机械加工相结合。其目的是对废旧物资进行精细分类，并对废旧物资进行初加工，包括清洗、破碎、打包等，使其具备较为统一的规格和质量，同时在分拣和初加工过程中严格遵守环保、卫生、安全要求，既有利于后续环节对资源的精深加工，实现规模效益，又避免了混合加工、粗放拆解产生的二次污染。再生资源分拣中心是在物流过程中提升资源利用效率、降低环境污染的重要环节，具有促进再生资源加工利用专业化、环保化、精细化的重要作用。

3. 再生资源加工园区

再生资源加工园区是以对再生资源充分利用、减少资源浪费和环境污染为目的，集中对再生资源进行拆解、深加工和综合利用的固定场所。再生资源加工园区要求：①选址科学，交通便利，便于再生资源运进和原料输出；②空间设计合理，仓储得当，便于再生资源加工运输流程合理分布；③具备一定的加工利用技术手段和机械设备条件，对再生资源进行加工处理，使之转变为生产原料或初级产品。除此之外，随着再生资源加工园区的火热兴起，园区之间的竞争逐渐升级，很多园区的综合配套服务，如信息发布、技术研发、技能培训、物流配送、金融服务等不断完善升级，同时园区对加工技术和设备的要求不断提高，强化了自主研发和吸收引进的力度。我国已出台"城市矿产"示范基地相关扶持政策，对再生资源加工园区提出了"七化"要求，即回收体系网络化、产业链条合理化、资源利用规模化、技术装备领先化、基础设施共享化、环保处理集中化、运营管理规范化，为再生资源加工园区进一步升级发展指引了方向。

四、发展再生资源产业是循环经济的核心

《中共中央关于制定国民经济和社会发展第十二个五年规划的建议》中指出："面对日趋强化的资源环境约束，必须增强危机意识，树立绿色、低碳发展理念，以节能减排为重点，健全激励和约束机制，加快构建资源节约、环境友好的生产方式和消费模式，增强可持续发展能力。"同时强调，"大力发展循环经济。加快资源循环利用产业发展，加强矿产资源综合利用，鼓励产业废物循环利用，完善再生资源回收体系和垃圾分类回收制度，推进资源再生利用产业化。开发应用源头减量、循环利用、再制造、零排放和产业链接技术，推广循环经济典型模式。"

"垃圾是放错地方的资源"，一切物质资源均具有循环利用的价值。发

展再生资源产业，是以资源的高效利用和循环利用为核心的，是对"大量生产、大量消费、大量废弃"的传统增长模式的根本变革。"资源—产品—废弃物—再生资源"的反馈式循环过程，促进了资源永续利用。基于人类增加物质财富的社会生产活动超过了自然资源的供给能力、环境的自净能力和植被恢复能力，大力发展再生资源产业成为历史的必然。

发展再生资源产业助推转变经济发展方式，实现经济发展模式由粗放型向集约型转变，由高投入、高消耗、低效益、高排放向低投入、低消耗、高效益、低排放转变。循环经济的生产模式是"资源—产品—再生资源"，以最小的资源和环境成本，取得最大的经济社会效益，是经济发展与环境保护的双赢模式。

总之，发展资源再生产业是循环经济的核心，是建立资源节约和环境友好型社会的重要内容。再生资源产业具有广阔发展前景，最终形成一个"天下无废物"的循环社会，推动科学发展。

第七章

中国资源战略的一场革命

1972年，罗马俱乐部的学者们运用系统动力学方法，对地球上不可再生资源进行了考察，得出一个结论："增长的极限"、"零增长"。这一结论虽然是悲观的，但对推动可持续发展思想的形成起了重要的作用。2006年，世界著名的"美国兰德咨询公司"也得出结论，"以我们的标准，2020年，中国会非常穷"。其最有力的论据是："过度建造，对铁、铝、水泥和其他原材料产生了巨大的需求"，而这一需求是地球无法承受的。这一结论显然也是错误的。但"中国威胁论"者，却以此为依据，认为中国的迅速发展，将对世界构成"威胁"。这就迫使我们思考一个问题，已经成为"资源消耗大国"的中国，真的会因资源枯竭而"停摆"吗？如果按照发达国家的标准消耗资源，中国所需资源从何而来？中国资源战略的基点到底是什么？

中国资源战略的一场变革

第一节 中国经济社会发展面临的主要资源问题

我国自然资源丰富，许多资源总量大且位居世界前列，但总体来讲，在资源方面，我国又面临严峻的形势：①人均资源量少，资源相对紧缺，生存空间狭小。我国人口众多，按人口平均，是资源小国，人均资源量少是我国资源的一大劣势。②全国不同地区、不同种类的资源质量相差悬殊，贫劣资源比重偏大。这种现象在多种自然资源方面都有所体现。③各类资源匹配总体看不理想，资源地区分布不平衡，组合错位。南方地区水多耕地少，水资源占全国资源总量的81%，而耕地只占全国耕地的36%，能源资源普遍短缺；北方地区水少耕地多，耕地资源占全国耕地总面积的64%，而水资源只占全国水资源总量的19%，能源与矿产资源丰富，煤炭资源的90%、铁矿的60%、石油资源几乎全部在北方。④资源开发强度大，后备资源普遍不足。我国人口众多，各类资源在经济技术所能及的范围内，都得到开发利用，开发程度较高，国民经济发展所消耗的资源强度大。但相对于发展的压力来说，后备资源显得不足。⑤人为的资源利用粗放、浪费严重以及在资源管理上暴露出的种种问题，加剧了资源形势的严峻性[1]。下面重点分析矿产资源所面临的问题。

我国矿产资源形势十分严峻，供需矛盾日益突出。首先应该肯定，由于地域辽阔，地质情况复杂，成矿条件优越，矿床类型齐全，所以中国是世界上矿产资源比较丰富、矿种比较齐全的少数国家之一。但是，我国矿产资源的人均占有量却远远低于世界平均水平，未来一二十年矿产资源形势将更加严峻，供需矛盾将更加突出。据国家有关部门联合进行的第二轮矿产资源对国民经济发展保证程度论证分析，我国45种主要矿产的保有储量，预测到2020年可以满足或基本可以满足需求的仅有6种[2]。

（1）矿产资源总量大，但人均拥有量小。根据对世界前10位主要矿产资源大国的45种主要矿产资源储量的潜在价值进行比较，按矿产总值计，中国排第3名，占世界矿产总值的14.64%；按国土面积计算，中国

---

[1] 张维庆等主编：《人口、资源、环境与可持续发展干部读本》，浙江人民出版社2004年版，第215页。

[2] 张维庆等主编：《人口、资源、环境与可持续发展干部读本》，浙江人民出版社2004年版，第218—220页。

排第 6 名，为 114.46 万美元/平方千米；按人均潜在价值计算，为 1.19 万美元/人（世界 10 国平均值为 3.40 万美元/人），而且实际上还低于世界总平均值（1.77 万美元/人），在世界上排第 80 位。

(2) 大宗矿产多为短缺或探明储量不足的矿产。一些关系到国民经济命脉的支柱性矿产，能满足需求的，除煤以外，多数是用量较小的有色金属和非金属矿，而用途广、用量大的大宗矿产如石油、富铁、富锰、铜、铬、钾等矿产大部分难以满足需求，长期短缺已成定局。由于部分矿产资源紧缺，在能源、钢铁、化工等重要行业中，我国约有 1/4 的生产能力得不到发挥。

(3) 主要矿产单个矿床规模偏小。我国矿产资源总体上是矿区数量多而单个矿床规模偏小。矿床规模大的矿种仅有钨、锡、钼、锑、铅锌、镍、稀土、菱镁矿、石墨、煤炭。一些支柱性矿产的矿床规模则以中小型为主，大型、超大型矿床极少，如铁、铜、铝、硫铁矿等，不利于规模开发，单个矿区难以形成较大产能，影响资源开发总体效益。如，我国至今尚未发现特大型的富铁矿和富铜矿；世界上储量超过 200 吨的超大型金矿床有 48 个，而我国黄金单个矿区探明储量大于 60 吨的仅有 7 处，大于 100 吨的一处都没有；在矿山开发规模方面，智利丘基卡玛塔一个矿山年产金属铜达 65 万吨，而我国目前已开采的 329 个铜矿区年产铜精矿含铜量才 33.4 万吨。

(4) 支柱性矿产贫矿多，难选矿多，共生、伴生矿多，给采、选、冶带来困难。我国一些关系到国计民生的用量大的支柱性重要矿产资源，如铁、锰、铝、铜、铅锌、硫、磷等，或贫矿多或难选矿多，不同程度地影响着开发利用。我国铁矿石平均品位为 33.5%，比世界平均水平低 10% 以上；锰矿平均品位仅 22%，不及世界商品矿石工业标准 48% 的一半，而且不少矿区杂质磷含量较高，在利用以前，需要做选矿和脱磷处理。我国铝土矿几乎全为一水硬铝石型，用其生产氧化铝的建设投资和生产成本，明显高于处理三水铝石和一水软铝石。铜矿品位 Cu>1% 的储量只占总量的 35%，平均品位仅为 0.87%，远低于智利、赞比亚等世界主要产铜国的铜矿品位。我国硫矿矿源明显不同于国外，国外主要是从石油、天然气中回收，而我国是以硫铁矿为主，且贫矿多，富矿少，利用效益差。磷矿富矿少，平均品位仅为 16.95%，而且胶磷矿多，选矿难度大。我国这部分矿产资源质量方面的诸多不利因素，导致其开发的经济效益差，在国际市场上竞争力不强，制约其开发利用。

(5) 矿产资源区域分布具有多重不均衡的特点。我国矿产资源总体分布广泛，但由于地质成矿条件不同，导致矿产分布具有明显的地域差异。如74％的煤炭保有储量集中于晋、陕、新、内蒙古，而经济较发达、用煤量大的东南部地区则较紧缺，形成了北煤南调、西煤东运的局面。磷矿70％的保有储量集中于滇、黔、鄂、川，形成了南磷北调。铁矿主要集中于辽、冀、晋、川，其开发利用同样受交通运输等外部条件的制约。此外，我国现有一些尚未开发利用的大型、超大型矿区，主要分布于西部边远地区，给矿产资源的开采、运输和配套等带来许多困难。

第二节　发展资源再生产业是解决中国资源问题的重要出路

在当前和未来相当长时期内，中国已成为资源消耗大国，是选择开采型资源战略、"储备"型资源战略，还是再生型资源战略，是必须面对的现实问题。

一、开采型和储备型资源战略是线性经济的产物

在经济全球化的大分工中，中国已成为"世界工厂"，对资源的需求已经超过了美国。加上13亿人口内需的快速增长，中国已经成为世界第一"资源消耗大国"。

因此，选择何种资源战略，解决发展所必需的资源，已成为关系到中国未来命运的关键问题，这对于解决世界的资源问题也具有举足轻重的意义。与发达国家实现工业化的时代不同，在中国成为世界工厂，需要消耗大量资源的今天，全球的资源状况已经发生了根本的变化。全球大部分可工业化开采的矿产资源已经濒临枯竭。

据推算，世界上一些主要矿藏可供开采的年限为：铜53年，铅21年，锌23年，锡41年，镍79年，钴67年，钨42年，石油55年。也就是说，本世纪内全球将基本上无油、无矿可采。

前面我们已经提到，中国虽然拥有丰富的矿产资源，但人均资源却相对匮乏。45种主要资源的人均占有量不足世界平均值的50％。目前，中国的400多个主要矿区都已进入中晚期，普遍处于少（数量少）、散（分散在边远地区）、贫（品位低）、杂（伴生矿多）的状况，由于技术落后，

利用率不到30%，开采成本却是国外的2倍。长年累月的开采尤其是近几年的野蛮开采，已经使大部分矿区成为环境污染和人员伤亡的重灾区。

为了应对国内资源的紧缺，我国从20世纪末开始大量进口铁矿、石油、天然橡胶等资源，推行"储备型资源战略"。

结果，掌握了全球资源定价权、结算权的美国等西方国家，趁机对我国实行暴利盘剥。每桶开采成本仅为1美元的石油，100美元卖给我们；每吨开采成本仅为5美元的铁矿，170美元卖给我们。

许多国家为谋取暴利、保护资源，不但不增加产量，反而不断限产。如越南对天然橡胶限产后，中国进口的天然胶由3000元涨到35000元。由于中国禁止回收出口轮胎，致使天然胶成为不可替代的原料，只能任人宰割。近年来，中国在进口铁矿价格谈判中屡战屡败、完全受制于人的窘况，就是对我国资源采购现状的真实反映。

显然，无论中国推行"开采型资源战略"，还是"储备型资源战略"，都是不能持久的无源之水、无本之木；都是线性经济的产物；都无异于让资源输出国掐住了我们的"命脉"。

此外，中国每出口10个集装箱，就有6个空箱返回，资源透支达60%。这就意味着中国正在用自身的"血肉"去满足全世界的需求。长此以往，中华民族将在我们这一代"一无所有"。因此，如何解决中国的资源危机，已经成为关系到国家、民族兴衰的头等大事。

二、再生型资源将成为我国工业原料的重要来源

调查显示，50年前的日本、德国和40年前的韩国以及我国的台湾、香港；30年前我国的珠三角、长三角这些资源匮乏的国家和地区，在经济腾飞的初期，都曾面临资源与发展的尖锐矛盾。

而对装备落后、资源匮乏、人口众多的中国，人们更是普遍认为：中国经济正随着矿产资源的枯竭走向崩溃。然而，50年后的今天，人类既没有到末日，发展也未"零增长"，更没有面临"极限"。中国经济不仅没有崩溃，反而屡创全球增长的世界纪录。究其原因，正是因为资源再生产业的快速发展，形成了资源可反复利用的循环经济；正是因为资源危机迫使人们把目光由地下转移到了地上，大量"开采"了废旧物资这一永不枯竭的"城市矿山"，形成了生生不息的产品→废弃→再生产品的循环经济。

上面提到的那些国家和地区，无一不是利用初期的廉价劳动，加工发

达国家"富积"的废旧物资，解决了原料和装备问题。

素有"改革开放先驱"之称的浙江"四大天王"，以及"天下第一村"的华西村，就是在"计划外"的民营企业无法得到"计划内分配物资"的情况下，只能利用国内的"土垃圾"，进而利用更为丰富、廉价的"洋垃圾"的发展历程；就是一个利用再生资源的中、小民营企业，取代利用矿产资源的传统企业的发展历程。

调查显示，正是由于日本开展了 60 年的"垃圾革命"——通过回收"垃圾"、"洋垃圾"，使原料自给率达到 80％以上，基本上摆脱了对矿产资源的依赖，如今已宣称自己为"资源大国"。与此同时，号称地大物博的中国，由于坚持落后的线性经济，经过 60 年的掠夺式开采，如今已沦为主要依赖进口的资源小国。两种不同的结果，正是由于对资源再生、对"洋垃圾"的两种完全不同的态度造成的。

因此，大力发展资源再生产业，把"吃老本"的线性经济，改变为"吃利息"的循环经济，已经成为解决中国资源瓶颈的唯一选择。但目前，中国发展资源再生产业，还面临着两个抉择。

要么我们关起门来，拒"洋垃圾"于国门之外，仅仅利用国内的废旧物资搞"小循环"；要么解放思想、转变观念，积极回收我国的出口产品和发达国家"富积"的再生资源，促成"国际大循环"。

由于中国还是一个处于原始积累、"初级阶段"的发展中国家，各地区的发展程度也极不平衡。大量的生产、生活资料还在由发达地区向贫困山区逐年降级使用，不会在短期内完全报废。

因此，尽管中国的 5000 万"扒拉"大军挖地三尺，也只能为中国的制造业提供 30％的原材料。显然，仅靠国内的废旧物资，是无法满足正在为全世界制造产品的"世界工厂"的资源需求。

而历经 300 年工业革命的发达国家，人均物资消耗是中国的 10 多倍。如日本人均每年报废 450 个饮料瓶，是中国的 100 倍；发达国家的钢铁蓄积量超过 200 亿吨，而且大部分处于闲置或报废状态。而中国的钢铁蓄积量仅有 10 多亿吨，而且基本上处于使用状态。

如有 100 年历史的"世界钢都"美国的匹兹堡已永久停产，留下几百平方公里的"铁山铜岭"。而各种飞机、汽车、塑料、轮胎"坟墓"以及废弃的厂矿随处可见。由于各港口"船满为患"，美国只能将成千上万条含有大量贵金属的废弃舰船沉入海底；由于各机场的旧飞机"机满为患"，只能将成千上万架含有大量铝合金的报废飞机弃置沙漠。另外，发达国家每年还要新产生废旧物资 40 亿吨，其中大部分由于成分复杂，机械无法分辨，只能靠人工分拣、拆解才能利用，而发达国家由于人力成本过高，靠人工拆解远远超出了企业的承受能力，加之制造业转移后，原料的市场需求严重萎缩，因此，大量废旧物资只能被填埋、焚烧或闲置。即使被回收的部分，其价值也远远低于回收成本，需要靠巨额补贴才能维持。

形成鲜明对照的是，中国虽然拥有丰富的人力资源和巨大的市场需求，废旧物资的蓄积量却十分有限。如，中国目前钢铁的蓄积仅为 10 亿吨，就连废弃建筑物里的钢筋都被用手工凿出来回收。为了寻找埋在地下的废金属，中国的回收大军甚至购置了军用探雷器。

理论上讲，天下没有不可利用的垃圾，垃圾是"放错位置、混合在一起的资源"。而要把高度分散、成分复杂的报废产品分拣、拆解成单一成分并集中到一起，主要靠手工，大多数现代化设备往往无用武之地。因此，许多在发达国家需要巨额补贴才能处理的"洋垃圾"，却成为中国回收大军眼里的"抢手货"。

例如仅日本东京一家饮料厂，每年为焚烧、填埋 24 万方废饮料瓶砖，就需要补贴 25 亿日元。而同样的瓶砖，在中国每吨可以卖到 5000 元人民币。

2006 年，国家发改委为制定"十一五"规划，集中了众多专家，就资源短缺问题进行了探讨。出于传统的"线性思维方式"，专家们的眼光仍然集中在矿产资源的开发和尽快向高科技转型上，甚至提出了在世界范围开发、储备矿产资源的"全球资源战略"。

事实上，按现在的发展速度，50 年左右全球大部分可工业化开采的矿产资源就会用尽。根据报道，中国要达到发达国家的水平需要 3 个地球的资源。显然，属于初级阶段的中国，经济要可持续发展和立即实现现代化仅靠开采人类最后一点矿产资源是不现实的。

如今，中国为了维持入不敷出的线性经济而推行的全球资源战略，正在遭到各国环保组织的抵制和资源输出国的暴利盘剥。中国东北地区的矿产资源和现代化水平都远高于全国平均数，如今却需要动员全国去"振兴"，而资源匮乏、装备落后的东南沿海地区取得的成功，并非得益于"全球资源战略"和"高科技"，恰恰是由于充分发挥了人力资源的优势，发展了以资源再生为主要特征的循环经济。

如果我们能够总结我国东南沿海的成功经验，每年进口发达国家富积的数千亿吨废旧物资中的 5 亿吨（和每年出口量基本持平），据不完全统计,可节约包括水、煤、油、矿、橡胶、木材等原生资源 600 亿吨,少产生废水、废渣 500 亿吨,节电 5 亿千瓦时(相当于 2 亿吨标准煤),减少二氧化碳排放 6.25 亿吨,解决就业 2000 万人。加上回收国内的再生资源和少量的矿产资源,将基本实现资源的收支平衡、摆脱对矿产资源的依赖、形成生生不息的循环型产业链。

三、资源再生产业是解决资源危机的"希望工程"

有关专家根据全球矿产资源枯竭以及资源再生产业发展的速度推断,30 年后,资源再生产业为全球提供的原料,将由目前的 30% 提高到 80%,产值超过 3 万亿美元,增加就业 3.5 亿人,并最终取代采矿业成为与制造业并驾齐驱的支柱产业。因此,资源再生已经成为目前世界上最具潜力的朝阳产业和希望工程。而谁率先进入该产业,谁就会因为掌握了取之不尽的资源宝库而执未来世界经济之牛耳。

以织网业为例,全球织网业每年使用的聚酯需要消耗近千万吨石油。由于织、补渔网属于密集劳动,因此,全球大部分渔网都在人力资源丰富的中国生产。而发达国家进口的中国渔网破损后,由于劳动成本过高,无力修补和再生,为节约成本,只能将废渔网丢弃在海里,结果导致赤潮和海难频频发生(最近俄罗斯潜艇被日本废渔网缠住就是一例),或者焚烧、填埋,造成严重的污染和浪费。

中国出于对"洋垃圾"的顾虑,严禁回收出口的废旧渔网。致使全球制网业处于一个"石油→渔网→废弃"的线性状态。

如果我们能够允许回收出口的渔网,具有强大修补和再生能力的中国制网业,回收率接近 100%。一旦形成渔网→废弃→再生渔网的国际大循环,不仅每年将为国家节省一千万吨石油,而且还能解决几万人就业。而利用废渔网的环境治理成本,仅为利用石油资源的 1/10。目前,由于巨大的市场需求,走私进来的废渔网已卖到 7000 元/吨。

调查显示,类似渔网的情况比比皆是。一边是中国出口的产品废弃后在世界各地大量堆积,造成严重的环境问题;一边是中国强大的再生能力由于进口受阻而被闲置,面对资源危机,只能不断加大开采和进口矿产资源的力度,造成更加严重的资源与环境危机。

显然,国际大循环的"静脉系统"尚处于"栓塞"状态。

如果中国每年出口的商品能够"责任延伸",通过全球"静脉系统"——国际大循环,得到充分地回收,资源危机将得到根本的缓解。人类也将彻底摆脱"增长极限"的梦魇。

比如,我国作为全球最大的电子产品出口国,每年出口各种家电7亿台(件),相当于出口钢铁、塑料以及其他贵重金属400万吨。由于政策上严禁回收出口的家电,结果导致严重的资源透支,只能通过开采和进口高能耗、重污染的矿产、石油资源来补充。据统计,利用废家电的环境代价和能源消耗,仅为利用矿产资源的1/10。目前,无处不在的电子垃圾,已经成为全球重金属污染的主要根源。

再如,既没有铜矿,也没有国家投资的广东清远,每年从电子垃圾中获得铜60万吨,被称为"世界铜都"。如今,"清远铜"已经成为全球铜价的风向标。遗憾的是,清远用以提取铜的废旧电器,主要依靠走私,而走私进口的电子垃圾,已经无法受到环保部门的有效监管。

据调查,日本、韩国的走私商,在发达国家拿补贴又到中国卖高价,95%的利润被攫取。如能允许回收我国出口的电子产品并加以监管,不仅将杜绝走私带来的环境问题,而且还可以降低成本80%以上。

又如,随着经济的快速增长,中国对石油的需求日益增加,对石油的依赖也进一步加大。由于石油资源掌握在少数石油输出国手里,这一垄断性的供求关系,使石油输出国成为掌握全球经济命脉的"上帝"。于是,为了使已经见底的石油能够获取更高的利润,石油输出国组织拼命抬高油价。而在没有找到石油的替代品之前,我国只能成为被石油输出组织"绑架"的"人质",任人宰割。

如果我们能够摆脱线性思维方式的束缚,用循环经济的眼光找出路,就会发现:"路就在脚下"。实际上,全球石油资源的一半生产了塑料、人造橡胶等化工产品,而消费这些化工产品最多的发达国家,因劳动成本高,无力分拣、拆解,只能将大部分废弃的化工产品焚烧、填埋或闲置。这些500年不降解的化工产品,日积月累数量已非常可观。如果我们能够"开发"这一与消费同步增长的"油田",可大大减少石油消耗。而我国的回收企业,在强大的市场需求推动下,废塑料、废橡胶的还原技术已处于世界领先水平。另外,还有大量的石油作为能源被开采、运输、冶炼矿石所消耗。如果我们能够大量利用能耗低80%的废金属等再生资源,至少可节约50%的石油资源。

再如,由于我国的大型钢铁企业原料的90%仍旧依赖高能耗、重污染、不可再生的矿产资源。而原来主要利用铁矿的发达国家,为了保护环

中国资源战略的一场变革

境、降低能耗，要么把矿冶业转移到中国等发展中国家，要么改而利用废钢，受铁矿涨价的影响十分有限。结果导致唯一在增加矿冶规模、已经成为全球最大的铁矿进口国的中国，在与澳大利亚等国的谈判中，处于孤军作战且没有退路的逆境而屡遭失败。

如果我国能将主要依赖矿产资源的线性经济，像日本、德国那样改造为主要利用废金属的循环经济，目前受制于人的被动局面是完全可以改变的。然而，出于对"洋垃圾"的顾虑，我们要求发达国家必须将那些存在于各种车辆、设备、厂矿中的废金属，拆解至1米以下，并将塑料、橡胶、玻璃、木料和其他金属分解为单一成分。而集中了全球绝大部分废金属的发达国家，由于人工昂贵无力分拣、拆解，致使绝大部分珍贵的再生资源被拒之门外。而废钢轨、工业下脚料等不用分拣、拆解的废钢铁，又被发达国家留下自用。

目前，我国的国有大型钢铁企业，使用的基本上都是利用铁矿的转炉，普遍缺乏进口废钢铁、向循环经济转型的积极性。而主要利用废钢铁的中小民营钢厂，国家又不允许他们进口废钢，甚至成为宏观调控的对象，以至于影响了我国钢铁业向循环经济转型。

比如，汽车生产消耗了全球30％以上的优质钢材、60％的橡胶。由于我国不允许报废车进口，这30％的废钢铁便与我国无缘。与此同时，发达国家数以亿计的报废汽车由于无力拆解（未经拆解的报废车因成分复杂是无法回炉的），只能进入汽车"坟墓"。

据统计，我国已经成为全球最大的轮胎生产国和橡胶消费国。而橡胶林只生长在云南、海南等地。随着橡胶价格的暴涨，上述地区的热带森林被大规模砍伐种胶。据专家介绍，由于新、旧轮胎的成分完全一致，因此，利用旧轮胎翻新（理论上讲，轮胎的胎体可以翻新5～7次）或者回收胶粉，比利用石油、天然胶，产业链缩短80％、能耗和"三废"排放减少了80％，是最为有效的节能减排手段。目前，国内废轮胎的收购价格已超过2500元/吨，包括新疆、西藏在内的废轮胎都已被彻底回收。但每年出口的4亿条轮胎却有去无回，只能靠进口天然胶、合成胶弥补。而发达国家平均每年报废15亿条轮胎，日积月累数量已非常可观。如能允许进口，不仅可取代大部分天然胶和人造胶、节约数以千万吨计的石油（平均8吨石油才能生产1吨人造橡胶），而且还可以拯救和恢复上百万公顷的热带雨林。而把除了胶粉就是钢丝，几乎没有任何有害成分的废轮胎丢弃在境外，无疑是一种极大的浪费。

据统计，二手车及汽车配件的市场规模与新车市场几乎相等。而全球80％的零配件实际上来自报废车的"拆车件"。由于发达国家的报废车平均只行驶了8万公里，从中拆下来的零配件经过再制造，质量远胜于我国中小企业生产的零配件。由于我国不允许报废车进口，致使配件市场长期被日本、韩国以及我国的台湾、香港等允许进口的国家和地区所垄断。报废车的再制造和拆解零配件属于劳动密集型产业，这恰恰是我国的优势。据专家估计，我国如能允许进口发达国家的废旧汽车，至少可增加5000亿美元的市场规模和解决50万以上的人口就业。

调查显示，仅日本每年就报废汽车650万辆，每处理一辆平均需要补贴200美元，成为巨大的社会负担。

因此可以说，石油、矿石涨价，金融危机是一件坏事，但同时也是一件好事，那就是迫使我们更快地向循环经济转型。

如今，正在为全世界生产产品的中国的国内产品尽管基本上得到了回收，但几乎所有的出口产品都有去无回，造成严重的资源透支。如果我们能够解决"静脉栓塞"，大量回收出口产品，形成"世界上有多少新就有多少旧，有多少旧又再生多少新"的国际大循环，中国乃至世界的资源与环境危机将得到根本的缓解。

第三节 发展资源再生产业是发展低碳经济的重要举措

低碳经济，是以低能耗、低污染、低排放为基础的经济模式，是人类社会继农业文明、工业文明之后的又一次重大进步。

将造成污染的废弃物进行焚烧、填埋处理的环保人士，被称为"仁者"；将废弃物再生利用者，被称为"智者"。由于仁者改变不了资源枯竭和废弃物日益增加的局面，属于线性经济的处理手段。而智者变废为宝，是一种能够保持资源和生态收支平衡的循环型处理手段。

发达国家由于人工昂贵以及制造业转移后，原料需求萎缩，每处理一吨废旧物资平均需要补贴100美元。而要将他们每年产生的40多亿吨废旧物资再生，经济上显然无法承受，只能成为以焚烧、填埋为主的"仁者"。而人力资源丰富、市场需求巨大的我国，每进口或回收一吨废旧物资，平均可获利1000元左右，成为世界上最大的"智者"。

常识告诉我们，将废旧物资回收利用较之焚烧、填埋，是一种更彻

中国资源战略的一场变革

底、更干净的处理手段。因此，我们目前照搬发达国家重治理、轻再生的"仁者"环境战略，显然背离了我国的国情而事倍功半。

发达国家在工业化进程中造成的污染，使地球的环境容量几乎达到极限。如今，他们把污染企业往发展中国家一推，把自己的家园布置得"花团锦簇"。而等到发展中国家要脱贫，他们却以"仁者"的面目出现，在发展中国家向工业化迈进的道路上设置种种"环境壁垒"，目的是怕"穷邻居"弄脏了他们的"后花园"。

引进那些洋标准和以无害化、减量化为目的、非常昂贵的洋设备，是那些甚至还未解决温饱的发展中国家根本无法做到的。比如，中国的一些治理项目，尽管好话说尽、投入重金，但由于砸了农民的饭碗，断了地方的财路而遭到普遍抵制，并不断反弹。

我们既要环境，也要发展。而没有资源化、产业化的环境保护，是只有发达国家才玩得起的"高消费"、"奢侈品"。目前，中国要维持生态不进一步恶化，按照发达国家的洋教条推算，每年至少需要投入15000亿。而中国尽了最大努力，才达到目前的6000亿。巨大的缺口怎么解决？

出路只能是成为发展再生资源产业的"智者"，把污染源变成资源、财源；把环境保护由"纯消费事业"变成"高回报产业"。显然，能产生高额利润和解决大量就业的资源再生产业，才是发展中国环保事业的最有效动力。

据统计，进口经过了冶炼的废钢、经过了裂解的废塑料和经过了化浆的废纸，等于将80%的污染、能耗拒于国门之外。而我国每年进口的8亿吨矿产、石油、森林等资源，无异于将100%的污染、能耗进口到国内，可谓世界上最大的一笔洋垃圾。另外，利用废金属等再生资源的环境治理费，仅为利用矿产资源的1/10。因此可以说，我国目前环境方面的问题不是资金问题、技术问题，而是产业结构问题，是我们把钱用在了落后的线性产业结构而事倍功半。

那些按照西方"仁者"的标准，认为中国没有绿色GDP，并把绿色GDP当成沉重负担的环保专家们是否看到：中国的资源再生产业，每年把上亿吨严重污染环境的国内外"废弃物"转化成资源，取得了巨大的经济效益和环境效益。这部分绿色GDP，不仅没有成为经济负担，还成为我国GDP的重要组成部分。

形成鲜明对照的是：中国每年耗巨资开采和进口的60多亿吨矿产资源，在开采、运输、冶炼过程中要产生几千亿吨废水、废气和废渣，形成的酸雨每年损失达1000多个亿。据统计，开采矿产资源破坏的土地面积已经超过4万平方公里（相当于一个半台湾岛），并还在以每年2000平方公里的速度增加。

显然，造成环境污染的真正罪魁祸首，并不是被媒体大肆炒作、每年进口的4000万吨废旧物资中的区区几箱"洋垃圾"，而恰恰是我们不惜调动一切外交手段、花费大量的资金、付出重大人员伤亡和环境代价去开采和进口的60亿吨矿产资源。

目前，我国排放的二氧化碳已经超过美国，名列世界第一。而大量利用矿产资源的制造业所产生的二氧化碳，占到我国总排放量的75%以上，是产生二氧化碳和其他污染物的主要来源。如：开采、运输、电解一吨铝矿耗电2万度、排放二氧化碳20吨，而利用废铝仅需耗电700度、排放二氧化碳300公斤，是铝矿的1/30。

据统计，人们日常生活中所排放的"三废"，只占全国总排放量的15%。远低于利用矿产资源的制造业（75%）。也就是说，如果不能有效地减少矿产资源用量，即便我们生活中少开几天空调、少坐几趟汽车，甚至不排放、不消耗，对于节能减排也只能是杯水车薪。

理论上讲，与产品成分最接近的，莫过于产品本身。因此，将报废产品"还原"成同类新产品，比从开矿重新制造，产业链缩短了80%。如废电瓶再生成新电瓶、废船板冶炼新船板，比开采铅矿、铁矿，节能减排超过90%。正因为冶炼过程造成的污染、消耗的能源最为集中（超过80%），因此，利用已经经过冶炼的废五金，取代未经冶炼的矿砂，是最为有效的减排手段。如果我国每年进口的不是8亿吨矿砂，而是等量的废金属等再生资源，可减少二氧化碳20亿吨、节约环境治理费700个亿、降低能耗80%。因此可以说，以利用再生资源为主要特征的循环经济，就是低碳经济。

目前，世界各国就减排问题互相推诿、争论不休。但由于受线性思维方式的局限，至今尚未找到一种既不影响发展又能保护环境的两全之策。而按照商务部颁布的标准，如能回收全球每年产生的100亿吨再生资源中的40%（理论上100%可回收），可使碳排放由目前的90亿吨减少到可自然降解的70亿吨、节约矿产资源60亿吨、节约垃圾处理费5000亿美元、安置就业1个亿，世界将基本实现资源与生态的平衡。因此，只有改变全球落后的线性产业结构，才可能发展与环境并举，才可能建成天下无废物的资源节约型和环境友好型社会。

中国资源战略的一场变革

统计表明，资源再生产业是最节能、最环保、产生碳信用最多的行业之一。因此可以说，我们目前推行的重治理、轻再生的环境战略，是舍本求末，没有抓住改变落后的产业结构这一主要矛盾。

比如，中国的淮河治污工程投入了大量资金、关闭了大批企业，但由于这批地方赖以生存的企业"关而不死"，环保设施"设而不施"，效果并不明显。如果我们能将这批造成污染的企业，像广东、浙江的企业那样，充分利用发达国家大量"富积"相对清洁的再生资源，在保证农民饭碗的情况下，同样可以解决污染问题。

比如，河北省某市是环渤海的经济发达地区，也是全国污染最为严重的地区之一，和珠三角比，其人均产值不到后者的1/3，污染却比后者高出许多倍，其根本原因是：该市主要利用的是各种高能耗、重污染的矿产资源，是在维持落后的线性经济，而"珠三角"主要利用的是废钢、废五金、废塑料等再生资源，发展的是循环经济。

又如，天津静海48家再生企业，2007年从进口"洋垃圾"（废电线电缆）中获得铜38万吨，相当于我国最大的贵溪铜矿当年的产量，回收率接近100%，污染、伤亡几乎为零。而后者每年要产生高硫、高砷的有毒矿渣6000万吨、废水2.4亿吨、二氧化硫100万吨、耗电20亿度（相当于80万吨标准煤），同时还使几百平方公里的山体遭到不可逆转的破坏，工伤事故和环境代价是前者的上百倍。

目前，中国已成为全球最大的产品出口国，而出口产品报废后给全球环境带来的负面影响，以及只管出口不管回收的线性经济，已经引起了国际社会的广泛批评，有些环保组织甚至称中国为"全球最大的污染源"和"最不负责任的国家"，并正在直接或间接地收取高额处理费。据专家介绍，回收出口产品比进口矿产资源可减少污染、能耗70%，降低成本50%，增加就业20个百分点。因此，回收出口产品，不仅有利于解决我国的资源与环境危机，也是一个负责任的制造业大国应尽的责任和义务，而且符合我国有关责任延伸制的政策。

另外，利用木材生产家具、筷子出口，被中国一些"仁者"斥责为破坏绿化而深恶痛绝。经调查，正是因为有了出口家具、筷子的市场需求，才使华北、华东的许多地区形成了速生林的绿色海洋。比如，过去作为国家重点扶贫对象的沂蒙山区，种速生林后，每亩收入由不到100元增加到1000元。加工成板材和家具后大量出口，不仅迅速脱贫致富，（其私家车拥有量已经超过广东）而且生态环境也大为改善。其负氧离子含量超过全国平均值上百倍，成为天然氧吧。日、韩回收率很高，报废的木制品又被做成纸浆回到中国，既节省了大量木材，又由于木材加工属于密集劳动，解决了大批农村剩余劳力就业。

人类生存就要消耗资源、排放"三废"。一味限制消耗和排放，只能妨碍中国的现代化进程。因此，单纯的保护型、回归型环境战略，既消极、被动，又治标不治本。

而大力发展资源再生产业，形成消耗越多、排放越多、回收越多、再生越多，生生不息的"再生型环保战略"，才可能标本兼治、才可能从根本上解决环境与发展的矛盾。

总之，如果没有发达的资源再生产业，形成生生不息的国际大循环，线性状态的地球终将被垃圾掩埋，也就不会有中国乃至世界的环境保护。而只有建立起将污染物干净、彻底地回收利用的全球静脉系统，我们才能放开手脚发展经济；地球才能吐故纳新、重新焕发生机。

目前，随着东部资源的枯竭，我们又把资源开发的目光投向西部。据林业部门统计，由于过量开发，中国已有1/4的国土荒漠化，并还在以每年1.4万平方公里速度增加，而且荒漠化主要发生在西部。

既然科学已经证明"人进沙进、人退沙退"，那么，尽量减少西部的开发活动，依靠大自然的循环再生能力，我国的生态环境完全可以恢复到秦、汉之前未遭到大规模人为破坏时的状况。（目前西北各省的森林覆盖率仅为秦汉之前的1/20，而"黄河"的称谓最早源自西汉，也就是说，西汉之前黄河水还是清澈的）。

据调查，目前西部一些地区的环境之所以改善，并非得益于国家的环保投入，而主要是因为大批劳力到东部打工，减少了靠山吃山、过度放牧对环境造成的破坏。据统计，外出人口的数量与当地环境的改善完全成正比。不可想象，一个人口密集、布满了工厂、矿山、高速公路，被充分"大开发"的地区，如何能够保持"原生态"。

因此，我们既要"西部大开发"，更要"西部大保护"，绝不是"西部大开挖"。既然我国的"环评法"要求所有的项目都必须先进行"环境影响评价"，那么面对涉及大半个中国的西部大开发这一"超大型项目"，是否也应先进行环评？应该明白在开发过程中，什么可以做，什么不可以做；什么应当先做，什么应当后做。

西部是我国的水源以及大部分动植物资源的发源地、栖息地。因此，西部环境对于保持全国的生态平衡起着至关重要的作用。实际上，人类的

中国资源战略的一场变革

发展史就是一部由树上到树下、由山区到平原、由上游到下游、最后集中到交通最为便捷的江河入海口的工业化、城市化过程。因此,中国的工业化、城市化也必然是一个"东部化"、"沿海、沿江化"的过程,我们岂能倒行逆施?

近年来,中国的地质灾害成倍地增加,其中80%发生在西部。因此,把大批石化、钢铁企业以及东部人口集中到一些并不适合发展经济的西部地区,无疑是一种对生态环境、人民安全极不负责的态度。

横断山研究会会长、著名地质专家杨勇在汶川地震前就撰文指出:"龙门山地震断裂带中已形成了大面积、大净空的矿山开采区和剥离采场,海拔 2500 米以上的含矿层基本上已采空……作为四川省的富矿带,多年的采矿活动已伤筋动骨"。"5·12"地震中,正如杨会长预见的那样,该地区成为受灾最重、次生灾害最多的地区。杨会长最近还指出:"汶川震区重建三年以来,泥石流、塌方等次生灾害在不断扩大,主要原因之一就是重建工程、工矿企业新扩建造成的二次破坏"。显然,过度开发是造成西部地质灾害的主要原因之一。

我们认为,如果进行全国范围的环境影响评价和专业化大分工,应将西部作为世界工厂的"宿舍"、"后花园",发展林业抓"生态";中部作为世界工厂的"食堂",发展农业抓"生活";东部作为世界工厂的"车间",发展工业抓"生产",并因地制宜地实行不同的政策和标准,将 3000 年前按照农业经济"小而全"的特点划分的行政区域,改变为按照经济全国化布局、区位优势和市场、环境条件划分的"林业省"、"农业省"和"工业省",而不能统统都去抓 GDP。更不能在青海、西藏发展重工业,到长三角、珠三角去发展畜牧业。

西部经济的落后,并非"群众改革不积极"、"干部开放不大胆",而是由市场决定的。众所周知,西部每年都有数以亿计的人口到东部打工或定居、都有大批企业向东部转移,这些都是市场选择的结果。如果我们仍然沿用计划经济的传统手段逆经济规律而动,只能得到事与愿违的结果。改革开放至今,我们已经搞了 30 多年的市场经济,因此,哪里该振兴、哪里该开发、何时"腾笼换鸟"、发展科技,都应当"无为而治"——顺应客观规律,由市场、环境说了算,而不能再靠计划经济的行政命令、长官意志。

综上,任何地区的产业布局,都应服从全国总体的战略布局和环境影响评价,都应当顺应经济发展的客观规律。如同北京的水源地密云,必须服从北京的大局，不能搞"密云大开发"去追求 GDP。而东部地区也应当像北京补贴密云那样，对为保护全国生态环境做出牺牲、并为东部提供了清洁的水、空气的西部地区，给予财政补贴。

我们从长三角、珠三角的成功实践中不难看出，大量利用国内外的再生资源，比到西部去开发矿产资源，更有利于我国的环境。

17 世纪，美国的探险家发现了黄石大间歇泉，同时也发现了丰富的黄金等贵金属。这一发现，立即引起当地政府和矿业老板们的极大兴趣。但当时的美国总统清醒地认识到："环境也是资源"，"不希望看到世界罕见的大间歇泉成为一个积满脏水的矿坑"。经过激烈辩论，国会通过议案，将黄石定为世界上第一个国家公园。随后又设立一大批国家公园。200 年过去了，美国人由衷地感谢这位总统。正是这批国家公园，使美国西部的生态环境免受"疯狂淘金时代"的洗劫。这对我们保护已经千疮百孔的西部环境，是否值得借鉴？

第四节　发展资源再生产业有利于创建和谐社会

贫穷和不公是造成社会不和谐的主要原因。目前，占人口大多数的中国农民被边缘化的问题还十分突出，他们成为我国最大的弱势群体，也是社会"不和谐因素"之一。

据统计，目前种一亩地平均只需要 28 个工作日，收入不过几百元。也就是说，5 亿农村劳动力中的 5000 万务农已绰绰有余，其余 4.5 亿农村剩余劳力，蕴藏着巨大的能量。

而使亿万农民困守在只需一个多月就能干完的土地上，无疑是对人力资源的极大浪费。况且我国的农产品价格受土地资源、水资源的局限，比国际市场几乎高出 1/3。

因此，在经济全球化的今天，与土地资源、水资源极其丰富的美国、加拿大、巴西等国相比，农业已不是我国的优势产业。实际上，占中国人口大多数的农民，早已从改革开放前的痛苦经历中认识到：光靠地里刨食是不可能脱贫致富的。据调查，土地资源匮乏的日本成为经济强国的过程，就是一个由粮食出口国变成粮食进口国、工业取代农业的过程。长三角、珠三角也走的是同样的道路。实际上，在许多干部、群众眼里，"农业大县"、"农业大省"即意味着"贫穷大县"、"贫穷大省"。

因此可以说，新一代中国农民的诉求，已经由传统的"两亩地一头牛，老婆孩子热炕头"，变成对城市化、工业化的强烈要求。

我们看到，由于农资价格的不断提高，种地的收入已经远远低于务工，严重地挫伤了农民种地的积极性，导致曾经被父老乡亲视为命根子的大片良田被撂荒的情况出现。

有人说："中国问题看农民，农民问题看农民工，农民工问题看中小企业"。据调查，无论多贫困的地区，家里只要有几个农民工、一个地区只要中小企业繁荣，脱贫致富就有了保障。

而中小企业的兴旺发达则直接关系到农民工的收入。同样的投入，中小民营企业安置的就业是国企的12倍。也就是说，如果没有中小民营企业，我国的失业率将超过80％、大多数农村人口将脱富致贫。相反，如果没有了靠垄断资源、金融、市场生存的国有垄断企业，至少不会出现汽油、土地、高速公路、通讯等收费"宰你没商量"；至少物价（按专家估计）可以下跌30％；至少痛心的不会是大多数。

实践证明，仅靠"地里刨食"和短效的惠农政策，"三农"问题是很难解决的。实际上，农民工、中小企业现象只是中国农民城市化、工业化的第一步、"初级阶段"。因此，保障农民工、中小企业的利益，尽量缩短农民工到城市工、中小企业到规模企业的距离和不公平待遇，是解决中国问题的根本出路。追根溯源，现在"城市工"的先辈，也都是几十年前的农民工，歧视他们无异于歧视自己的先辈。

遗憾的是，中国目前尽管非常重视农民问题，但许多人却忽视了"面朝黄土背朝天"的小农经济已经走到尽头；忽视了即便把土地全部还给农民，并免除所有的赋税倒退回已经延续了7000年的农耕时代，大部分农民也将生活在贫困线以下。

因此可以说，城市化、工业化已经成为大多数农民脱贫致富的根本出路。那么我们是支持农民的城市化、工业化，还是坚持对农民工、中小企业的歧视政策，已经成为是否代表大多数的试金石。

如今，中国的农民工、中小企业几乎包揽了城市里所有的脏活、苦活、累活、险活，成为创造财富和税收的主力军，成为推动中国经济高速发展的"原动力"。统计表明，农民工、中小企业的数量与所在地的繁荣完全成正比。

然而，那些世界公认的、在经济全球化中使中国最具竞争力的农民工，却几乎享受不到城市里的劳保和福利，成为目前中国最大的不公。国家的统计部门甚至从未把农民工的收入列入我国职工收入的统计范围。调查显示，我国经济发达地区的外来劳力，数量上都超过了当地劳力，而且存在着"找外地人到工地、车间，找当地人到茶馆、酒店"的现象。如果与农民工来个换位思考，我们就会发现：农民工有地就不算失业一说，是对农民的极大伤害和不公。

据统计，我国20年内还将有数以亿计的农村剩余劳力陆续从土地中解放出来。目前某些地区的"民工荒"，并非人力资源匮乏，主要是因为对农民工的歧视政策，再加上一些外资企业对农民工采取了"中世纪的非人待遇"，使一部分农民工"宁愿在家赌钱，不愿外出赌命"，富士康跳楼事件就是一例。另外，中国数千年相对封闭的农业经济，形成了"抬头不见低头见"的"熟人经济"和"熟人文化"。同族、同村、同姓以及邻里之间的借贷、买卖，都因"知根知底儿"而往往只需口头承诺便认真履约，诚信度极高。而这些风险意识极差的朴实农民一旦进城，往往四处碰壁、任人宰割。如许多农民工与工头之间只有口头约定而没有正式签约，这成为他们拿不到工资的重要原因。而已经成为中国生产主力军的农民工，如果长期得不到城市的居住、医疗和受教育权，那么，艰难而无休止的颠沛流离，以及瞬间就可以使他们脱富致贫的黑医、黑药，不仅会耗尽他们所有的积蓄，而且还会造成"留守老人"教育出来的"留守儿童"，成为整体素质下降的"懒二代"、"穷二代"，加上声名狼藉的"富二代"、"官二代"，其后果可能不仅是用工荒，而且还会造成社会的长期动荡。

如今，世界上几乎所有国家的人口流动都是"人走家搬"，不受户籍限制。因此，不存在留守儿童和留守老人问题，更没有春运这样的大规模返家潮。唯独中国的户籍制，造成了亿万家庭的骨肉分离。

实践证明，在经济全球化的激烈竞争中，中国最大的优势既不是地大物博，更不是管理水平高，而恰恰是来自农村的丰富的人力资源。当今世界上还没有哪个国家拥有如此庞大、如此吃苦耐劳、如此勤俭节约、对脱贫致富有着如此强烈要求的农民工队伍。

据统计，一个中国农民工的工作量是美国工人的3倍，如此勤奋上进的民族，成为世界第一的经济强国、科技强国，只是时间问题。

但路要一步一步走，在初级阶段的很长一段时期，我们还是要扬人力资源之长，避科技落后之短，大力发展最适合国情的劳动密集型产业。

如果说解决农民的土地所有权，曾是老一辈革命家的制胜法宝，那么，使农民具有平等的城市居住权、就业权，则是目前需要解决的诸多矛盾中的主要矛盾，是所有需要维护的权利中的最基本权利。

中国资源战略的一场变革

调查显示,城市贫困人口、农村剩余劳力失业,已经成为社会动荡和治安状况恶化的主要原因。新疆、西藏事件固然与境外的民族败类策划、煽动有关,但大批无业游民则往往是滋事的"温床"。当今世界,无论哪个国家,失业率与犯罪率都成正比。

因此,适合低文化人口就业的劳动密集型中小企业,是目前所有发展中国家初级阶段的必然选择。也只有劳动密集型中小企业,才可能提供更多的工作岗位、才可能尽快改变城乡二元结构。而劳动最为密集的资源再生产业正在成为安置农村剩余劳力最多的行业之一。

中国的珠三角、长三角,发展劳动密集、技术简单、以资源再生为龙头、以出口加工为主的中小企业,解决了数以亿计的农村剩余劳力就业,把农民工的能量转化为创造历史的动力。探索出一条解决农民城市化、工业化的有效途径。如今,上述地区已经呈现出家和万事兴,人与人、人与自然和谐相处、城乡一体的动人场面。富裕起来的也不仅仅只是少部分人,而是最广大的人民群众。其贫富差距之低、幸福指数之高,均排在全国前列。

而西北地区几个依赖国企开矿起家的"国家级百强县",同时也是"国家级贫困县"。那里的贫困人口比例之高、就业率之低(装备先进的国企安置就业十分有限)、污染之严重,均排在全国前列。显然,那里的百强县"强"的只不过是国企以及为之服务的极少数。"贫"的却是大多数的人民群众和被矿渣掩埋的土地。

于是,我们面前摆着两种不同形式的"百强县"。一种是以东南沿海由市场经济催生的中小企业为主体、以利用再生资源的循环经济为特征、大多数群众受益的百强县;一种是西北地区以计划经济的国有企业为主体、以资源掠夺的线性经济为特征、大多数群众受穷的百强县。显然,作为发展中国家,还是多一点前者少一点后者的好。

以河北文安和山东莱州为例,两地都自发形成了废塑料加工区域。从事塑料加工的人员占当地人口的80%,收入水平明显高于周边地区,犯罪率却低得多。按当地干部的说法,自从有了废塑料加工,大家都忙着赚钱,连过去常见的婆媳闹架,现在都很少了。

素有"天下未乱蜀先乱,天下已定蜀未定"之称的四川,目前之所以安定,其根本原因是:2000万从土地中解放出来的农村剩余劳力被吸纳到沿海地区的劳动密集型中小企业。他们每年汇回800多个亿,比四川400个亿的财政收入几乎高出一倍,使四川成为充满祥和的"大后方"和

"火锅、麻将之都",幸福感居全国之首。其中资源再生产业是吸纳农村劳力最多的行业之一,仅北京的回收行业就安置了15万川军、豫军。不难想象,如果没有东南沿海的劳动密集型企业,一个有2000万失业人口的四川将会是个什么样的局面。

在中国,解决一个农民就业就给一个家庭带来一份希望、就给社会带来一份和谐。某些经济专家提出,中国用8亿条裤子换一架波音飞机,是吃大亏,是产业结构不合理。而事实上,生产8亿条裤子,解决了40万农村剩余劳力就业,能使20万家庭脱贫。

显然,生产裤子比生产飞机更适合属于初级阶段的中国的国情。何况生产现代化的大型客机,还需要长时间的技术积累和市场认知、需要面对科技水平比我们高得多的发达国家的竞争。

如今,我们搞的大型客机,70%以上零配件都需要高价进口,那么我们究竟是在为谁解决就业?是在为谁增加GDP?据统计,生产裤子需要30多道手工作业,属于劳动密集型产业,而生产现代化大型客机的核心部分属于技术密集型产业。那么,在全球化的国际大分工中,裤子在中国生产、大型客机的核心部分在发达国家生产,是由市场决定的,是因为其符合了经济规律。

由于捡破烂是农民最简捷的就业手段,而对"垃圾"进行分拣、加工,属于工作环境极其恶劣的简单劳动,往往为城市居民、发达国家所不屑。但却特别适合于那些刚刚从土地中解放出来的农民。

因此,资源再生产业实际上已经成为"农民的产业"。另外,大量再生的廉价生活用品、电子产品已经成为城乡贫困人口维持生计的重要保障;大量廉价的二手设备已经成为中小企业设备的主要来源。

遗憾的是,资源再生产业尽管对于解决中国的资源、环境以及安置农村剩余劳力、保证社会和谐稳定、满足弱势群体的生产、生活需要,有着举足轻重的作用,但却长期被边缘化甚至处于半地下状态,这不能不说是一种反映中国农民实际地位的真实写照。

如今,世界上几乎所有的国家都把解决就业作为政府的首要任务。资源再生产业由于能够安置大量低文化贫困人口就业而被视为保持社会稳定的"安全阀",被国家不惜以重金补贴和给予最优惠的政策。

报载,奥巴马成为总统的原因之一,就是因其承诺上台后,将大力发展能够安置数以百万计的贫困人口就业的资源再生产业,从而得到了社会的广泛支持。印度为美化首都、促进旅游,原计划投巨资建立现代化垃圾处理厂，以取代"有碍观瞻"的破烂王大军。然而，经辩论后大家一致认为：此举将使 10 多万生活在最下层、以捡垃圾为生的进城农民失业，而在一个民选政府眼里，人民的生存权、就业权，应当高于观光权、旅游权，应当把保障贫苦农民就业作为"最为国争光的事来办"。另外，机械拆解、分拣远不如人工精细，不仅回收率将大打折扣，而且还使大量本可以降级为弱势群体使用的"二手货"被粉碎、填埋。结果，政府不仅取消了建立现代化垃圾场的计划，而且还拨出巨款用以改善"资源再生工作者"的工作、生活环境，因而受到社会的广泛好评。

正是由于印度把农民的生存权、就业权置于至高无上的地位，不仅极大地促进了生产力的发展，而且还使贫富差距迅速缩小。这对于贫富差距日益扩大的我国，是否有值得借鉴的地方？

如今，深受 5 亿农村剩余劳力困扰的印度，已经从中国东南沿海的成功实践中认识到，发展劳动密集型的资源再生产业，是解决印度资源、就业问题的根本出路。于是他们把取代中国的"世界工厂"地位定为本国的战略目标。他们一方面制定种种优惠政策与中国争夺再生资源。另一方面，他们大幅度提高专门针对中国的矿石出口价格，甚至准备停止出口矿石，或只出口贫矿，以加大中国的污染、能耗和生产成本。

而一旦我们唤出的"鸟"飞入印度的"笼"中，即印度取代中国成为"世界工厂"，中国将有数以亿计的低文化贫困人口失业并由此引发极为严重的社会问题。

中国问题，不管过去还是现在，只要农民占了人口的大多数，说到底，仍然是一个农民问题。因此，对我们"公信度"、"执政能力"和建设"和谐社会"构成最大威胁的，莫过于割断我们与广大农民的血肉关系。而失去了广大农民的支持，就失去了执政的基础，成为未经大多数授权的"少数党"，成为少部分先富起来者的"私仆"。

马克思主义认为，人类自从进入阶级社会就从来没有过真正意义上的"全民政府"。不是代表少数人，就是代表了大多数。因此，"以人为本"首先要以占人口大多数的农民为本。

"世上没有无缘无故的恨，也没有无缘无故的爱"，我们制定的所有政策，实际上都是在反映某些"利益集团"的爱和恨。既然我们是代表了"大多数"，那么，我们制定的所有重大政策，都首先要考虑 8 亿"主人"的利益。不要忘记，我们是父老乡亲用小车推出来的执政党。忘记了这一点，就意味着背叛、忘本。

在全球低文化贫困人口最集中、属于初级阶段的我国,农民的城市居住权、就业权以及安置了大部分农民的中小企业的生存权——农民的致富权,应当成为高于一切的基本权利。因此,我们应当尽快解决农民的城市居住权、就业权;应当支持农民之所长的劳动密集型中小企业,而不是去盲目发展农民之所短的高科技。

据中国科协的最新统计,中国能够从事高科技的人口不到就业总人口的3%,也就是说,超过97%的人口只适合劳动密集型的工作。作为我国生产力主力军的农民工,从事劳动密集型工作可以"以一当十",但面对高科技,则往往手足无措。从我国东南沿海的实际情况看,能使广大农民致富的是劳动密集型的中小企业,而能为中小企业提供原料和设备的,是资源再生产业。

第八章

中国发展资源再生产业存在的主要问题及对策

　　20世纪末,中国曾有不少人参照发达国家的国情和经济理论推算出:进入21世纪,中国每年将有数以亿计的废家电、旧轮胎和报废汽车"堆积如山"。并为此建议国家引进发达国家的先进设备,建立一批现代化处理厂。然而,时至今日,在发达国家无处不在的废家电、轮胎、汽车、厂矿"坟墓",在我国并没有"如约"出现,反倒是走私进口国外"废旧物资"事件愈演愈烈。其主要原因是:中国具有发展资源再生产业的巨大优势,这一优势,使废旧物资得到了最为充分的回收利用。当然,中国发展资源再生产业,也存在不少问题需要解决。

第一节　中国发展资源再生产业的优势

中国发展资源再生产业有哪些优势呢？

一、丰富的人力资源

人是生产力中最活跃、最富于创造性的第一要素，比任何机器都更精密复杂和难以被替代。世界上最名贵的服装、汽车、家具、首饰以及大部分产品的组装和拆解都需要依靠人类的大脑和双手。

如今，改革开放的大潮把数以亿计的农村剩余劳动力从土地中解放出来，使中国成为人力资源最为丰富的国家。这无疑是一笔巨大的财富，是制造业向中国转移的基本条件。而发展需要密集劳动并且关系到人类未来命运的资源再生产业，则最能发挥这笔财富的价值。

实际上，长三角、珠三角发展的成功，正是因为扬人力资源之长，避科技落后之短，发展了劳动最为密集、以资源再生为龙头的出口加工业，顺应了经济全球化、循环经济这两大历史发展的客观规律。

从实践中可以看到，资源再生产业的盈亏完全受制于人工成本。发达国家人工费用的迅速提高，导致其资源再生产业由上世纪初的暴利，改变为今天的严重亏损，需要巨额补贴才能维持。比如，日本上世纪60年代，平均每回收一台旧家电还可获利200日元。到本世纪初，工人工资上涨了近5倍，每回收一台却平均亏损200日元。即使厂家和消费者提供给回收企业巨额补贴，但由于需要繁重体力劳动的回收工人，缺口仍然超过30万。

以汽车为例。汽车生产消耗了全球30％的钢材、60％的橡胶及大量贵重原料。因此，报废车是一个巨大的资源宝库。但由200多种不同成分、10000多个零部件组成的报废车，未经拆解是无法回炉的。

发达国家极尽高科技之能事，也未能发明出将报废车自动解体的机器。于是，数以亿计的报废车堆成的汽车"坟墓"，包围了发达国家的大小城市。即使得到处理的报废车，也只不过是将其粉碎后挑选出其中的钢铁，每部平均补贴200美元，回收率也仅为30％。

而中国依靠世界上最精密的"机器"——人，将报废车分拣、拆解到每个零部件，回收率近100％。

在河北徐水长达10公里的"拆车一条街"，人们将包括海南、新疆等全国各地的报废车，以及建筑、运输、工业等设备运回来，用蚂蚁啃骨头的方法回收到每一颗螺丝钉，甚至连碎玻璃、废机油都得到了充分回收。这些拆解专业户，不仅使中国成为全球报废车回收率最高、唯一没有汽车坟墓的制造业大国，而且还为制造业提供了大量的再生原料和再制造设备，同时还使大批贫困村成为富裕乡。

二、巨大的市场需求

作为世界工厂的中国已经成为资源消耗"第一超级大国"，而发达国家在经济全球化大分工中，仰仗雄厚的科技力量和受人工成本的局限，由"世界工厂"变为"世界实验室"，对初级原料的需求日益萎缩。

因此，发达国家因劳动力昂贵又缺乏市场需求的资源再生产业以及再生资源，向劳动力丰富又有巨大市场需求的中国转移，已成为大势所趋。这无疑是一次改变我国线性的产业结构，根本解决资源与环境危机的战略机遇。

目前，中国对再生资源的需求量越来越大，仅废塑料一项每年就进口了 500 万吨以上（还不包括数量可观的走私部分）。这些价格低廉的废塑料所加工出的再生塑料与新塑料混合在一起，被用于数千种商品的生产，不仅保证了中国制造的物美价廉，而且还为人类节约了数以千万吨计的石油资源。再如，手机报废后，其中的振动器一般都完好无损，中国南方的再生企业将这些振动器拆下来，应用到按摩椅上，可节约相关成本 50％以上。在勤劳、智慧的中国人手里，几乎所有的"洋垃圾"都能变废为宝，利用率之高，世所罕见。

例如山东莱州的再生企业，将废塑料堆放场清扫下来的渣滓收集起来（其中泥沙含量超过 70％），加工成浮漂出口韩国、日本，使人多地少的当地农民迅速脱贫致富。这与美国杜邦集团将数以百万吨计的优质塑料边角料埋入地下，形成了鲜明对照。

巨大的市场需求和丰富的人力资源，正在使中国成为世界上最强大的"再生机器"，给面临资源与环境危机的人类带来希望和光明。

三、优越的地理位置和廉价的运输成本

处于"欧亚大陆桥"起点的中国，有着绵长的海岸线以及众多的深水

港口。而中国的绝大多数再生企业,都位于环渤海、长三角和珠三角等沿海地区的港口附近,交通十分便利。

另外,中国每年通过海运向全世界出口数亿吨产品,而回程船只空载率高达60%,许多船只不得不使用压舱水。因此,利用这些回程船只的闲置运力,运回再生资源的价格将极为低廉。

而巨大的贸易顺差、美元贬值,以及石油、矿石等原生资源的涨价,也为我们进口"再生资源"创造了有利条件。

四、艰苦朴素的作风和中华民族勤劳俭朴的传统文化

中国的劳苦大众,一贯提倡艰苦朴素的工作作风,并具有勤劳俭朴的优良传统,把铺张浪费视为极大的犯罪,这一点,毛泽东、周恩来、邓小平等老一辈革命家表现的尤为突出。

勤俭持家、反对暴殄天物是中华民族在人口众多、土地资源相对匮乏的情况下形成的传统文化,再加上长期计划经济造成的物资短缺,迫使人们为了最大限度地利用"分配物资"而掌握了各种回收和修理技术。"新三年旧三年,缝缝补补又三年"的家庭经济,成就了中国举世无双的资源再生产业。而正是因为资源再生产业为中国提供了大量廉价原料和装备,才使全球制造业转移到了中国以及深受中华文明影响的国家和地区,而没有向人工更加低廉的其他发展中国家转移,才保证了中国经济的持续、高速增长。

值得注意的是,我们一些靠修旧利废、艰苦奋斗起家的中小企业,平均寿命只有7年。调查显示,贪大求洋、奢靡之风是导致企业衰亡的重要原因。根据著名的"帕金森定律",凡是住进豪华大厦的企业或单位,必定是达到了巅峰,必定会脱离实践、脱离群众而官僚主义盛行。那么随之而来的必定是"盛极而衰"。

因此,只有保持勤俭节约、艰苦奋斗、密切联系群众的良好风气,企业才能兴旺发达,政权才能长治久安。而过早地夸富和锋芒毕露地显示国威,必然招致周边国家和竞争对手的警惕和仇视。

另外,许多靠密集劳动起家的中小企业,盲目听信某些"专家"意见,舍自身之所长的人力资源优势,发展自身之所短的高科技,也是目前中小企业破产的重要原因。例如某位依靠密集劳动起家的"眼镜大王",一改过去"听市场的"传统习惯,而是去"听官长的"——盲目发展自己

毫无优势而言的"高科技光伏产业",最终导致破产外逃。

第二节 中国发展资源再生产业存在的主要问题

从我国资源再生产业状况来看,无论是思想观念、产业结构还是运作模式,都存在一些问题。

一、落后的观念和传统"线性思维方式"

中国的不少人还沉迷于"地大物博",普遍缺乏危机感和忧患意识,盲目追求高消费。东京奥运会开幕式有5万人参加,会后没留下一张纸屑。北京开一次演唱会,会后清理废纸、塑料瓶等"垃圾"三卡车。为支持"再生产业",美国总统克林顿下令将政府的汽车轮胎、贺年卡等易耗品换成"再生产品",并将10月6日定为全民参与的"再生节"。而我们许多地区却在比豪华、争高档。在国外,从事资源再生被尊为"创造未来的工程师"。而中国则称其为"破烂王、拾荒的、丐帮、扒拉大军",成为教育子女"不求上进"的反面教材。一些人把进口废旧物资视为进口"洋垃圾"、"丢面子"。事实上,中国每进口1吨废纸,可挽救17棵大树,进口1吨废旧物资可节约120吨原生资源。无数"破烂王",拾回了油田矿山、拾回了青山绿水。拾破烂应该成为每个公民的爱国行动。

另外,我们许多同志还在沿用"线性思维方式"看问题,往往把"废旧物资"看成是产业链的末端——"垃圾"。于是,中国似乎成了"世界垃圾场"。如果用"循环经济"的眼光看问题,废旧物资既是制造业(动脉系统)的终点、废弃物,又是再生产业(静脉系统)的起点、原料。那么进口废旧物资等于获得了大量高纯度的资源。而再生产业的产品(再生资源),又为制造业(动脉系统)提供了原料。周而复始,无限循环。

二、资源再生产业落后和进口渠道不畅

计划经济年代,中国一直沿用"国情"与中国完全不同,资源丰富、人力资源不足的"苏联老大哥模式"。即不断加大勘探开发力度,靠高消耗换取高速度。这种"重开采,轻再生"的传统"线性经济",不仅导致中国各种资源迅速枯竭、能源不足、投资规模过大的"经济过热",而且

造成了"资源再生产业"的"先天不足"。多年来，中国没有投资一个有规模的资源再生项目。100多家国有骨干企业、1000多家上市公司，没有一家专搞资源再生。

而后天发展缓慢的原因是：中国的废旧物资十分贫乏，靠收集民间几代人用过的破烂，数量少、质量差。这一切，使即将成为中国原料主要来源的"再生产业"，长期处于先天不足和营养不良状态。使中国再生企业现代化、产业化程度在600个行业中都排在末位。由于中国再生企业弱小、分散，国内又没有一个规范的交易市场，废旧物资都要从占有先机的韩、台、港中间商手上购买，大部分利润被赚走，中国成了廉价的"加工车间"和"垃圾处理站"。那些在发达国家吃补贴，又到发展中国家卖高价的"中间商"，大多属于无视法规的"黑社会"。"洋垃圾"就是他们调包、掺假的结果。因为中国的再生企业没有形成产业规模，对品类繁杂的废旧物资只能各取所需。价值不高、难以提取的只好丢弃或焚烧，造成污染。因为货源和政策不稳定，中国这类企业基本上"打一枪换一个地方"，不做长远投入、不上环保设备，成为一查就停、一罚就跑的"再生游击队"。中国和大部分发展中国家对发达国家这种不负责任的态度及"中间商"深恶痛绝，随之制定了限制废旧物资出口的《巴塞尔公约》。过去，日本企业只需把"处理费"交给中间商，废旧物资就可轻易出手。《巴塞尔公约》阻断了这条"黑色通道"。虽然中间商也曾偷运过一部分，但此举一旦被发展中国家发现，一定会被重罚。为此已有几位日本老板跳楼。结果，日本每年4亿吨废旧物资中的相当一部分既出不去又填埋不起（填埋费已达2万日元/吨），因此只好在日本列岛"大漂流"。有的被偷偷倒进海里或焚烧，造成污染和浪费。专家称之为"静脉栓塞"。

制定国际公约是必要的，但造成大批廉价的可再生资源滞留在发达国家，迫使发展中国家大量开发原生资源，终非上策。怎样才能"泼出脏水又不泼出孩子"，只有变"堵"为"疏"。况且堵是堵不住的，一些中间商受暴利驱使，不择手段地走私。损失了关税、助长了腐败。

三、国内外的"利益集团"存在阻力

"循环经济"取代"线性经济"，是一次规模空前的产业革命。因此，尽管中国具备了发展再生产业的所有优势，该行业仍然举步维艰。主要是遭到了代表传统"线性经济"、"小生产"利益的"三种人"的反对和有关政策的制约。

第一种人：发达国家的贸易保护主义和"基层劳工组织"

近年来，尽管中国的职能部门、新闻媒体，使尽浑身解数围、追、堵、截，大量废旧物资仍然流入中国。这一趋势严重威胁了发达国家上千万人就业的"再生产业"。而该产业是最令政府头疼的"基层劳工组织"。他们不断举行大规模反全球化运动，迫使政府用高额补贴维持他们的就业，阻止"废旧物资"出口。最近，美国、日本的研究机构得出结论，中国产品抢占他们市场和就业机会的原因是：美、日占全球50％的废旧物资，为中国提供了廉价原料。号召抵制向中国出口。令人不解的是，中国一些部门、媒体也在反对进口废旧物资，这无异于自断财路。

事实上，废旧物资争夺战早已开始。史料记载，使日本最终下决心袭击珍珠港的原因是美国停止向日本出口废钢。近来，东南亚各国甚至朝鲜，都在乘中国反"洋垃圾"之机，一面大量囤积发达国家的废旧物资，一面到中国大肆招商。这使得我们许多规模较大的企业纷纷外迁。比如，世界最大的再生铅企业"春兴集团"，由于中国停止了废铅的进口，被迫"招"往越南（利用废铅比开采铅矿污染低得多、效益高得多）。由于最终市场仍在中国，使中国损失了外汇、加大了原料成本和减少了就业机会。中国目前对进口废旧物资实行的限制政策，无异于把低污染、高含量、高就业的可再生资源推给了周边国家，把高污染、高能耗，高成本的矿产资源留给自己。

第二种人：传统矿产资源供应商及污染转嫁者

中国每年都要从国外大量进口铁、铜、铅、锌、铝矿，而加工这些矿石，比从废旧物资中提取其成本、污染、能耗高出几十倍。因此，主要工业国纷纷向"循环经济"转型，对矿砂的需求急剧下降。中国已成为线性经济的"最后领地"。就是主要依赖矿产资源的澳大利亚，也已将冶炼环节全部转嫁到中国。而日本则尽量用中国的粗钢和本国的废钢炼特种钢。当然，他们都不希望看到冶炼了全球50％以上的矿砂、替他们承受了重污染、高能耗的中国走"循环经济"的道路。

第三种人：国内坚持"线性经济"的传统企业

大量进口废旧物资，再生出的钢铁、有色金属、塑料、机械设备，价格极其低廉，使中国某些传统的大型矿冶、制造企业严重亏损。于是，发达国家的"再生行业"、矿业托拉斯、某些国内企业结成了反对进口再生资源的"统一战线"。这些传统经济贵族尽管经济实力"疲软"，政治势力却依然强大。分别拥有众多"代言人"。中国的再生产业尽管是一个朝阳产业,但由于此类企业大多为私营中小企业,从业人员不是传统的工人阶级,而是属于弱势群体的"农民兄弟"。中国主管"再生行业"的物资部撤销后归到内贸部。内贸部撤销,归到经贸委,如今又撤销。致使该行业长期处于"无主管状态"。同时,中国把"进口指标"交给只管"污染控制",不管资源、就业的环保系统,无异于让"猫"管"鼠"粮,使环保系统左右为难。在强大的传统势力面前,属于弱势群体、弱势行业的"再生产业",自然是人微言轻,注定了要在"政策争夺战"中败北。

由于有关部门惧怕"洋垃圾"的大帽子,制定了"宁可错杀一千,绝不放过一个"的进口标准,使尚未禁止进口的废旧物资,必须在发达国家使用昂贵的人工去分拣、拆解、加工。再经中间商的盘剥,价格已超过了中国中小企业的承受能力。这一关门政策,几乎剥夺了中国资源再生企业的生存权、发展权,使大批农民失业,原料涨价。

四、线性经济政策的制约

某媒体报道:某地进口的废农膜含沙量超过2%,于是有关部门下令停止进口。废农膜去除沙石主要靠人力,在人力昂贵的发达国家只有焚烧、填埋。而有巨大市场需求和廉价劳动的中国,清除沙石并非难事。因此,全国有近万家小企业赖以为生。一纸禁令,使这些企业顷刻倒闭,几十万农民丢了饭碗。而我国每年进口各种矿砂2亿吨,有害成分超过50%,污染、能耗、成本都高于利用废农膜和其他废旧物资。面对如此巨量的"洋垃圾",管理部门、新闻媒体哪里去了?显然我们挡住了"羊"放进了"狼"。对进口废旧物资与进口矿石,由于使用者体制不同,实行了双重标准。某些政策的制定者既当运动员又当裁判员,怎能不吹"黑哨"?

另外,国内的废渔网、塑料瓶、纺织品、轮胎等被作为"可再生资源"鼓励回收利用。而国外同类废旧物资却被认定为"洋垃圾",也在实行双重标准。政策歧视还体现在"宏观调控"中。如果由科学、公正的"市场"来调控,低成本、高效益的再生产业必然作为新兴产业对待,而不被淘汰。如果仅仅以技术、设备、产业规模作为调控的标准,那么只有传统的矿冶业才代表先进生产力,而技术设备暂时落后,规模较小的再生产业就成为淘汰的对象。用"唯武器论"来调控,必然使许多萌芽状态的新兴企业被"一抓就死"。再生产业在我国仍属于小的新兴产业,在不同体制之间的不公平竞争中,就成为弱势群体的弱势产业。

第三节 中国发展资源再生产业的对策和建议

一、确立"再生型资源战略"

有关专家按照矿产资源枯竭和资源再生产业发展的速度推算,30年内,全球原料来自再生资源的比重将由目前的30%增加到80%,并最终取代矿产资源。如今,再生铜的产量已经超过原生铜,几乎没有铜矿的东南沿海地区,已经成为全球铜的主要产地。

发达国家由于人工昂贵、市场需求萎缩,造成了将"垃圾"再生的成本远远高于焚烧、填埋。因此,发达国家推行以焚烧、填埋为主的"保护型环境战略"是不得已而为之。而我们恰恰相反,丰富的人力资源和巨大的市场需求,使我们有条件将废旧物资几乎百分之百地回收、利用,同时还能够解决大批就业、产生高额利润、支持我国制造业的可持续发展。实践证明,资源再生较之焚烧、填埋,是更彻底的治理,也是唯一能保持资源收支平衡的生产方式。

因此,我国应尽早确立"再生型资源战略",并以此指导我国的生产实践和环保实践,从而改变我国目前"只有牺牲环境才能发展经济",或"只有牺牲经济才能保护环境"的两难境地,实现又好又快地发展经济的战略目标。

最近,发改委制定的城市矿产计划,将过去被称为"垃圾"或"固体废物"的"废旧机电设备、通讯工具、汽车、家电、电子产品……"正名为"矿产",而且承认其比矿产资源更节能减排。这无疑是向循环经济迈进了一大步。然而,同类的报废产品,甚至也是我国出口的产品,却被视为"洋垃圾"而禁止进口。

目前,我国主要利用矿产资源的是大型国有企业。要这些靠垄断矿产资源生存的传统企业转而利用再生资源,去与那些靠再生资源起家的中小企业公平竞争,无疑是一场彻底打碎计划经济赖以生存的线性产业结构的大革命。

因此,尽管从理论上确立再生型资源战略并不困难,但要改变线性经济条件下长期形成的管理体制和习惯势力,将是一个艰难而长期的过程。

这也解释了为什么资源再生产业尽管是我国节能减排贡献最大、安置就业最多并为国家提供了30%原料的第一大产业，却长期处于计划外黑户的半地下状态；解释了为什么进口再生资源会遇到如此大的阻力。

二、尽快制定"资源再生法"

据调查，资源匮乏的日本、德国，早在上世纪中期就制定了"消耗多少就必须回收多少"的"再生法"。"再生法"同时还规定，产品必须具有再生成分、企业必须对产品承担回收责任、城市必须建立静脉系统，否则便视为违法并受到经济和法律的严厉制裁。

在"再生法"的有力推动下，这些国家的城市纷纷建立起了回收体系。大量利用矿产资源的企业迫于巨大的经济、法律方面的压力，迅速改为利用再生资源。结果，不到50年的时间，日本、德国便基本摆脱了对矿产资源的依赖，完成了向循环经济的转型。

因此，完成线性经济向循环经济转型的最有效措施，莫过于制定"再生法"，以立法的形式要求城市必须建立保障资源收支平衡的静脉系统、企业和消费者必须承担回收产品的责任和义务（即责任延伸制）。同时，向那些没有静脉系统并肆无忌惮地消耗原生资源的城市、企业，根据其能耗和污染程度征收资源税和环境补偿费，并限期整改；对那些大量利用再生资源的城市、企业，根据其节能减排程度给予扶持和奖励，以改变目前消耗原生资源合理合法，利用再生资源却名不正言不顺的局面，树立"掠夺矿产资源可耻，利用再生资源光荣"的资源观。

同时，敦促国际社会尽快制定保障再生资源流通的国际公约。

如今，我国根据传统线形经济管理体制制定的"循环经济法"，只强调将线性经济运转过程中产生的"三废"加以循环利用，而没有解决废弃物取代矿产资源这一形成循环经济产业链的关键环节，实际上是一部"清洁生产法"。试想，如果我们的原料仍然来自不可再生的矿产资源，无论"三废"处理的如何彻底，必然是不可持续的。

日本、德国的实践证明，如果没有对线性经济的彻底否定就没有真正意义上的循环经济。而目前我国以提高矿产资源利用率和清洁生产为目的的"循环经济法"，并未触动线性经济赖以生存的根基——矿产资源，甚至对线性经济只字未提。因此可以说，我们的循环经济法，只不过是对线性经济的一种"修正"和"改良"。

与其他国家相比较，我国利用矿产资源的线性经济特征尤为明显；其利益集团尤为强大；而利用再生资源的新兴企业发展则尤为艰难。因此，制定资源再生法在我国尤为必要。

我们深信，经过不断的努力，我国乃至整个人类，将在"循环经济法"乃至"国际循环经济法"的有力推动下，摆脱对矿产资源的依赖，实现资源收支平衡的循环经济——国际大循环。

三、建立为循环经济服务的新型管理体制

目前，我国的经济管理体制，基本上还是由线性经济衍生出来并为之服务的。正是这套落后的管理体制，使我们的"自然资源"、"政府资源"、"社会资源"都在按照300年工业革命形成的传统模式向线性经济倾斜。而大批资源再生企业及其从业者，则完全游离于我们的金融、管理体系之外，成为无法可依的"计划外黑户"。

另外我们还看到，尽管资源再生产业的就业人口已经超过4000万并为我国制造业提供了30%的原材料和大部分的装备（主要是中小企业），但在我国庞大的管理机器中，该产业只作为处理垃圾的一种手段，划归住建部管理城市垃圾的一个处。而无论是发改委的投资目录，还是各大银行贷款的科目里，几乎看不到资源再生企业。

新中国成立以来，国家没有投资一家像样的资源再生企业。国有企业500强、2000多家上市公司，也鲜有资源再生企业。

作为人类希望工程的资源再生产业，在我国没有一所专业院校、一家国家级科研机构和一项相关的立法。资源再生企业的生产和交易大都没有标准可依，几乎全凭经验和最原始的加工手段。工商部门也一直将该产业列为需要公安特行科严加监管的"限制类企业"，致使该产业长期处于粗放型的半地下状态。

长期以来，我们把已经成为东南沿海原料主要来源的进口再生资源，交给了只对环境负责，对就业和资源短缺并不承担责任的国家环保总局污控司的"固体废物管理处"，这无异于在政策上明白无误地将进口再生资源定性为需要作为污染源控制的"固体废物"。而专门负责处理固体废物的"固体废物管理处"，只能以管理固体废物的标准和手段来对待进口再生资源。

显然，就政府职能而言，进口再生资源无论为国家提供了多少资源、

安置了多少就业，都与只负责固体废物无害化处理的"固体处"的政绩无关。而只要出现环境问题，便要承担不可推卸的责任。

正是由于政策上将再生资源错误地定位于"城市垃圾"和"固体废物"，以及没有配套的鼓励政策和相关立法，使住建部和环保部处于"节约资源无功，出现污染有罪"的两难境地。

结果，对"洋垃圾"负有直接责任的环保部门，不得不采取了"宁左勿右"、"宁可错杀一千，绝不放过一个"的封堵政策。过高、过严、甚至超过新产品的进口标准，使全球静脉系统基本上处于"栓塞"状态。造成一些地区为了发展地方经济而不得不保护和姑息走私，或随意放宽进口标准的现象。而相对清洁的再生资源进口受阻，必然加大污染更为严重的矿产资源的用量，客观上起到了避轻就重，加大污染的作用，无形中成为污染制造者和环境破坏者。

于是我们看到，禁止进口的目录在不断扩大，标准在不断从严、从紧。如：废弃的塑料瓶砖、渔网、家电、汽车、轮胎等，被几乎所有的国家都列为可正常贸易的"绿色废弃物"，而在市场需求最大、回收率最高的我国，则全部列入禁止进口的目录。

欧共体经发组织作为可回收利用、可自由贸易的 70 种"绿色废弃物"，我国就有 50 种不许进口，而包括资源极其丰富的俄罗斯在内的其他所有国家，除少数品种外，几乎全都允许甚至鼓励进口。

如目前从废机电产品中提取的再生铜，数量已经超过了从铜矿中提取的原生铜。但回收率不到 1% 的铜矿则一直被国家视为宝贵财富而不惜投巨资开采和进口，进口时也不需要在境外"预检"，或强迫供应商到国内进行"资质登记"。而能耗、污染仅为铜矿 1%、回收率高达 98% 的废电子产品，却被视为"洋垃圾"而拒之门外。

那些代表了落后生产力的污染、能耗大户——我国的大型矿冶、石化企业，不仅得到了国家政策、资金等方面的支持，而且还成为"宏观调控"的重点保护对象。为保障这些"线性经济代表"的正常运转，我们有地矿部、能源局以及无数为之服务的大专院校、科研机构，国家每年投入的资金数以千亿计。而为国家节约了大量资源和能源、安置了数以千万计的农村剩余劳动力、代表了人类未来发展方向的再生资源，却被列为"城市垃圾"、"固体废物"，并在"洋垃圾"、"破烂王"的阴影下成为人人喊打的过街老鼠，成为打一枪换一个地方的"再生游击队"。

因此，要使资源再生产业由地下转入地上，并得到一个大的发展，就必须尽快为资源再生产业正名，确立其与油田、矿山的同等地位。同时，建立相应的管理体制和鼓励政策。正如著名科学家钱学森同志所说："废弃物的再生利用是国家大事之一"、"应当成立资源再生委"。最近，广东已将资源再生产业列为支柱产业并把 4 月 18 日定为省"资源再生日"。显然，靠资源再生起家的广东已经充分认识到发展资源再生产业对于经济可持续发展的重要性。

转变发展方式，首先要转变管理方式和思维方式。在落后的管理方式和思维方式占统治地位的地方，只能是新兴的发展方式被"转变"、"调控"掉。不能奢望，代表传统势力的管理方式及其机构，能够自行退出历史舞台。

四、成立协调再生资源进出口的国际机构

调查中我们了解到，中国虽然拥有强大的拆解、分拣能力以及巨大的市场需求，却缺乏废旧物资的积存和现代化的深加工手段；而发达国家虽然拥有大量的废旧物资积存，以及先进的提纯技术和环保处理手段，却无力进行前期的分拣和拆解。

因此，成立有发达国家和发展中国家共同参与的全球协调机构，必然会取得双赢或多赢的效果。而一旦建立起全球静脉系统，不仅可以为发展中国家提供取之不尽的资源、减少"垃圾"造成的环境问题，同时还使发达国家需要重金处理的"洋垃圾"，成为了奇货可居的资源，每年至少可以获得 8000 亿美元的"再生红利"。而现实情况是：因为没有相关国际组织的协调以及统一的技术标准和正规的流通渠道，更没有国际公约的保障（唯一的巴赛尔公约还是一部以堵为主的公约。实际上，进口任何资源都会有污染，巴赛尔公约限制了相对清洁的再生资源流通，迫使中国等制造业大国家大量进口污染、能耗高出十多倍的矿产资源，严重阻碍了全球经济向循环经济转型，以至于美国等国家都拒绝加入巴赛尔公约）。致使再生资源的流通环节障碍重重，甚至被黑社会把持。技术、设备、交通、人力资源的配置极不合理，利润的分配极不公平。

比如，作为"世界工厂"的中国，人均钢铁蓄积量只有 1 吨左右，仅为俄罗斯的 1/10。每年废钢铁的缺口达 2 亿吨。而拥有雄厚工业基础的俄罗斯，很多前苏联时期遗留下来的厂矿、机械、船舶、军事装备，都蕴藏着丰富的可再生资源，仅废钢铁就超过 30 亿吨。但由于人力资源的严重

不足，每年可利用的不到 2000 万吨，其中大部分还是不用经过人工拆解就可直接炼钢的旧钢轨和工业下脚料。而需要人工拆解的大量废旧机械设备、运输工具、废弃厂矿、军事装备等，却被长期闲置并成为重要的污染源。除此之外，与日俱增的废塑料、废电器、废木材等更加严重地威胁着俄罗斯的生态环境。

因此，解决国际大循环中的静脉栓塞、形成一条条物资回收绿色通道，无疑是双赢、多赢，有利于全人类的战略举措。

五、规范资源再生加工区域

自 20 世纪 90 年代以来，全国各地陆续建立了 6000 多个各种类型的"开发区"，其中的一部分处于惨淡经营状态，不仅留下了大批的烂尾楼，还占用了大片的农田。

如今，又有很多专家建议建立"资源再生开发区"，勒令大大小小的资源再生企业进入园区以实行"圈区化管理"。但是，高昂的土地价格、脱离实际的技术标准远远超过了中小企业的承受能力。于是我们看到，山东、天津、河北等地建立的"资源再生加工区"，进驻企业寥寥无几、生产难以为继。而在这些加工区外不远的村镇，各种再生资源的加工与贸易活动却十分活跃。

的确，资源再生产业具有总体规模越大利用率越高、加工和环境治理成本越低的特点。对于中国目前再生企业存在的小、散、脏、科技落后状态，尤其有必要把再生游击队整编成正规军，同时引进国内外先进技术设备，形成由劳动密集到技术密集的流程。但是，就如何规范资源再生产业这个问题，我们以为，将原市场形成的加工区域加以规范、引导和扶持，比重新建立由政府或少数企业垄断了土地和进口指标、以炒卖土地为主要目的"资源再生加工区"，将更加切实可行。

实践证明，中国农民的城市化、工业化进程，不可能一蹴而就。试想，如果中国 8 亿农村人口同时举家迁入城市或城市周边的"开发区"，必然会形成印度、巴西那样巨大的贫民窟，给城市带来严重的就业、环境、交通、教育、治安等方面的问题。

因此，如同日本、韩国以及我国的台湾、香港的城市化、工业化"初级阶段"一样，我国的东南沿海地区也一定会有一个由"农民、乡村→到亦工亦农、半城半乡→最终实现工农、城乡完全分离"的发展过程。这就必然会有一个由单纯的农业、农村到农业、加工业在同一家庭、同一个乡镇并存，工农界线、城乡界线模糊不清的过渡期。这就是我们在浙江、广东看到的情景。而任何试图以行政命令的方式，跨越这一"初级阶段"向高级阶段循序渐进的过渡期，强迫那些在农村房前屋后建立起来的、种地务工两不误的家庭企业迁入土地价格昂贵的高科技开发区，显然是不现实的。

我国台湾将高雄市境内10公里宽、160公里长的传统加工区域划为"资源再生加工区域"，并在资金、政策上予以扶持。区域内的再生企业利用当时相对廉价的劳动力和优惠政策，大量拆解、分拣、翻新发达国家的废旧物资，为经济腾飞提供了廉价原料和设备。

韩国和我国的香港地区，通过将传统的加工区域予以规范、整合和扩大，都取得了很好的效果。

总结它们的经验，可以得出以下结论：

（1）由市场形成的传统加工区域，必然具有其他地区不具备的优势，必然比其他地区更符合市场经济的"价值规律"。

（2）市场经济的基本规律是：先有"市"后有"场"。只有在计划经济条件下，才可能在没有"市"的情况下，先由政府计划一个"场"，再由国家投资一个"市"。目前我国的市场经济已日趋成熟，对那些按照政府主观意志在没有"市"的情况下强行计划出来的"场"（即开发区），那些只听命于市场的企业，往往并不买账。

（3）目前，在我国占主导地位的大多是以家庭为单位、在自己房前屋后建立的中小企业。要求这些靠低利润、低成本取胜的企业，进入土地价格高昂的现代化"高科技开发区"，显然是不现实的。

（4）我国就业人口的平均文化和企业的技术装备，比发达国家至少落后了30年。因此，我们的开发区也应当发展劳动密集、技术简单，符合我国国情的优势产业。发展我们并不占优势、缺乏市场需求的"高科技"，也是开发区失败的重要原因。目前，比较成功的少数几个开发区，也大多是因为承接了发达国家转移过来的劳动密集型企业，或者所处的位置符合市场条件。实际上，我们已经建立的几个资源再生加工区也正在重蹈其他类型开发区的覆辙。

因此，我们也应当将早已失败的圈区化管理改变为将传统的加工区域予以规范的"区域化管理"。将已经形成市场规模的区域予以规范，远比按照政府的主观意愿搞一个"开发区"，并由少数企业垄断土地和进口指标，强迫企业入驻，更符合市场的价值规律。

比如，政府为解决广东一些地区的污染问题所做的几个"圈区化"方案之所以事倍功半，主要是因为：目前广东的加工企业只能通过走私进口电子废弃物，他们不仅拿不到发达国家应当提供的"最终无害化处理费"，而且每吨还要花5万～8万元去购买。企业利润很低，根本无力购置环保设备。如果按照我们制定的"圈区化"方案，迫使企业进入土地和环保费用昂贵的加工园区，企业必然亏损。

如果我们能够将现有的加工区域加以规范，同时建立进口电子废弃物的"绿色通道"，使我们的再生企业能够拿到发达国家应当交纳的环境补偿，环境问题并不难解决。

据了解，发达国家在进口中国的电子产品时，已间接地向我们征收了3%的电子垃圾处理费，与此同时，我们却正在以每箱5万～8万元的价格走私进口发达国家的废旧电器，这无异于掏钱替发达国家处理"电子垃圾"。这一进一出，发达国家、中间商平均每箱从我国的电子产品中拿走了将近10万元的"电子垃圾"处理费。如果这笔钱用在环保上，"电子垃圾"的污染问题是完全可以解决的。因此可以说，进口电子垃圾的污染问题，是"堵"的必然结果。

调查中我们了解到，广东、浙江以及江苏、山东的许多地区，在市场的推动下已经形成了农户→企业→政府的加工产业带。即：劳动密集的拆解程序，由管理成本和劳动成本最低的农户完成，而需要技术密集型的再制造以及贵重金属提纯，由装备先进的企业完成，环境保护则由政府组织专业环保公司完成。这种各尽所能、优势互补的产业模式，已经被国家列入"新农村建设"的规范。

六、建立畅通的全球物资回收"绿色通道"

1954年，邓小平在中国尚"地大物博"的时候，就前瞻性的做出了"建立全国物资回收系统"的重大决策。

在经济全球化的今天，正在为全世界生产产品的中国，更有必要建立一个"全球物资回收系统"，以补充我们的资源消耗。既然这条"全球静脉系统"将在未来30年为中国提供80%的原材料、安置数以千万计的就业、减少数百亿吨的废弃物排放，那么中国应当像当年"石油大会战"和入世谈判那样，倾国家之力予以疏通。

而建立全球物资回收系统的根本措施就是减少政策阻碍、沟通世界各国相关的企业，建立物资回收的绿色通道。如同我们目前倾巢出动、调动一切外交手段、投入重金到全世界找油、找矿一样。

否则，当我们还在为能否进口"洋垃圾"争论不休的时候，日显珍贵的再生资源，可能早已被他人捷足先登。例如，近年来，印度对进口再生资源实行了鼓励政策，使进口数量剧增，据统计，印度进口再生资源的数量与其经济的增长以及企业的竞争力完全成正比。

另外，就物流成本和资源利用率而言，只有形成"运出多少新，又运回多少旧"，才可能实现运输效率的最大化和资源的收支平衡。比如，我国每年向国外出口4亿条轮胎，而无论这些轮胎被送往何处，如果报废后仍能按照原路返回，形成动脉、静脉的物流与反向物流的同节奏互动，其运输成本和资源消耗则一定是最低、最合理的。但是，由于我国不允许回收旧轮胎，使运输轮胎的集装箱90%空箱返回，不仅导致报废轮胎被丢弃在世界各地造成环境污染和运输资源的浪费，而且还迫使中国的轮胎生产企业不得不大量消耗矿产、石油、天然橡胶来补充这部分资源消耗。

因此可以说，在全球范围内建立起回收再生资源的"绿色通道"，无异于给地球铺设了一套完善的"静脉系统"，使已经不堪"垃圾"重负的地球能够吐故纳新，重新焕发生机。

七、建立国际再生资源交易市场或进口再生资源配送中心

目前，全球的"静脉系统"（再生产业）与"动脉系统"（制造业），正在成为并驾齐驱的"全球经济两大支柱"。而如此庞大的资源再生产业，在中国居然没有一个公开、合法、国际化的交易市场，致使流通环节黑幕重重。

可以毫不夸张地说，资源再生产业是目前中国分配最不公平、分工最不合理、受计划经济危害最大、蛀虫最为集中、走私情况最为严重的产业之一。而正是由于垃圾、洋垃圾蕴藏着巨大的利益，致使"垃圾处理权"、"指标分配权"、"报关进口权"成为人们拼死争夺的目标。就是在最为稳定的北京，我们也到处可以看到"保卫垃圾箱"、"占领下水道"、"争夺填埋场"的"战斗"。有人甚至将资源再生产业比喻成"中国最大的一块爬满了苍蝇的蛋糕"。

中国资源战略的一场变革

众所周知，2009 年广东仅塑料指标每吨就卖到 900 元，也就是说，2009 年广东的 300 万吨塑料指标的价值超过了 27 个亿。以至于在许多破烂王眼里，广东管理指标干部的"含金量"超过了管理土地的干部。

据报载，垄断意大利建筑业的"黑手党"，如今已转行向中国走私欧洲的废旧物资，每年利润超过 100 亿美元。

目前，资源再生产业已经实现了专业化大分工。从收集、运输、进口、储运到加工、销售，每一环节都由专门的企业负责。而我们却按照"小而全"的计划经济模式来管理已经完全市场化、专业化的再生企业。比如，按政策规定，我们只把进口指标批给加工企业，其中还包括大批根本不可能加工进口废旧物资的西部企业。而这些企业大都没有能力、也没有必要去完成从国外搜集货源→进口→储运→加工→销售等产业链的所有环节。结果，要么企业由专业化倒退回"小而全"，要么进口企业为申请指标"假装"搞加工。否则便只有到黑市上买指标或走私进口。于是，一大批走私和倒卖指标的"专业户"应运而生，成为"国际大循环"产业链上的"寄生物"、"毒瘤"。这种计划经济发"粮票"的办法，由于与市场经济格格不入，必然造成管理与生产两张皮、你有政策我有对策、你管你的我干我的。

据调查，东南沿海一些地区申请废塑料或废五金指标的企业，购置设备只是为了摆摆样子，申请到指标后，转手卖给了没有申请指标资格的进口商。再经过"黑市"交易，最后落到加工成本最低的家庭作坊手里。这种情况虽然路人皆知，但吃亏的大多属于弱势群体的农村个体户，因此，谁也不愿去捅这个"马蜂窝"。

调查表明，国家每年批下去的 4000 万吨进口指标，尽管上面"官清似水"，无奈下边"吏滑如油"，最终成为了有价证券。由于买卖进口指标尚未列入行贿受贿的范畴，结果成为某些地区官商勾结的重要目标和唾手可得的灰色收入。

另外，申请进口指标还是一个由县→市→省→中央的艰难历程，再加上一批在发达国家拿补贴又到中国卖高价的中间商的盘剥，致使资源再生企业的大部分利润被中间环节侵吞。

业内人士计算，通过走私或到黑市上买指标，成本甚至低于企业自己上设备然后去申请进口指标。这也是我们打击走私越打越"走"、越打规模越大的主要原因。

因此，建立供需双方直接见面、符合市场规律的"交易市场"或"配送中心"，集中进口、集中进行环保处理，然后根据企业的不同需要进行各取所需的交易或配送，形成各尽所能的专业化产业链。同时，由海关、质检部门用相应的标准来约束专门负责进口的企业，可大大降低流通成本。这也是市场经济国家普遍实行的办法。

实际上，在市场经济的条件下，产业链中的市场或配送中心，或明或暗早已存在。我们只需把这类交易市场或配送中心的环保问题解决好，保证从市场或配送中心出去的产品已经成为经过集中环保处理的原料，必然取得事半功倍的效果。

目前，用计划经济的行政命令、长官意志来处理市场经济的问题又有回潮，一些地区的"公仆"（政府）与"主人"（企业）严重错位，导致30多年的改革开放成果毁于一旦。因此，尽快将政府由"管理型"转变为"服务型"，已经成为改革开放成败的关键。

八、建立为静脉产业服务的金融体系

在国外（包括发展中国家），由于资源再生产业能把造成污染的主要根源——"垃圾"、"洋垃圾"转化为资源，并且能安置大量低文化贫困人口就业，因而被视为保持社会稳定和环境保护的"安全阀"。同时，由于资源再生产业是产生碳信用（二氧化碳排放指标）和创造绿色GDP最多的行业之一，国家普遍给予其重金补贴。因此，对起同样作用的我国资源再生企业，也应减免赋税并予以财政补贴。

实际上，由于再生企业从"破烂王"那里收购的再生资源无法得到发票之类的凭据，在没有"底扣"的情况下只能按商品的全额上税，致使我国的再生企业交纳的所得税远高于其他企业。结果造成了节能减排效果最好、解决就业最多的行业，纳税却最重的情况。

目前，我国在环境保护方面的投入已超过6000亿人民币。那么，作为解决了2000万人就业、为制造业提供了30％原材料、减少了20亿多吨矿产资源消耗以及由此造成的环境问题的"中国第一大产业"，是否也应当从中分得一杯羹？据统计，为资源再生产业投入一元钱的环境治理费用，超过为矿冶业投入10元钱的实际效果，因此可以说，资源再生产业是节能减排性价比最高的"低碳经济"。

九、成立"中国国际资源再生促进会"

目前,中国资源再生产业头上顶着"外商盘剥"、"政策歧视"、"舆论压力"(洋垃圾)三座大山,企业把绝大部分人力、物力用在了非生产环节上。而协会是把企业联合起来,自强、自律的利益共同体和"行业议会",是政府与企业之间的桥梁和纽带。

实际上,从某种意义上讲,国家本身就是维护本民族利益的"大协会"。全世界不同的大协会(国家),则代表着不同民族的利益。因此,我们也应当充分发挥代表不同群体利益的协会的作用,以形成更加民主、和谐的新局面。

由于我们国家机器中"协会"这一环节的缺失,只能用扩充各级行政机构来弥补,而要养活如此庞大的行政机构,只能不断加大税收(我国的行政开支占国民总收入的23%,而日本、美国则分别只占2%和3%),不仅加重了企业和纳税人的负担,而且由于政府对企业缺乏了解,又无法得到企业和纳税人的有效监督,往往造成官僚主义盛行。因此,资源再生企业只有通过行业协会联合起来,通过自律、自强、自救,才可能搬掉头上的"三座大山"。

而由协会组织和规范交易市场、绿色通道、加工区域,比传统的"政府包办"和"国企垄断",更有利于形成公平竞争和与国际接轨(国外的可再生资源大都由相关协会管理和协调)。

在温州,最有效地维护企业利益杜绝屡禁不止的"洋垃圾"、假冒伪劣产品的并不是政府和媒体,而是由企业组成、最能代表企业整体利益和长远利益的温州商会。在温州商会的协调下,企业还实现了专业化分工、避免了恶性竞争。在与发达国家的多次反倾销诉讼案中,温州商会也起到了重要作用。由最了解情况、最能兼顾国家与企业利益的行业协会组织企业、配合政府制定政策标准、参与立法,将更加切实可行,而且这也是"国际惯例"。调查显示,我国每年制定的法律、政策之多与"落实率"之低,同样令世人瞩目。究其原因,我们在制定法律、政策时,往往仅凭少数"专家"意见和抄袭国情与我们完全不同的"洋教条",而没有真正得到基层干部、群众的支持和参与。据调查,鉴于巨大的国情差异,国内凡是执行"洋"标准以及"洋"模式的企业,发展速度大都不如东南沿海那些土生土长、能够充分发挥人力资源优势的企业。

目前,资源再生产业已经成立了一批行业协会,但由于进口许可、进口资质、进口配额以及制定标准、法规,这些本应由协会承担的业务,现在几乎全部由政府包办,协会便成为只剩下"咨询"业务的摆设。一些再生企业为了生存,也正在自发地组织起来。东南沿海已经成立了一批真正由企业自发组成的地方协会。如广东某地的一批企业为了争取政府的支持和保护自己的权益而组织起来,他们从每吨货物中拿出一元钱作为会费开展活动。

正是由于我们在行政上缺乏行业协会这一政府与企业之间的桥梁和纽带,我们的许多政策脱离了生产实践。而面对中国数以 10 万计的中小企业,仅靠政府部门来监管是不够的。通过协会来对企业实行监督、实行自律,是值得我们借鉴的其他国家普遍实行的成功经验。

十、做好先行试点工作

发展循环经济,建设生态文明,对于长期生活在线性经济、工业文明时代的人们来说,毕竟还是个新生事物。不仅我国没有经验,就是发达国家也没有现成的模式。况且被媒体大肆炒作的"洋垃圾",往往使人唯恐避之不及。而要解决认识和管理问题,与其"摸着石头过河"付出高昂的学费,不如先搞试点。

正如改革开放之初,对于市场经济与计划经济的优劣,众多专家、学者为此展开了激烈的辩论。后来邓小平提出,再辩论 30 年也很难得出结论,与其无休止地辩论,不如先搞试点。深圳特区试点的成功,雄辩地证明了市场经济的优势。

我们建议:先在东南沿海资源再生产业比较发达的地区划出几平方公里的地域作为循环经济的"特区"。除环境问题由环境部门严格按照 ISO 14000 环境质量标准要求外,应不限进口的数量、规格和品种,按照市场法则运行。同时与进口等量的矿产、石油、木材等原生资源就能源消耗、"三废"排放、加工成本、就业人数以及固定资产投入等各项指标进行比较。而"有比较才有鉴别"。

十一、需要解决的几个认识问题

1. 没有对线性经济的全面否定就没有真正意义上的循环经济

循环经济是一种相对于线性经济而存在的新型产业结构,而绝不仅仅只是环境保护的一部分。其主要特征就是将线性经济的两极连在了一起，形成了全封闭的循环型产业链，摆脱了对不可再生的矿产资源的依赖。

因此，利用不可再生的矿产资源还是利用生生不息的再生资源，是线性经济与循环经济的根本区别。而没有对线性经济的批判和否定，就不可能有真正意义上的循环经济。

循环经济的资源观认为：制造业末端的垃圾同时也是制造业前端的原料。而完成了这一转换的再生产业，则是循环经济的发动机。

衡量一个地区是否形成了可持续的循环经济，资源再生产业（静脉产业）发达与否是主要标志、决定因素。不可想象，一个正在大量开采不可再生的矿产资源、正在大量焚烧、填埋可再生资源的地区，能够实现资源和生态的收支平衡。

如今，我们评选的"循环经济模范市"，均未把静脉产业发达与否作为主要标准。试想，如果我们的城市都处于只消耗不回收的线性状态，那么无论环境保护搞得多好都必然是不可持续的，都循环不起来，循环经济又从何谈起？当年的抚顺、阜新、克拉玛依等城市都曾经是全国最富裕、最环保的城市，按照目前的标准均可入选循环经济模范市，但如今都已随着资源的枯竭而破败不堪。日本、德国虽然没有评选什么循环经济模范市，但在"再生法"的作用下，大部分城市都建立了"消耗多少就必须回收多少"的静脉产业，真正处于一个可持续的循环状态，而不会随着矿产资源的枯竭而消亡。

目前，我们所谈论的"循环经济法"，只强调将开采→产品→废弃这一线性经济运转过程中产生的"三废"循环利用，或者只把垃圾的减量化、无害化作为主要目的，而闭口不谈循环经济取代线性经济、不提再生资源取代矿产资源这一根本目的，实际上是对线性经济的一种"维修"和"改良"，是试图以局部的小循环来掩盖线性经济整体的不循环；以局部的小衔接来掩盖整个产业链两端的不衔接。这种只消耗不再生的"循环经济"，只不过是为线性经济披上了一件循环经济的外衣，只不过是一部"清洁生产法"。

我们看到，处于线性状态发达国家，为了发展这种所谓的循环经济，最直接的办法就是把污染最为严重的冶炼和废弃物处理等环节转移到中国。而中国的某些城市和发达地区则照此办理，一提倡发展循环经济、生态文明，便将污染企业推出去，任其向处于我国上风上水、生态环境更加脆弱的中、西部转移。

比如，深圳为了发展"循环经济"、高科技，责令这类企业限期迁出。于是，这类企业便迅速向粤西、粤北的山区，或湖南、广西转移。而在这些地区造成的污染，后果更为严重、治理更加困难。

目前，我国经济改革面临的三大矛盾是：计划经济与市场经济的矛盾、小生产与经济全球化的矛盾、线性经济与循环经济的矛盾。

实际上，改革开放的过程就是一个市场经济取代计划经济（民进国退）、全球化取代小生产（国际化）、循环经济取代线性经济（再生产业取代矿冶业）的过程。因此，加快发展方式的转变，实际上就是要加快这三个方面转变，而不是某些地区违背邓小平关于初级阶段的科学定位，搞跨越式的科技大跃进，盲目发展高科技。

随着改革开放的深入，人们对计划经济的国企垄断、小生产的闭关自守等危害，已经有了深刻的认识，并有着"南方谈话"反击计划经济、"小生产"复辟的成功经验。

实际上，在市场的有力推动下，循环经济的产业链正在迅速形成。比如，北京的旧家电被十几万"破烂王"回收"再制造"后，跟随几百万民工散布到西部的贫困地区。最终报废后再经过湖南、江西的资源再生加工带，被拆解、分拣成原料、原器件回到小家电、IT产业最为发达的长三角、珠三角，再次被加工成电子产品卖到北京等地进入第二轮循环。另外，尽管我们对"洋垃圾"采取了极其严厉的打击措施，但出口的电子产品仍然通过各种渠道回到广东、浙江等产地，并再次被加工成新产品，进入下一轮的国际大循环。

遗憾的是，这种由市场形成、符合经济规律的环型产业链，由于有悖于传统的线性经济发展模式，不仅没有被我们的领导专家所认识，反而成为宏观调控、产业转型的对象。

2. 破除"进口废旧物资污染环境"观念

如今，我们对每年开采和进口的 60 亿吨矿产资源所发生的矿难、矽肺病、铅汞中毒、石油泄漏、化工厂爆炸及其造成的几十万人员伤亡、消耗的上万亿度电以及排放的上千亿吨"三废"等灾难性后果，往往以"符合传统的发展模式"、"工业化进程的必要代价"来开脱。而对每年进口的 4000 万吨"固体废物"中出现的区区几箱"洋垃圾"，则不惜动用一切宣传机器和管理部门"全民共讨之"。显然，我们一方面正在"引狼入室"，一方面正在切断我国经济命脉中的"静脉系统"。

近来，我们对几起被媒体认定为"洋垃圾"的事件进行调查时发现，那些所谓"洋垃圾"的品质和有效成分都超过了矿产资源（发达国家的生活垃圾都经过严格分类），回收率均可达 98％以上，远远超过矿产资源 50％的回收率。

事实上，没有任何一家企业会耗巨资不远万里地进口没有任何价值的垃圾。因此，不能因为每年 4000 万吨进口废旧物资中发现的几箱生活垃圾（200 吨左右）而因噎废食。这与我国每年进口的 8 亿吨矿产资源，就有 4 亿吨矿渣永远留在境内，简直是天壤之别。

不可否认，设备简陋、粗放型的资源再生产业存在着污染问题，有些地区还十分严重。但是，我们在谴责他们的同时也应看到：国家每年对矿冶业、制造业有上万亿的建设和环保投入，而对解决了上千万人就业、创造了巨额绿色 GDP 和"炭信用"（炭排放指标）、为国家提供了 30％的原材料、节约了大量能源、减少了数以百亿吨"三废"排放的再生资源产业，投入几乎为零。

3. 人是生产力中的"第一要素"

那些认为装备先进的发达国家都处理不了的固体废物，我们更无法处理。"唯武器论者"显然不了解，资源再生是一个由劳动密集到技术密集的反生产过程。成分复杂的废旧物资不经人工拆解，任何现代化设备都无用武之地。而中国恰恰在人力资源方面最具优势。人是生产力中最活跃、最富于创造性的第一要素，世界上所有的机器都只能重复人的局部功能而不能完全取代人。经过几十亿年进化的人是世界上最高的科技、最精密的"机器"。

4. 线性经济是产生"固体废物"的主要根源

那些认为国内尚有大量固体废物没有回收利用而反对进口的人，并不了解没有被回收利用的固体废物，主要是指我国每年开采和进口的 60 亿吨矿产资源所产生的 6000 多亿吨"三废"（40 亿吨矿渣、6000 亿吨废水、30 亿吨废气）这一情况。因其回收难度大、附加值低，必然造成大量囤积。一些固体废物回收率低的另一个原因是：中国的大部分物资，都有一个从城市到农村、从发达地区到贫困山区逐年降级使用的漫长历程。而进口的"废旧物资"则不存在这种情况，回收率基本上都在 98％以上。

调查时我们看到，进口"固体废物"一到港立刻就被守候在那里的大批"破烂王"抢购一空，几乎没有留下任何不可利用的成分。

5. 进口废旧物资就是进口油田矿山，就是进口绿水青山

我们在访问每年进口 600 万吨废纸（相当于拯救了 1000 万棵大树）

的张茵女士时听到这样一句话:"废纸就是森林,就是绿水青山"。那么可以这样说:废金属就是矿山,废塑料就是油田。

而正是那些被称为"农民+垃圾"的再生企业,再生了油田矿山、绿水青山。有人这样称赞他们:地位最低的企业里的地位最低的群体,通过最艰苦的劳动,把最低贱的物质(垃圾)加工成最珍贵的资源。他们不愧是资源最为短缺时代里的"最可爱的人"。

因此,提高认识、转变观念,是发展资源再生产业的当务之急。

附录一

中国物资再生协会进口工作委员会调研报告摘录

编者按:随着经济的发展和人民物质生活水平的提高,消耗的物质产品越来越多,产生的废旧物资也越来越多,这些废旧物资是废物还是资源;充分利用这些废旧物资、使它们获得新生,是利大于弊,还是弊大于利,两种思维、两种立场会有不同的答案。站在线性思维的立场上,会说那是废物、垃圾,应烧掉它、埋掉它;站在循环经济立场上,认为世上没有垃圾,只有放错位置的资源。如果这些资源能够再生,也就再生了油田矿山、再生了森林草原、再生了碧海蓝天、再生了人类的希望与明天。理论是灰色的,实践之树常青,谁是谁非,处于生产第一线的企业和企业家说了算。

2006—2008年,中国物资再生协会进口工作委员会组织专家学者以及有关领导,在辽宁、河北、天津、山东、江苏、浙江、福建、广东、广西、江西等省、自治区、直辖市进行了调研,走访了几十家再生资源加工利用企业和生产园区。现将部分调研报告摘录如下。

一、废纸就是森林

2006年11月我们在广东省东莞市会见了我国私营企业家张茵女士,她是从1988年开始,以3万元资本,从香港进口废纸生产再生纸起家的,经过十几年努力,逐步使这个以再生资源为原料的产业得到很大发展,目前,她每年要从美国、日本等地进口废纸约500万吨,为全国进口废纸量的1/4,在广东东莞、江苏太仓和重庆市都建立了年产超过百万吨的再生纸厂。2005年她拥有的资产已达270亿,成为当年全国私营企业首富。

她深有体会地说:"废旧物资确实是一个宝库,废纸就是森林。"因为1吨废纸可以生产850千克的再生纸,能够节约3立方米的木材,等于少砍17棵树。

二、产量相同，能耗、排污差别很大

2006年12月我们到天津市静海县子牙环保工业园区调研，在这个园区中有48家企业从事进口废电线、废电缆拆解工作，他们每年可获得铜40万吨，相当于当年全国最大的江西贵溪铜冶炼厂的年生产量。但是，子牙环保工业园区的企业，只是用人工将废电线、废电缆经过简单的剥离就得到了铜，而贵溪铜冶炼厂是靠占地几百平方公里的铜矿山，经过开采、洗选、冶炼等工序才能生产出铜。两者对生态的破坏，带来的环境污染以及能源、水资源消耗的差别是很大的，据有关资料介绍，用铜矿炼铜，每炼1吨铜，要用150吨铜矿石也就是说要产生149吨废渣，600吨水，还会产生2.5吨二氧化硫。

2007年5月我们与原国家环保总局老干办共同组织全局100多位退休干部和家属到子牙环保工业园区参观，他们看后感慨地讲："用剥皮机、铜米机这些简单的设备，从废电线、废电缆中，就能得到铜，而且剥下的废塑料皮也可再用，每吨还值1000多元，既节省了能源，又没有环境污染，资源再生产业很有发展前途。"

三、进口再生资源为台州市的支柱产业提供了原料

2006年10月我们到浙江省台州市进行调研。这里是我国拆解废五金电器的企业集中地之一，有"中国再生金属之都"称号。全市有废五金电器拆解企业43家，主要分布在路桥区峰江镇（有32家），仅路桥区2005年进口的废五金电器就占全国进口量的1/4。年销售收入70多亿，增加财政收入13.7亿，直接或间接从事拆解的人员约10万人。该行业为台州市机械制造支柱产业提供了大量铜、铝、铁等原材料。台州齐合天地集团有限公司，是当地进口废五金电器的龙头企业，每年拆解量超过20万吨，是浙江省工业经济循环试点单位，该企业2005年12月在北京举行的资源节约展览会上，因他们在再生资源回收利用方面所取得的成就，受到胡锦涛等中央领导同志的好评。

经过多年工作实践，该企业董事长方安空深有体会地讲："进口废旧金属，从本质上说是节能减排最直接的体现。开发国外废旧金属，一方面为制造业找到更经济、更环保、更有持续性的资源；另一方面也从很大程

度上缓解了因为传统的金属冶炼所带来的沉重的环境负荷与经济风险。"

四、没有挂牌的园区

2006年10月我们到广东省南海市大沥镇调研。这里集中了30家进口废电线、废电缆、废电机、废铜、废铝的拆解加工利用企业，每年进口的废物量近百万吨，为国家回收铜、铝、铁各几十万吨。他们为了搞好拆解加工过程中的环保工作，自动组织了行业协会，每进口一吨废物，向协会交一元钱，由协会统一对各家企业产生的垃圾进行收集和处理，他们自称是没有挂牌的园区。

五、一个拆解加工产业，维护了一个县的安定

河北省大城县，土地盐碱化严重，对农业生产不利，他们曾经发展过爆竹产业，后因安全问题而被迫下马。近十几年来，拆解废旧物资成为他们主导产业之一，有12家规模较大的进口废电线、废电缆拆解加工企业，自动建立了一个园区，各乡镇还有许多小型拆解加工企业。在此基础上，县里又建立了一个铜线生产厂，这个产业使全县有20万人受益，占全县人口一半。

2006年12月我们调研时，他们县委书记讲："如果没有这个拆解加工产业，这几年连续大旱，不知又有多少人要外出要饭。"一个拆解加工产业，维护了一个县的安定。

六、丰城正在建设再生资源加工园区

2007年4月受江西省丰城市人民政府邀请，我们对该市利用再生资源情况进行了调研。

丰城市位于江西省中部，铁路、公路交通非常方便，在江西省县域经济基本竞争力排名第二，是江南地区最大的废旧物资集散地之一。全市有千余家从事再生资源回收加工利用企业，从业人员有4万多人。年回收废旧物资35万吨，其中废铝15万吨，废钢铁10万吨，其他废物10万吨，废旧物资年交易额达73亿元。

由于从事再生资源回收拆解加工利用企业点多面广、分散经营，给污

染治理带来困难。该市曾于 2004 年在市区边沿建成了一个占地 250 亩的再生资源大市场,集中了 800 家拆解加工企业,由于场地小,污染防治设施水平低,不能适应发展的需要。江西省政府 2007 年已批准在丰城市建设再生资源加工园区。

2008 年在该市郊荒坡地上,一个占地 5000 亩的再生资源加工园区已经开始建设。为了弥补国内废旧资源不足,他们希望国家在进口废铝再生资源方面给予支持。

七、统一进口,分散加工利用是一种好形式

2006 年 10 月我们在江苏、山东调研时,发现一种统一进口,分散进行加工利用的形式。

江苏省张家港市丰立集团有限公司,是目前国内最大的进口废钢铁配送基地,也是原国家环保总局认可的唯一进口废钢铁经营单位。此公司每年进口废钢铁最多达 80 万吨,同时还收购一部分国内的废钢铁,然后配送到沙钢、宝钢、苏钢、武钢等企业使用。

山东省莱州市路旺镇,由一家公司统一进口废塑料,供应该镇 180 家废塑料加工利用企业使用。此公司还建有集中的废水处理设施。

这种统一进口、分散加工利用,把进口再生资源的经营单位与加工利用单位在职能上分开,发挥各自的特长的组织形式值得各省借鉴。

八、中国塑料城准备建立再生"塑料环保处理中心"

受余姚市人民政府的邀请,我们于 2008 年 4 月,就该市准备建立"再生塑料环保处理中心"的有关情况,进行了现场调研。

余姚市位于钱塘江口南侧,属浙江省宁波市管辖,是我国目前最大的塑料原料配料交易、塑料制品生产、塑料加工机械和塑料模具制造、塑料展览、展销及信息交流技术开发中心之一,该市的"中国塑料城"创建于 1994 年,总规划占地 4.6 平方公里,集中了几千家与塑料有关的生产、销售企业,全市每年消耗各种塑料原料达 250 万吨,其中有 50 万吨为再生塑料颗粒。

余姚市在今后塑料制品产业发展中,为了节约石油资源消耗,减少环境污染,降低生产成本,希望进一步扩大再生塑料使用量。因此,余姚市

准备建立一个"再生塑料环保处理中心"。该处理中心，拟建废塑料清洗设施、废化纤地毯除污染熏蒸设施以及废光盘除镀层设备，集中处理从国内外收集来的废塑料瓶、废渔网、废化纤地毯、废光盘等污染。具体实施方案及可行性报告，正在编制之中。

通过这次调研，我们认为应由余姚市"中国塑料城"管委会牵头，建立一个"再生塑料环保处理中心"，申请集中进口废塑料瓶、废渔网、废化纤地毯、废光盘等只要相应的治理设施到位，海关、质检、环保部门加强监管，可以改变过去千家万户分散进口，分散处理，污染、走私很难控制的局面。因此，我们建议该中心可作为全国集中进口废塑料加工利用的一个试点。

九、塑料鞋之乡希望集中进口废塑料

2006年10月我们对吴川市塑料鞋生产情况进行了实地调研。

吴川市是广东省湛江市的一个县级市，改革开放后，这里一直是国内著名的塑料鞋生产之乡，需要大量塑料作为生产原料。据不完全统计，全地区有各类大小规模的塑料鞋厂82家，共有165台造粒机，52台清洗机，56台破碎机，266台制鞋机等生产设备，每年生产塑料凉鞋、拖鞋超过1亿双，除供全国各地外，还大量出口东南亚。

这些企业每年消耗废塑料约35万吨。但目前废塑料采取的是分散采购，分散清洗处理，不仅数量满足不了生产需求，而且还对环境造成一定污染。

若建设一个"再生塑料集中处理中心"，统一从国外进口废塑料，然后进行分类，统一进行清洗处理，再配送给各制鞋厂进行造粒和制鞋，可大大减轻对环境的污染。

这个处理中心，如每年进口50万吨废塑料，每吨按5000元成本计，产值将达25亿元。按现行海关代征的17%增值税和7.6%的关税，每年上缴税款就达6.15亿元，同时可解决1000人就业，可以取得资源、经济、社会、环境四个效益统一。

十、进口废塑料瓶砖不会造成污染

2006年10月我们在广东调研过程中，发现有一家台资企业，经当地政府和海关特别批准,允许他们进口废塑料瓶砖(把废塑料瓶压在一起成正方体,便于运输)。他们在一个相对封闭的厂区内,首先将瓶砖打开,把无色与有色的塑料瓶分开,然后进行破碎、清洗,做法很简单,即得瓶砖置于静水池中,然后破碎后的塑料瓶片会沉于池底,而塑料瓶盖因比重轻浮在水面,两者就非常容易地分开了。清洗后的水经沉淀过滤处理重复使用,不向外排放,没有对环境造成污染。当时进口废塑料瓶砖每吨为400美元,加工后的塑料瓶片每吨售价为7200元。

十一、塑料玩具加工区欢迎建立废塑料配送中心

2007年4月我们到广东省汕头市澄海区调研。澄海区是一个生产塑料玩具比较集中的城区,有几十家塑料玩具厂,其中许多产品都是出口的。此区每年要消耗几十万吨废塑料。每个较大的玩具厂,都有自己的废塑料清洗、破碎、造粒、成型设备。如果在该地区建一个废塑料配送中心,统一进口废塑料,并且进行分类清洗,然后再配送到各个玩具厂,自行造粒和成型,将会受到广大玩具厂的欢迎。

十二、大型石化企业也希望利用废塑料

2008年6月我们在广东省茂名市调研时,得知茂名石化是我国大型石油化工企业之一,原油加工能力达1350万吨/年,然而在目前原油价格100美元/桶左右的情况下,给以进口原油为原料的茂名石化很大压力,因为每进口一吨原油,国家补贴800元,即便这样,茂名石化也只能在亏损状态下运营。

茂名石化塑料橡胶研究所在塑料改性、废塑料回收利用,尤其是废塑料优化处理等方面具有技术优势,而且茂名石化拥有目前世界上最先进的裂化装置和配套的环保处理设施,可以在不污染环境的状态下,将最差的废塑料还原成优质石化产品。因此,茂名石化迫切希望获得充足的废塑料资源,使其成为另一个原料来源。

十三、小型废塑料加工利用企业有待整顿提高

2008年8月我们到辽宁省营口市某镇进行调研,该镇有小型废塑料

加工利用企业 1500 家，其中有营业执照的不到 200 家，具备申请进口废塑料的资质的一家也没有。该镇年加工国内外废塑料各 50 万吨。全镇 60％的人口从事与废塑料有关的业务，人均收入列营口市前茅。

其中有一家废塑料加工户，有厂房 80 平米，库房 150 平米，蜂窝煤加热造粒机 1 台，总投资约 10 万元。年加工进口的废农膜、废包装袋 1000 吨，每吨平均进价 5000 元，加工后售价 7000 元，扣除两名季节工的工资及其他成本费用，每吨可获利 1000 元。该加工户已开业 15 年，无执照、厂名商标，也无环保设施。其废塑料全部来自日本，这些废塑料先运到某港口保税区，进行分类，再转运到外贸仓库进行"竞价拍卖"，最后由这些废塑料加工户拉走。实际上这个港口保税区已经起到了进口废塑料配送中心的作用。像这样的小型废塑料加工利用群体，全国各地还有很多，均有待整顿提高。

十四、贵屿镇应成为废家电拆解基地

我们曾多次到广东省汕头市贵屿镇调研。贵屿镇位于丘陵地带，不宜务农。近年来发展了废电子线路板拆解业，每年回收拆解国内外废电子线路板 55 万吨，为广东省玩具等行业提供了大量可重复使用的电子原器件，同时每年还可回收几十万吨废塑料颗粒和 25.8 万吨铁、铜、铝等金属，其中有 6.7 吨金、银、钯等贵重金属。由于拆解工作主要靠人工，因此安置了近 10 万劳动力。

但由于在清洗废塑料和电子线路板的处理过程中，对环境造成一定污染，引起国内一片指责声。为改变目前靠走私进口国外废电子线路板，单纯用手工进行拆解，造成违法和污染的现状，我们建议在此镇建立一个废家用电器拆解基地，通过正规渠道批量进口废家电，这样不仅可以获得更多的废塑料、废钢铁、废有色金属等资源，而且废电子线路板的质量会更好。废电子线路板上的电子元件经人工拆除后，用机械进行破碎，通过重力分离，使其中树脂与铜等重金属分开。一些贵重金属还可进一步进行提炼，法国威立雅环保公司愿意在资金和技术方面给予支持。

十五、刚刚起步的再制造厂，面临原料短缺

我们曾于 2005 年 7 月和 2006 年 10 月两次去山东省济南市复强动力

有限公司调研。这是一家对旧汽车发动机进行再制造的工厂。他们将旧发动机拆解后，先进行彻底清洗，去掉上面的油垢和锈，然后对缸体、缸盖、曲轴、连杆等主要部件，进行镗磨、喷涂、焊补等处理，使其翻修如新，垫圈等一些易损件，全部换成新的，组装后逐台按新发动机标准进行试车检验。

用这种方法来处理旧汽车发动机，比完全砸碎回收废钢铁价值要高百倍，这叫废旧物资的再制造产业，是循环经济的最高形式。目前全球有73000家再制造企业，每年产值达530亿美元，而我国这家刚刚起步的再制造工厂，却因为旧汽车发动机不让进口，而国内旧汽车发动机又要求全部砸碎，面临加工原料短缺的局面。

十六、保定风帆公司可成为铅循环利用的典型

2007年3月我们到河北省保定市进行调研，参观了保定风帆股份有限公司蓄电池生产厂及其废铅回收厂。

该公司每年生产汽车用、电动自行车用和各种工业用蓄电池达1000万个，每年用铅量在15万吨左右，其经营受铅资源的影响很大。近年来他们合办了一个废蓄电池回收厂，该厂用发生炉煤气来加热熔化废铅，有很好的消烟除尘装置，废铅酸电池中的废酸液存放在一个玻璃钢槽中，用碱液进行中和后，再用来清洗废蓄电池，全部循环利用。拆下来的废塑料壳，破碎进行造粒重复使用，废铅熔化制成铅锭，回到生产厂重新制造蓄电池，形成了铅的循环利用。但是，目前从市场上回收废蓄电池比较困难，希望得到国家支持。

十七、徐水市废汽车拆解应变堵为疏

2007年3月我们到河北省徐水市调研，了解到废汽车拆解是该市的传统产业，曾有几千人从事这项工作。他们在全国各地，包括新疆、西藏在内都建立了废汽车收购网络，均采用大平板车把废汽车运回徐水。前些年在徐水市曾形成长达10公里的"拆车一条街"，拆下来的废钢铁供天津无缝钢管厂用，后来被国家取缔，使这个拆解废汽车行业转入地下，现分散在农村夜间暗中进行。

废汽车有上万个零件，通过人工拆解，不仅可以获得废钢铁、有色金

属、塑料、橡胶等再生资源,而且一些性能完好的零配件还可直接再用。徐水市有较完整的废汽车回收网络,又有上千名技术工人,若把这个行业恢复起来,可为我国今后废汽车回收利用起个示范作用。

十八、调研报告结语

总结人类社会的发展史,我们不难看出,受资源制约的人类,随着矿产资源与再生资源的此消彼长这一"物质存在"的改变,正在由一个资源掠夺的工业文明,进入一个资源再生的生态文明。那么,循环经济取代线性经济,就成为决定人类可持续发展的主要矛盾。

总结人类生产规模和专业化分工的发展史,我们看到了一个由以国家、地区为单位的"小生产"、"小分工",到全球化的"大生产"、"大分工"的发展历程,而顺应这一客观规律,找准我国在全球化的"大生产"、"大分工"的位置,是我们政府和专家们的主要职责。

总结中国 7000 年的文明兴衰、30 多年改革开放的光辉历程,我们不难看出,满足占中国人口大多数的农民对城市化、工业化的强烈要求,已经成为关系到国家和谐稳定的重要问题。

因此,发展以资源再生等劳动密集型产业、支持保障广大农民走向城市化、工业化的中小民营企业、改变我国落后的线性产业结构,是解决这三大矛盾的根本出路。

调查显示,落后的金融、管理体制,已经成为目前影响我国产业结构向循环经济转型、阻碍中小民营企业健康发展和适应经济全球化这一历史潮流的主要障碍。

因此,彻底改变传统的金融、管理体制,是解决国内诸多矛盾中的主要矛盾,也是决定改革开放成败与否的一场无法回避的攻坚战。

我们深信,一个没有国家和民族藩篱的和谐世界必将形成,人类也将随之进入一个继农业文明、工业文明之后的一个新的文明时代——生态文明。而国际大循环,则是建设和谐世界、生态文明的经济基础。

因此,与其说人类进入了信息时代、后工业时代,不如说人类进入了一个"资源再生时代"。而面对这场改变世界的"垃圾"革命,我们是领导广大人民群众成为继续改革开放的"中流砥柱",还是抱残守缺,成为阻挡历史车轮的"碰壁苍蝇",是对我们能否真正成为"三个代表"、能否坚持科学发展的严峻考验。

附录二

进口再生资源是弥补我国资源短缺的一项战略措施

中国物资再生协会进口再生资源工作委员会

一、建设生态文明，必须充分利用再生资源

在人类发展的历史长河中，已经经历了三个文明时代。

1. 几十万年的原始文明（又称为采摘狩猎文明），自然循环逐步被打破

原始社会初期，人类作为自然循环生物链中的一环，与大自然和谐相处，与其他灵长类动物处在同一水平的食物链上，既捕杀弱小动物为食，又是更凶猛野兽的食物，既制约了某些物种发展，又被某些物种所制约。后来为了适应自然环境的变化与自身生存，人类逐步采用了石器和木器工具，并学会使用火，从而使捕杀和防范野兽的能力大大增强，很快登上了食物链的顶端，成为几乎没有天敌的万物之灵。

随着人口增加，人类猎杀的动物，采摘的野果增多，超过了自然恢复能力，使原始社会初期的自然循环状态被打破。为了争夺有限的动、植物资源，各部落之间展开了残酷的战争。

2. 5000 年的农业文明，农业循环经济建立

为了生存，人类的祖先发起了一场能够使动、植物资源再生的农业革命，由"杀鸡取卵"的猎杀和采摘，转变为"养鸡下蛋"的养殖和种植。如中国的黄帝训百兽和炎帝（神农氏）尝百草。从而使动、植物资源加速再生，使人类食物链又恢复到循环状态，农业循环经济建立，并且从采摘狩猎的部落社会逐步发展到男耕女织的家庭经济。人类的生活水平有了很大提高。

但是，在很长的一段时间内，人们把木材作为主要的生产和生活燃料以及建筑物的主要材料，加上人口不断增加，劳动生产率低下的分散农业生产，满足不了人类日益增长的物资需求，引发了大规模砍伐树木，毁林

开荒、过度放牧等活动，加上气候的变化，从而造成森林锐减，水土流失，土质沙化，湖泊干涸等自然环境破坏。使历史上曾经光辉灿烂的中美洲的玛雅文明、西亚的巴比伦文明、中国古丝绸之路的西域文明相继湮灭，使农业循环经济受到冲击。

3.300年的工业文明，走的是线性经济道路

为了进一步发展生产力，18世纪以来，首先从西方开始，人们陆续发明了蒸汽机、电动机、内燃机，学会了制造各种机器，短短的300年工业革命成就大大超过了5000年的农耕时代，并且从分散的小农经济发展到集约化的大工业经济。但是历经300年的工业文明，走的却是资源→产品→废弃物的线性经济道路。

300年的工业文明，使人类衣、食、住、行条件均有了极大的改善，但同时也给人类带来了环境污染严重与矿产资源日益枯竭两大难题。

从上世纪30年代到60年代，由于工业和城市的发展，经济发达国家环境污染事件不断，如1930年比利时的马斯河谷烟雾事件，1931年日本的富山骨痛病事件，1943年美国的洛杉矶光化学烟雾事件，1948年美国的多诺拉烟雾事件，1952年英国的伦敦烟雾事件，1953年日本的熊本水俣病事件，1955年日本的四日哮喘病事件，1968年日本的爱知米糠油事件等就是典型代表。但是，经过半个多世纪治理，目前经济发达国家的环境状况有了很大改善。虽然目前经济发展中国家的环境污染尚未完全控制，但是随着经济实力增强，积极采取治理措施，再过四五十年，环境状况也一定会好起来的。

而矿产资源短缺问题，却会随着世界经济的发展更加严重，因为不仅经济发达国家还会继续消耗大量的矿产资源，而且发展中国家在经济增长过程中，对矿产资源的需求量也在日益增加。300年来开采的矿产资源远远超过了历代的总和，从而使地球上有限的矿产资源逐渐减少。据有关方面估计，地球上的煤还可开采150年，石油55年，天然气48年，铁173年，铜53年，铝55年，铅21年，锌23年，镍79年，钴67年，钨42年等，也就是说，按目前开采和使用速度，再过100—200年，我们居住的地球，将是无矿可采了。

面对这种状况，1989年联合国环境规划署正式向世界提出了"可持续发展"理念，告诫世界各国人民，我们的发展既要满足当前的需要，又不能削减子孙后代满足其需要的能力。1992年在联合国召开的环境与发展大会上，进一步制定了实现可持续发展的基本原则和在全球范围内实现

可持续发展的行动计划，大力推行清洁生产，要求在工业生产过程中减少物资消耗和污染排放。在进入新世纪前后，又提出大力发展"资源→产品→再生资源"的循环经济，倡导充分利用可再生能源和废旧物资再生资源，创立和发展静脉产业，建设生态文明社会。

4. 建设生态文明，使社会可持续发展

生态文明是人类更加完善的文明时代。

它要求加强污染治理与生态修复，共同解决全球性环境问题，充分发挥生态系统的自然净化能力，维护生态自然循环，使人类有一个优美的生活环境。

它要求控制人口增长，减轻对地球的压力，增加粮食产量，科学的进行农牧业生产，保持良好的农业循环经济。

它要求建立科学的资源战略，减少原生资源的开采与利用，充分利用可再生能源与再生资源，建立工业循环经济，使社会走上可持续发展的道路。

二、世界经济发展的不平衡，使再生资源主要集中在经济发达国家

只占世界人口 1/5 的经济发达国家，由于其工业化起步早，经济发展速度快，消耗了大量原生矿产资源。20 世纪 60 年代，美国每年要采掘 56 亿吨各类矿石。1970 年美国人口只占世界人口的 5%，但当年美国消耗的煤却占世界消耗量的 44%，石油占 33%，天然气占 63%，铁矿石占 28%，铜矿石占 33%，铝矾土占 42%。由于他们生活消费又长期处于一个高水平上，因此，又产生大量废弃物。美国每人平均有一辆汽车，现在每年汽车报废量就达 1500 万辆。美国每人每年要扔掉 300 个罐头盒，150 个玻璃瓶，消耗 310 千克纸，是我国人均消耗纸量的 8 倍。日本每年报废的汽车 500 万辆，产生的废塑料 900 万吨，每人每年废弃的塑料瓶 400 个，为我国人均用量的 100 倍，每年废弃的渔网 20 万吨。近年来经济发达国家报废的工厂、石油钻井平台、各种机械设备、运输工具、家用电器等更是不计其数。虽然他们也强调循环利用，但由于人工费用昂贵，他们的工资是我们的 20~40 倍。因此，据有关资料统计，经济发达国家每年产生的废弃物约 40 亿吨，他们就地利用的约占 1/3，无法利用当成垃圾处理处置的约占 1/3，还有 1/3 可以利用，但因人工费用昂贵而没有被利用，

堆放在环境中,形成了无数的废汽车堆、废轮胎堆、废金属堆、废塑料瓶堆、废渔网堆。积压的废旧物资量超过千亿吨,占目前世界废旧物资总量的85%。

在目前经济全球化深入发展的趋势下,世界废旧物资再生资源,必然会根据各国对资源的需求量、劳动力价格、工业生产分工、经济与环境效益等因素,按照市场经济规律来进行合理配置,因此,经济发达国家积存的大量废旧物资再生资源,必然会向发展中国家流动,通过发展中国家廉价的劳动力进行分类、拆解和加工,再生产出新的产品,其中部分产品又销售到经济发达国家,形成一个循环型经济系统,这就叫国际大循环经济。

三、我国经济发展和商品出口,需要大量资源支持

我国经济持续快速发展,城乡基础设施建设、社会消费需求和外贸进出口迅速增长。同时,目前我国已成为世界制造大国,钢铁、水泥、化肥、精密机床、家用电器、手机、电话、橡胶轮胎、渔网、服装、鞋和儿童玩具等生产量均为世界第一;汽车、造船、工程机械、塑料合成树脂等产量也达到世界第二位,这些都需要大量原材料和能源支持。但我国又是一个人均资源相对短缺的国家,在使用的大量原材料中,除石灰石可以自给外,其他均需要进口。目前每年进口的铁矿石已超过4亿吨,石油1.4亿吨,铝矾土800万吨,铜精矿石几百万吨,橡胶300万吨,还有大量的木材和天然气,南方地区还从越南等地进口原煤。进口这么多原生资源,不仅要花费大量外汇,而且从进口原生资源到产品,生产过程长,仍然是线性经济生产模式,要消耗大量能源,产生大量污染物,从2001年到2007年,我国工业固体废弃物产生量就翻了一番,由8.16亿吨增加到17.5亿吨,这与每年进口几亿吨各类矿石有直接关系。

我国从上世纪90年代以来,在国家环境保护等部门的监管下,进口可作为原料的固体废物再生资源,进口量逐年增加,从最初每年100万~200万吨,发展到2007年的4224万吨,17年共进口再生资源2.5亿吨。其中有:

(1)废钢铁5000万吨,可以炼钢4500万吨,减少9000万吨铁矿石进口,少排放4500万吨废渣,与用铁矿石生产相比,可节省74%的能源

和大量水资源。

(2) 废纸12000万吨，可以生产再生纸9600万吨，节省木材3.8亿立方米，烧碱3800万吨，电380亿度，淡水192亿立方米。

(3) 废塑料3000万吨，可以节约石油9000万吨，与用石油生产相比，可节省能源80%。

(4) 废电线、电缆、电机4000万吨，可以回收铜、铝各1000万吨，减少几千万吨铜精矿石和铝矾土的进口。

靠进口废纸生产再生纸起家的私营企业家张茵女士，深有体会地讲："废旧物资确实是一个资源宝库，废纸就是森林。"现在她的企业每年要从美国、日本进口废纸500万吨。如果按照她的话延伸，那么废金属就是矿山，废塑料就是油田，废轮胎就是橡胶园。

天津市静海县子牙环保工业园区中，有48家从事进口废电线电缆拆解企业，每年产生铜40万吨，能源消耗很少，基本上对环境没有污染，产生的废塑料皮也全部回收利用。

江西贵溪铜冶炼厂，2006年生产铜43万吨，在几百平方公里的范围内开采矿石，每炼1吨铜要消耗150吨矿石，600吨水，产生2.5吨二氧化硫，因此，该企业每年产生5900多万吨废渣，外排2.4亿吨含重金属废水，产生100万吨二氧化硫。

17年来全国进口再生资源2.5亿吨，总产值达6500亿元，解决了100多万人就业，与使用原生资源相比，可节省能源80%，减少污染70%，取得了资源、经济、环境、社会四个效益的统一。

四、当前我国进口再生资源存在的主要问题

1. 认识上的偏见

(1) 认为我国地大物博，尤其是一些资源比较充足的地区，认为我们不缺进口再生资源。

(2) 认为进口废旧物资就等于进口"洋垃圾"，有损我们大国风度。目前我国每年进口再生资源约4000万吨，夹带的"洋垃圾"是极少数。2007年我国广东、浙江、江苏、上海、天津等地的主要进口口岸，检验进口再生资源约3600万吨，达不到环境控制标准要求的只有3.4万吨，占进口再生资源总量的0.09%，以不到1‰的次品，来否定进口再生资源效益是非常片面的。

（3）认为国内的再生资源还未用好，没有必要进口。我国目前每年产生的废钢铁、废有色金属、废纸、废塑料等约0.8亿～1亿吨，通过全国16万个废品回收点和几十万拾荒大军，废品回收率超过90%，仅靠国内的再生资源满足不了经济发展需要。

2. 法规不完整

固体废物有污染环境的一面，但它又是宝贵的再生资源。目前我国仅制定了《固体废物污染环境防治法》，但其他一些国家还制定了再生资源利用方面的法规。如日本1970年制定了《废物处理法》，1991年又制定了《再生资源利用促进法》，1995年以后还相继制定了《容器包装循环利用法》、《家电循环利用法》、《建筑材料循环利用法》、《汽车循环利用法》等。

3. 进口再生资源在政策上受限制

由于未把进口再生资源当成弥补我国资源不足的一项战略措施，只当成可做可不做的事。因此，在《固体废物污染环境防治法》中，对待进口废物采取的是限制政策。

2006年欧共体和经济合作与发展组织（OECD）提出了可供出口用于回收利用的固体废物名录，共分70类，征求非OECD国家是否允许进口的意见。印度、阿尔及利亚、智利、列支敦士登、圭亚那等国同意全部无限制进口；秘鲁、斯里兰卡两国经预先通知后同意全部进口；泰国、摩尔多瓦、菲律宾、白俄罗斯等国除有1～3类废物禁止进口外，其他同意无限制进口；就连资源非常丰富的俄罗斯，除对其中7类禁止进口外，对于其他也同意进口。而资源短缺的我国禁止进口的达50类，自动许可进口和限制进口的仅为20类（其中有6类还是部分废物），采取这样限制政策，将严重影响我国从境外获得更多的再生资源。

4. 舆论宣传上的片面性

由于人们认识上的偏见，因此在舆论宣传上对进口再生资源所产生的各种效益很少有报道，但对进口再生资源出现的一些问题却大肆宣扬。有时为了追求轰动效应，甚至把国内废物当成"洋垃圾"进行曝光，影响极坏。

5. 分散进口带来的弊病

目前实行的是由加工利用单位申报进口指标制度，而申报手续又很烦琐，因此，许多小型加工利用企业，特别是废塑料、废电线电缆、废五金电器加工利用企业，只得向指标大户去买指标或买进口的废物，而这种做法又被视为非法行为。所以，管理办法需进一步改进。

6. 小型加工利用企业对环境带来污染

废旧物资分类、拆解加工过程（包括国内废物），大部分为物理操作，对环境污染小，但许多小型加工利用企业，场地狭窄，加工装备简陋，使用工艺落后，如用火烧电线电缆，清洗废物污水横流，用废轮胎炼油和生产炭黑，废蓄电池中的废酸随地倾倒，简易有色金属熔化等，对一些小型加工利用企业比较集中的地区，带来环境污染，需进行整顿。

7. 国际价格的影响

近4年来，由于国际铁矿石价格连续上涨了156%，从而国外废钢铁价格也上扬，使国内外废钢铁价格倒挂，2007年进口废钢铁量从每年1000万吨跌至300多万吨，对此我们应认真研究对策。

五、改进再生资源进口管理工作的建议

1. 提高全社会对再生资源的认识，树立循环经济观念

在生产和生活中使用过的物资，过去一直被人们统一称为垃圾、破烂、废物，对从事废旧物资回收和加工利用的人员和企业被蔑视为捡垃圾的、收破烂的、废品加工作坊等。但是，在原生资源日益枯竭的今天，这些积存的废旧物资，却是地球实现可持续发展、保持经济繁荣的一座永不枯竭的矿山。因为有多少新的东西，使用后就会产生多少废旧物资；是人类实现科学发展，推行循环经济的宝贵再生资源。因此，从国家行政机关、宣传舆论机构到社会各界民众，在更加珍惜、节约使用有限的原生资源同时，必须对再生资源以及从事再生资源加工利用的静脉产业，有一个正确的认识，并且从各个方面给予热情的支持，树立循环经济观念。

2. 逐步完善为循环经济服务的管理体制和运行机制

目前我国的工业管理体制、运行机制、产业结构基本上是世界上延续了300多年，以利用原生资源为主的线性经济产物。国家制定的相关方针政策、资金投向、科技支持、企业采用的工艺路线与生产技术都是为线性经济服务的。而刚刚兴起的循环经济，在思想观念、节约资源能源、减少环境污染、降低生产成本、改革生产工艺和技术等方面，必然会对以往的线性经济带来很大的冲击。今天循环经济促进法已经正式颁布，全党又在开展深入学习实践科学发展观活动，所以希望国家有关部门逐步完善为推动静脉产业发展、为循环经济服务的管理体制和运行机制。

3. 进口再生资源应给予更加开放的政策

前已叙及，进口再生资源对于弥补我国资源不足，促进经济发展，解决社会就业，减少环境污染均具有重要意义，是实现可持续发展的一项战略措施。因此，建议对待这项工作，应在严格监管的同时，采取更加开放的政策。国家发改委在《"十一五"资源综合利用指导意见》中指出："对符合环境保护控制标准的资源性再生资源，应从政策上鼓励利用境外市场"。利用目前还能够从经济发达国家获得废旧物资机会，进口更多的再生资源。并组织制定利用国内外再生资源的发展规划。在单纯的开采型资源战略的基础上，建立再生型资源战略。

4. 扩大进口再生资源目录

2006年欧共体和经济合作与发展组织提出可用于回收利用的固体废物，即再生资源约225种，而目前我国允许进口的只占1/3。希望扩大进口再生资源目录，如废塑料瓶、废渔网、废家用及办公用电器、废汽车、废轮胎等，这些再生资源均符合《固体废物污染环境防治法》可作为原料的固体废物要求，在拆解加工过程中，只要管理工作跟上，并不会对环境产生污染。而且这些再生资源国外货源比较充足，因此我们建议逐步扩大进口再生资源目录。

5. 建立废钢铁、废塑料配送中心

为改变废钢铁、废塑料等全部由各加工利用企业分散进口状况，我们建议在各沿海省建立多个废钢铁、废塑料配送中心，将进口废物贸易企业与进口废物加工利用企业的职能明确分开。贸易企业负责进口指标申请、国外货源联系、办理进口各项手续，并且对进口的废物进行分类、对废塑料进行清洗，还可同时回收国内的废钢铁或废塑料。加工利用企业可集中精力从事废物加工利用工作。

6. 对进口废汽车、废家电拆解加工企业，进行封闭式管理

废汽车国外货源比较充足，如允许整车进口，用人工进行拆解，可以分别回收废钢铁、有色金属、塑料、橡胶、玻璃等，有些零部件还可拆下来重复利用或进行再制造，比目前进口汽车压件的效益大大提高。为防止走私二手车，拆解加工企业可采取封闭式管理。建议在有多年拆解汽车经验的河北省徐水市进行试点。

废家电重量的50%是钢材，21%是塑料，13%是有色金属，5%是玻璃。目前我国每年出口的家电（包括电风扇等小家电）已超过2亿台，就等于有几百万吨资源外流，如允许废家电进口，不仅可以回收这部分资

源，还可带动国内废家电的回收利用工作。为了防治污染，进口废家电也可采取封闭式管理。建议在目前拆解废电子产品有一定规模的广东省汕头市贵屿镇进行试点。

7. 鼓励在境外建立再生资源收集场

为了保证进口再生资源质量，降低进口再生资源价格，鼓励国内企业与国外有关企业合作，在境外建立再生资源收集场，收集的再生资源可进行分类和预处理，并通过绿色通道，直接运回国内。如条件允许，鼓励派人出去进行旧厂房、旧设备的现场拆解，直接回收更为廉价的废钢铁和有色金属。

8. 对分散的小型再生资源加工利用企业进行整顿

许多再生资源拆解加工工作，操作比较简单，使用的设备少，适合分散的家庭作坊进行。因此，在一些地区有许多分散的小型再生资源拆解加工利用企业，特别是废塑料、废五金电器等行业。如果让他们全部进园区，操作起来非常困难，但必须对他们进行整顿。例如要求他们改善作业场所，如硬化地面、修建围墙等，对其中一些对环境有污染的工序，如废塑料清洗、废细电线去皮、废线路板最后加工处理、废有色金属熔化以及垃圾处理等必须集中进行。各级政府在帮助小型再生资源加工利用企业进行整顿时，在资金上与技术上应给予一定扶持。

9. 污染防治与回收利用设施完善的企业，允许进口废蓄电池

铅是重要的战略物资，但铅将是地球上第一个被开采完的有色金属。目前我国已是世界上生产与使用铅最多的国家。随着汽车、电动自行车、信息等工业的发展，铅酸蓄电池产量将不断增加，为了使废蓄电池的铅循环使用，除做好国内的回收工作外，对建有完善污染防治与回收利用设施的企业，应帮助他们进口废蓄电池。建议在目前国内铅酸蓄电池最大生产厂保定风帆股份有限公司进行试点。

主要参考文献

[1] 中国科学院可持续发展战略研究组：《2012中国可持续发展战略报告》，科学出版社2012年版。

[2] 田海军、吴丽英：《世界资源战略对中国能源产业结构调整的启示》，《阴山学刊》2005年第3期。

[3] 黄贤金：《循环经济：产业模式与政策体系》，南京大学出版社2004年版。

[4] 吴季松：《循环经济——全面建设小康社会的必由之路》，北京出版社2003年版。

[5] 冯之俊、郭强、张伟：《循环经济干部读本》，中共党史出版社2005年版。

[6] 傅向升：《对我国能源替代战略的思考》，《化学工业》2007年第9期。

[7] 任海等著：《退化生态系统恢复与恢复生态学》，《生态学报》2004年第8期。

[8] 李祝平：《充满生机、前景广阔的再生资源产业》，《再生资源与循环经济》2011年第12期。

[9] 孙鹏娟：《加强再生资源回收利用促进循环经济的发展》，《现代商业》2011年第9期。

[10] 余谋昌：《地学价值论：地球人文社会科学研究的基本理论》，《中国地质大学学报（社会科学版）》2012年第3期。

[11] 余谋昌：《自然价值论》，陕西人民教育出版社2003年版。

[12] 余谋昌：《生态文明论》，中央编译出版社2010年版。

[13] 钱俊生、刘向群：《选择资源再生战略意义深远》，《中国党政干部论坛》2012年第8期。

[14] 刘向群等：《改变世界的垃圾革命》，学苑出版社2009年版。

[15] 孙鸿烈：《中国资源科学百科全书》，中国大百科全书出版社 2000 年版。

[16] 钱俊生、刘向群：《人类文明的兴衰与资源利用方式的变革》，《中国人口资源与环境》2012 年第 5 期。

[17] 张镜湖：《世界的资源与环境》，科学出版社 2004 年版。

[18] 张维庆等：《人口资源环境与可持续发展》，浙江人民出版社 2004 年版。

[19] 柳润墨：《资源阴谋》，科学出版社 2011 年版。

[20] 周宏春：《变废为宝——中国资源再生产业与政策研究》，科学出版社 2008 年版。

[21]〔美〕丹尼斯·米都斯著，李宝恒译：《增长的极限》，吉林人民出版社 1997 年版。

[22] 王军：《循环经济的理论与研究方法》，经济日报出版社 2007 年版。